未来农场
——30年后看中国农业

李道亮　编著

机 械 工 业 出 版 社

本书全面系统地描绘了未来 30 年中国农业的发展蓝图，从集约化、专业化、组织化、机械化、数字化、智能化、无人化、集成化、产业化、社会化、市场化、绿色化等方面重点阐述了我国未来农场的基本特征、发展规律及经验做法。全书主要内容共 4 篇（理论篇、系统篇、国际篇、应用篇）20 章。理论篇分析未来农场的战略需求及演进特征；系统篇从系统论视角解构未来农场的要素、结构、功能和绿色发展模式；国际篇借鉴资源富裕型、集约型和紧缺型国家的不同案例，为我国不同区域的未来农场提供发展参考；应用篇重点聚焦未来农场的主要类型，提出构建未来农场的路径与政策建议。

本书可供农业领域的各级管理者、技术人员阅读，也可供相关专业的在校师生和研究人员参考。

图书在版编目（CIP）数据

未来农场：30 年后看中国农业／李道亮编著.
北京：机械工业出版社，2025.3. -- ISBN 978 - 7 - 111 - 77815 - 8

Ⅰ.F323

中国国家版本馆 CIP 数据核字第 202500BP63 号

机械工业出版社（北京市百万庄大街 22 号　邮政编码 100037）
策划编辑：陈保华　　　　　责任编辑：陈保华　卜旭东
责任校对：龚思文　李小宝　封面设计：马精明
责任印制：郜　敏
三河市宏达印刷有限公司印刷
2025 年 4 月第 1 版第 1 次印刷
169mm×239mm・17 印张・289 千字
标准书号：ISBN 978-7-111-77815-8
定价：69.00 元

电话服务　　　　　　　　网络服务
客服电话：010-88361066　机　工　官　网：www.cmpbook.com
　　　　　010-88379833　机　工　官　博：weibo.com/cmp1952
　　　　　010-68326294　金　书　网：www.golden-book.com
封底无防伪标均为盗版　机工教育服务网：www.cmpedu.com

前言

习近平总书记指出,没有农业农村现代化,就没有整个国家现代化。党的二十大在擘画全面建设社会主义现代化国家宏伟蓝图时,对农业农村工作进行了总体部署。概括地讲,到2035年基本实现农业现代化,到本世纪中叶建成农业强国。强国必先强农,农强方能国强;没有农业强国就没有整个现代化强国;没有农业农村现代化,社会主义现代化就是不全面的、不稳固的。无论是筹划中国千年发展大计,还是应对世界百年未有之变局,都必须稳住农业基本盘、守好"三农"之"压舱石"。农场作为农业生产的最基本单元,是实现农业现代化和乡村振兴的基石,因此,农业现代化和乡村振兴本质上要通过发展未来农场来实现。我国现在的家庭联产承包责任制下的小规模家庭农场如何走向未来的现代农场,未来农场有哪些基本特征、如何演进、有哪些类型、如何构建、如何运营等都是迫切需要回答的理论问题,也是现实需求。如何客观、公正地回答这些问题,需要从理论、技术、经济、市场、国际视角进行全面系统的分析和严谨科学的解释。

从2010年开始,我充分利用本人主持的3个欧盟第七框架项目和德国科学基金、国家留学基金、牛顿基金等项目的资助,有幸对德国、比利时、荷兰、挪威、丹麦、英国的猪场、牛场、渔场、鸡场,蔬菜、花卉温室农场,大麦、玉米、甜菜、菜花、土豆等大田种植农场进行了系统深入的现场参观考察,从欧洲典型的农业生产模式、经营模式和发展历程等方面对农场主进行了深入访谈。总的结论就是,欧洲农业已经经历了传统农业、机械化农业和自动化农业的发展历程,现在基本已经实现现代化,其中,农业规模化和集约化是前提,设施化和装备化是支撑,在线化和数据化是特征,市场化和信用化是本质,产供销一体化和标准化是保障。信息化和智能化是目前欧洲农业发展的引擎,通过信息化和智能化使农业的发展更加精准、更加高效、更加安全。这些考察活动和系统的分析与思考,对我以全球的视野、前瞻的视角系统地分析农业发展历程起到根本的支撑作用,也形成了我对农业4.0的基本特征、发展阶段、演变条件和支撑体系的基本判断。

通过对欧洲和国内农业的调研可以看出，世界各国农业的发展基本遵循了从以体力和畜力劳动为主的农业1.0，到以农业机械为主要生产工具的农业2.0，再到以农业生产全程自动化装备支撑下的农业3.0，最后达到以物联网、大数据、人工智能为主要支撑，以无人系统为主要支撑技术的全要素、全链条、全产业、全区域的智能农业，即"农业4.0"。《农业4.0——即将到来的智能农业时代》就以这样的背景出版了。该书重点阐述了从农业1.0到农业4.0的基本特征、发展阶段、演变条件和主要场景，特别进行了不同农业发展阶段的特征比较，指出了无人化是农业4.0的基本特征。但该书没有对无人农场进行系统、深入、全面的分析，从这个意义上讲，《农业4.0——即将到来的智能农业时代》是《无人农场——未来农业的新模式》的导引。

2018年初出版的《农业4.0——即将到来的智能农业时代》中，判断了我国农业3.0实现（全国70%实现智慧农业）大概要到2050年，农业4.0的实现要在2070年左右。因为距离农业4.0实现的时间还很久远，其技术、模式、组织、业态等都会有很大变化和不确定性，本人就没有着手对无人农场进行系统深入的分析。2020年初，一场突如其来的新冠疫情，改变了我这一认知，工厂可以停工，学校可以停学，但农场不能停产，在非洲猪瘟和新冠疫情的影响下，农场对设施化养殖无人化需求非常迫切。无人农场是农场发展的最先进状态，即使现在达不到理想状态，但开展相关研究和实践可以减少农场的劳动力投入，并加速其数字化、网联化、智能化的发展，促进无人农场不断完善，还可以激发同行的热情，并给其以研究方向的启发。这些让我下决心系统整理无人农场的主要理论框架、技术体系、主要系统、主要模式、发展路径。千里之行，始于足下，第一个吃螃蟹的人总要有的，我就以此勉励自己。

理论体系框架是一本书的精髓，我根据农业4.0的基础，以及前期对欧洲、美国等发达国家农场的调研，结合系统论、信息论和控制论等理论基础和团队多年农业智能化的实践，完成了《无人农场——未来农业的新模式》的编写和出版工作。该书出版后，得到同行的一致好评，累计5次印刷。有很多读者来电咨询技术问题，还有些企业家更多关心农场的运营、农场的发展路径及农场的盈利模式。我开始认识到《无人农场——未来农业的新模式》主要是从技术这一个角度讲的，无人化是未来农场的一个特征，而未来农场还有什么共有特征、有什么发展规律、如何演化、如何运营、有什么形态、有哪些促进路径等

前言

问题并没有回答。如何全视角勾画未来我国相当一段时期内农场发展的特征、演进的规律、运营与管理的基本规律,以及不同类型的农场主要具体前沿和前景,都是亟待回答的理论和实践问题。以上思考就是我编写本书的初心。

本书分为理论篇、系统篇、国际篇、应用篇共四部分,系统阐述了未来农场的相关理论、系统、应用及国际案例。

理论篇包括未来农场缘起、未来农场内涵、未来农场的特征及未来农场的演进。本篇基于生产力和生产关系的角度,从劳动力结构变化、科技发展、资源环境压力分析了我国要发展未来农场的原因,从拉力、动力和压力、阻力等角度分析了未来农场发展演化的根本动因,从集约化、专业化、组织化、机械化、数字化、智能化、无人化、技术集成化、产业化、社会化、市场化、绿色化等方面系统归纳了未来农场的基本特征,旨在从理论的角度为未来农场提供一个全新的系统阐释。

系统篇包括未来农场系统分析、未来农场生产经营者、未来农场资源要素与新质生产力、未来农场经营与管理、未来农场与绿色发展。本篇从系统论的角度,透视未来农场的系统组成、结构、功能。人是第一要素,分析了未来农场经营者、生产者的素质需求、角色和作用;科技是第一生产力,重点分析了信息技术作为新质生产力如何对农场的农业资源、生产资料、劳动力进行重组,如何在科技的引领下实现农业高效能、高质量;从人工智能、互联网、大数据技术对农场经营决策作用的角度,分析农产品电商、互联网金融、新业态对农业经营与管理的支撑与颠覆;重点探讨了未来农场与绿色发展如何和谐共进,未来农场带来资源的最佳利用,带来人与自然的和谐共生,带来资源与环境的可持续发展。

国际篇包括资源富裕型国家农场、资源集约型国家农场和资源紧缺型国家农场。我国幅员辽阔,地区耕地资源禀赋差异较大。本篇重点分析了美国、加拿大、澳大利亚等农业资源富裕型国家农场的基本特征和发展规律,旨在为黑龙江、新疆、内蒙古、青海等耕地丰富省份发展未来农场提供参考;分析了荷兰、德国、挪威、比利时等资源集约型国家农场的基本特征和发展规律,为我国山东、江苏、广东等资源集约型省份发展未来农场提供借鉴;也分析了以色列、日本、韩国等农业资源紧缺型国家农场的基本特征和发展规律,为我国浙江、福建、贵州等耕地资源紧缺型省份发展未来农场提供国际借鉴。

应用篇在理论篇和系统篇的基础上,重点从未来大田农场、未来果园农场、未来温室农场、未来猪场、未来牛场、未来鸡场、未来渔场7种主要类型分析了未来农场。对每一种类型的未来农场定义、系统组成、特征进行了系统概括，系统阐述了构建生产系统、经营管理系统和产业支撑系统的基本路径，以便于指导实践。最后，还对我国未来农场发展布局、重点任务、政策走向进行了剖析，以期对政府决策提供参考。

未来农场是一个崭新的概念，其理论基本是空白的，其实施也是一个复杂的系统工程。目前，全世界范围内针对未来农场的研究也是小荷才露尖尖角，我国农业正处于从机械化到数字化的过渡阶段，因此本书的很多内容很大程度上是一种理论设计、推算和预测；同时，未来农场涉及电子、通信、计算机、农学、工程、经济、管理等若干学科和领域，知识的交叉性和集成性很强，加上未来农场是一个新生事物，理论、方法、技术、案例都不成熟，我深感出版此书的责任和压力的巨大，书中自然有许多不足之处，请各位读者海涵。

本书从下定决心编写到成稿历时2年的时间，从初稿到成稿经历多次修订和完善。我的研究生刘利永、张彦军、沈立宏、李震、杜玲、刘畅、张盼、王坦、崔猛、于光辉、徐先宝、李欣、邹密、王琪、李明明、凌菁华、李文豪、崔猛、宋朝阳、全超群、王广旭，以及我们团队的老师李岩、栾志强、柴利、侯翱宇、顾卓尔、王聪、石晨、王萍萍、刘冰、齐岩、李上红、胡雯等参与了书稿资料的收集整理和编写大纲的讨论工作；中国农业大学植物保护学院张燕副教授对全书进行了审读。这里一并表示感谢！由于作者水平有限，加之时间紧迫，书中错误或不妥之处在所难免，诚恳希望同行和读者批评指正，以便以后进行改正和完善。

本书凝聚了农业信息化领域众多科研人员的智慧和见解，我首先要感谢我的导师中国农业大学傅泽田教授，他为我搭建了农业信息化领域研究平台，培养了我系统的研究方法、前瞻的国际视野和宏观的战略思维，导师多年来对我在科研、教学工作的教诲和为人处世的指导让我受益良多。特别感谢国家农业信息化工程技术研究中心的赵春江院士、上海交通大学的刘成良教授、浙江大学的何勇教授、中国农业科学院的许世卫研究员，他们带领我在农业信息化领域不断努力进取，他们兄长般的关爱和帮助使我不断成长。特别感谢梅方权教授、王安耕教授及汪懋华院士、孙九林院士、罗锡文院士、康绍忠院士、陈学庚院士、麦康森院士、桂建芳院士、包振民院士、刘少军院士、陈松林院士等前辈专家在历次学术会议上的指导和建议。感谢全国农业信息化的同行，在大家的支持下,我们团队开展了大量调研、会议研讨、课题探讨、基地调研,最终才实现了本书的成稿。最后,特别感谢机械工业出版社陈保华编审的大力支持,没有他的推进和鼓励,本书不会这么快与大家见面。

李道亮

于中国农业大学

前 言

第1篇 理论篇

第1章 未来农场缘起 / 3

1.1 国家战略为未来农场发展指明方向 / 3
1.1.1 未来农场有助于发展农业新质生产力 / 3
1.1.2 未来农场是数字乡村建设的重要抓手 / 5

1.2 劳动力短缺呼唤未来农场新模式 / 6
1.2.1 农业劳动力老龄化趋势显著 / 6
1.2.2 农村劳动力流失日益严重 / 6
1.2.3 劳动力在农产品成本中的比例日趋提高 / 7
1.2.4 农业劳动生产率与发达国家差距巨大 / 8

1.3 资源和环境约束亟待未来农场破解 / 9
1.3.1 耕地资源约束与土地生产率较低 / 9
1.3.2 水资源约束与水资源利用率偏低 / 11
1.3.3 生态环境约束与农业资源利用率偏低 / 12

第2章 未来农场内涵 / 15

2.1 农场的概念及内涵 / 15
2.2 未来农场的概念及内涵 / 16

         2.2.1 劳动者转变 / 17
         2.2.2 劳动资料转变 / 18
         2.2.3 劳动对象转变 / 18
   2.3 未来农场的主要模式 / 19
         2.3.1 小型家庭农场 / 19
         2.3.2 大型合作社农场 / 20
         2.3.3 超大型国有农场 / 20
   2.4 未来农场的技术支撑 / 21
         2.4.1 5G / 21
         2.4.2 人工智能 / 22
         2.4.3 物联网 / 23
         2.4.4 云计算 / 23
         2.4.5 大数据 / 24
         2.4.6 边缘计算 / 24
         2.4.7 智能装备技术 / 25
         2.4.8 生物技术 / 25

第3章
未来农场的特征 / 27

   3.1 农场生产的规模化与专业化 / 27
         3.1.1 生产规模化 / 27
         3.1.2 生产专业化 / 29
   3.2 农场生产的数字化与无人化 / 31
         3.2.1 生产数字化 / 31
         3.2.2 作业无人化 / 32
   3.3 产品加工的标准化与绿色化 / 33
         3.3.1 加工标准化 / 33
         3.3.2 流通绿色化 / 34
   3.4 产品营销的价值化与品牌化 / 36
         3.4.1 产品价值化 / 36
         3.4.2 产品品牌化 / 36

3.5 经营组织的社会化与产业化 / 38
　　3.5.1 经营组织社会化 / 38
　　3.5.2 经营组织产业化 / 39
3.6 科学技术的集约化与一体化 / 40
　　3.6.1 科学技术集约化 / 40
　　3.6.2 跨界融合一体化 / 41

第4章
未来农场的演进 / 42

4.1 未来农场演进的动因 / 42
　　4.1.1 市场需求为根本的持久拉力 / 42
　　4.1.2 技术革新迸发出强大的推力 / 44
　　4.1.3 我国"三农"发展存在的深层压力 / 45
4.2 未来农场演进的关键要素 / 45
　　4.2.1 劳动力 / 46
　　4.2.2 规模与投入 / 46
　　4.2.3 技术与装备 / 47
　　4.2.4 管理与经营 / 49
　　4.2.5 专业与分工 / 49
4.3 未来农场演进规律及主要形态 / 50
　　4.3.1 高度规模化的超级农场 / 51
　　4.3.2 高度智能化的无人农场 / 52
　　4.3.3 高度设施化的立体农场 / 54
　　4.3.4 富于文化体验的特色农场 / 55

第2篇　系统篇

第5章
未来农场系统分析 / 61

5.1 未来农场系统内涵 / 61
　　5.1.1 定义与系统组成 / 61

5.1.2 农场系统与社会、环境的关系 / 65
5.2 未来农场生产系统 / 66
 5.2.1 生产主体 / 66
 5.2.2 土地 / 67
 5.2.3 资本 / 67
 5.2.4 生产资料 / 68
 5.2.5 智能设施与装备 / 69
5.3 未来农场经营与管理系统 / 70
 5.3.1 经营 / 70
 5.3.2 管理 / 71
5.4 未来农场产业支撑系统 / 72
 5.4.1 装备产业 / 72
 5.4.2 生产物资供应 / 72
 5.4.3 加工产业 / 73
 5.4.4 流通产业 / 74
 5.4.5 信息服务业 / 75

第 6 章
未来农场生产经营者 / 76

6.1 农场生产经营者的变迁 / 76
 6.1.1 传统农民的发展阶段 / 76
 6.1.2 农场生产经营者现状 / 78
 6.1.3 未来农场生产经营者展望 / 80
6.2 未来农场生产经营者分类 / 82
 6.2.1 小型家庭农场生产经营者 / 82
 6.2.2 大型合作社农场生产经营者 / 83
 6.2.3 超大型国有农场生产经营管理者 / 84

第7章

未来农场资源要素与新质生产力 / 86

7.1 新质生产力与未来农场 / 86
   7.1.1 新质生产力的提出 / 86
   7.1.2 新质生产力是未来农场发展的助推器 / 87
7.2 新质生产力与未来农场资源要素 / 87
   7.2.1 新质生产力与劳动力资源优化配置 / 87
   7.2.2 新质生产力与土地资源优化配置 / 88
   7.2.3 新质生产力与资本要素优化配置 / 88
   7.2.4 新质生产力与市场资源优化配置 / 90
   7.2.5 新质生产力与生产工具优化配置 / 90

第8章

未来农场经营与管理 / 94

8.1 未来农场经营的战略与决策 / 94
   8.1.1 战略目标 / 95
   8.1.2 战略选择与实施 / 95
   8.1.3 经营决策 / 96
8.2 未来农场经营管理制度建设 / 97
   8.2.1 产权制度 / 97
   8.2.2 管理结构和制度 / 98
   8.2.3 农场经营文化建设 / 98
8.3 未来农场经营管理内容 / 99
   8.3.1 生产管理 / 99
   8.3.2 资产管理 / 100
   8.3.3 人力资源管理 / 100
   8.3.4 销售与流通 / 101
8.4 未来农场经营的风险控制 / 102

8.4.1 自然环境 / 102

8.4.2 经济与政策 / 103

8.4.3 全球竞争 / 104

第 9 章
未来农场与绿色发展 / 105

9.1 概述 / 105

  9.1.1 绿色发展概念 / 105

  9.1.2 未来农场对绿色发展的要求 / 106

9.2 未来农场与资源高效利用 / 108

  9.2.1 绿色能源开发 / 108

  9.2.2 水资源高效利用 / 110

  9.2.3 土地资源高效利用 / 111

9.3 未来农场与绿色种养模式 / 112

  9.3.1 生态调控 / 112

  9.3.2 生物防治 / 114

  9.3.3 科学用药 / 115

  9.3.4 农业病虫害绿色防控 / 116

9.4 未来农场与营养健康 / 118

  9.4.1 农产品质量监管 / 118

  9.4.2 农产品营养与健康 / 119

第 3 篇　国际篇——他山之石

第 10 章
资源富裕型国家农场 / 125

10.1 资源富裕型国家的农场特征 / 125

10.2 美国的玉米和大豆农场 / 126

10.3　加拿大的小麦农场　/ 128
10.4　澳大利亚的畜牧农场　/ 129

第 11 章
资源集约型国家农场　/ 132

11.1　资源集约型国家的农场特征　/ 132
11.2　荷兰的温室农场　/ 133
11.3　德国的猪场　/ 136
11.4　挪威的渔场　/ 139
11.5　比利时的生态农场　/ 141

第 12 章
资源紧缺型国家农场　/ 144

12.1　资源紧缺型国家的农场特征　/ 144
12.2　以色列的节水农场　/ 145
12.3　日本的智慧农场　/ 149
12.4　韩国的地铁农场　/ 152

第 4 篇　应用篇

第 13 章
未来大田农场　/ 157

13.1　概述　/ 157
　　13.1.1　未来大田农场的定义　/ 157
　　13.1.2　未来大田农场的组成与功能　/ 158
　　13.1.3　未来大田农场的类型　/ 159
13.2　未来大田农场生产的数字化与无人化　/ 159

13.3　未来大田农场生产的社会化与专业化 / 161

13.4　未来大田农场生产的标准化与绿色化 / 162

13.5　未来大田农场生产和营销的价值化与品牌化 / 163

13.6　未来大田农场科学技术的集约化 / 165

13.7　未来大田农场的规划与构建 / 167

第 14 章
未来果园农场 / 169

14.1　概述 / 169

　　14.1.1　未来果园农场的定义 / 169

　　14.1.2　未来果园农场的组成与功能 / 169

14.2　未来果园农场生产的数字化与无人化 / 170

14.3　未来果园农场经营组织的专业化与社会化 / 173

14.4　未来果园农场生产加工的标准化与绿色化 / 173

　　14.4.1　果园农场生产加工标准 / 173

　　14.4.2　推行绿色生产方式，建设生态型果园 / 174

14.5　未来果园农场生产和营销的价值化与品牌化 / 175

14.6　果园农场科学技术的集约化与一体化 / 176

14.7　未来果园农场的空间规划 / 178

第 15 章
未来温室农场 / 180

15.1　概述 / 180

　　15.1.1　未来温室农场的定义 / 181

　　15.1.2　未来温室农场的组成与功能 / 181

15.2　未来温室农场生产的数字化与无人化 / 182

15.3　未来温室农场经营组织的专业化与社会化 / 185

15.4　未来温室农场生产加工的标准化与绿色化 / 189

15.5 未来温室农场生产和营销的价值化与品牌化 / 191
15.6 未来温室农场科学技术的集约化与一体化 / 194
15.7 未来温室农场的构建 / 195
 15.7.1 生产系统的构建 / 195
 15.7.2 经营管理系统的构建 / 197

第 16 章
未来猪场 / 199

16.1 概述 / 199
 16.1.1 未来猪场的定义 / 199
 16.1.2 未来猪场的组成与功能 / 200
16.2 未来猪场生产的数字化与无人化 / 200
16.3 未来猪场经营组织的专业化与社会化 / 203
16.4 未来猪场生产加工的绿色化 / 204
16.5 未来猪场生产和营销的价值化与品牌化 / 205
16.6 未来猪场科学技术的集约化与一体化 / 207

第 17 章
未来牛场 / 209

17.1 概述 / 209
 17.1.1 未来牛场的定义 / 209
 17.1.2 未来牛场的组成与功能 / 210
 17.1.3 未来牛场的类型 / 210
17.2 未来牛场生产的数字化与无人化 / 210
17.3 未来牛场经营管理的专业化与社会化 / 213
17.4 未来牛场生产加工的标准化与绿色化 / 215
17.5 未来牛场产品营销的价值化与品牌化 / 216

第18章
未来鸡场 / 219

18.1 概述 / 219
  18.1.1 未来鸡场的定义 / 219
  18.1.2 未来鸡场的组成与功能 / 219
18.2 未来鸡场生产的数字化与无人化 / 221
18.3 未来鸡场经营组织的专业化与社会化 / 225
18.4 未来鸡场生产加工的标准化与绿色化 / 226
18.5 未来鸡场生产和营销的价值化与品牌化 / 227
18.6 未来鸡场科学技术的集约化与一体化 / 228

第19章
未来渔场 / 229

19.1 概述 / 229
19.2 未来渔场生产的数字化与无人化 / 230
19.3 未来渔场经营组织的专业化与社会化 / 232
19.4 未来渔场生产加工的标准化与绿色化 / 234
19.5 未来渔场生产和营销的价值化与品牌化 / 235
19.6 未来渔场科学技术的集约化与一体化 / 236

第20章
我国未来农场发展战略 / 238

20.1 战略目标 / 238
  20.1.1 数量 / 238
  20.1.2 质量 / 238
  20.1.3 效益 / 239
20.2 战略行动 / 239
  20.2.1 加强科技攻关 / 239
  20.2.2 开展试验示范 / 240
  20.2.3 加快推广应用 / 241

20.2.4 强化政策支持 / 241
20.3 战略布局 / 242
  20.3.1 东部地区 / 242
  20.3.2 中部地区 / 244
  20.3.3 西部地区和东北地区 / 244
20.4 未来展望 / 245
  20.4.1 农场生产规模化、专业化 / 245
  20.4.2 农场生产全面数字化、智能化 / 246
  20.4.3 农产品加工标准化、绿色化 / 246
  20.4.4 农产品营销价值化、品牌化 / 247

参考文献 / 248

第1篇 理论篇

第1章

未来农场缘起

未来农场的建设不仅代表着农业现代化的飞跃,更是农业新质生产力的集中体现。通过前沿科技的深度融合与应用,实现了农业生产的智能化和精准化,极大地提升了农业生产的效率和品质。未来农场的智能化管理系统实现了对农业生产过程的最优控制,减少了对自然资源的依赖和消耗,提高了土地和水资源的利用效率。面对农业劳动力老龄化和资源环境约束的双重挑战,未来农场展现了其在劳动力替代和资源节约方面的巨大潜力。在全球范围内,未来农场的实践为农业可持续发展提供了新思路,标志着农业新质生产力的崛起,对促进国家长远发展和提升人民生活质量具有深远的影响。

1.1 国家战略为未来农场发展指明方向

1.1.1 未来农场有助于发展农业新质生产力

未来农场在提升农业新质生产力的过程中发挥着至关重要的作用,引领着农业领域的技术革命,为实现农业的高效能生产、高质量产出、高科技集成和绿色安全可持续发展贡献着力量。未来农场是集成现代物联网、大数据、区块链、基因精准技术、生态技术、食品安全等现代理念与高科技手段,构建由政府引导、企业经营、农民做老板的崭新商业模式，发挥整合能量的跨学科专业团队优势，升级打造而成的一种具有国际竞争力的品牌化农业产业新模式。

未来农场通过部署先进的感知技术，如传感器、机器视觉、雷达和声呐，实现了对动植物生长环境和状态的全面监测。结合大数据、云计算和人工智能的深度应用，不仅精确计算出最优生长条件，还实现了生产资料的精准投入。这一过程极大提升了土地、水资源和能源的利用效率，减少了人力需求和环境污染，同时显著提高了产量。实例证明智能温室具有节水14%、节约化肥和营养素31%的能力，作物生长周期的缩短和10%~20%的产量提升，展示了高效能生产的实际效益和智慧农业的经济合理性。

物联网技术的应用使得生长条件可以根据实时数据进行调整，精准控制农产品质量，复现传统风味并提升产品品质。智能养殖工厂通过精细调控水溶解氧浓度和水流速度，生产出符合绿色食品标准的高品质水产品，满足了市场对健康食品的需求，推动了农业向高质量发展转型。

未来农场的作物将实现全程可追溯。农户和养殖户可通过云数据管理平台随时查看其动植物的生长状况和用药情况，按国际绿色标准进行安全检测，确保农产品绿色健康。利用二维码、射频标签和区块链技术建立的全程可追溯的农产品质量和食品安全信息平台，为消费者提供了透明可信的食品安全保障。高效的农场管理模式将精确计算科学合理的农药、兽药、化肥使用量，杜绝药物滥用及浪费，减少对土地和水的污染，并利用可持续耕作工具保护自然资源和生物多样性。

未来农场整合了新一代信息技术、生物技术、装备技术和种养殖工艺，实现了深度融合创新。智能育种技术的应用为培育最优种源、实现高效优质增收奠定了基础。物联网、云计算、第五代移动通信（5G）、边缘计算和人工智能等技术的综合运用使设施和装备具备了高度智能化，极大提高了劳动生产率、土地生产率和资源利用率，彰显了智慧农业的潜力和魅力。

农户将会获得耕、种、管、收等全方位农事支持，建立一套完备的智慧农业管理系统。农业的精准化、数字化变革，会极大降低生产过程中的不确定性，摆脱"靠天吃饭"的高风险和"散、乱、小"的无序低效状态，帮助农户提高生产率、农产品产量与质量。未来农场正站在农业新质生产力提升的前沿，通过一系列创新实践，彻底革新了传统农业的生产模式。

1.1.2 未来农场是数字乡村建设的重要抓手

为了快速推进数字乡村的建设，中共中央、国务院制定了《乡村振兴战略规划（2018—2022年)》，发布了《中共中央国务院关于坚持农业农村优先发展做好"三农"工作的若干意见》，制定了《数字乡村发展战略纲要》。这些规划和政策为数字乡村的建设提供了目标，指明了方向，给出了具体的推进措施。但同时，数字乡村建设政策终归居于认识层面，若要打造鲜活的数字乡村，必须要在实践中将相关政策落实到位。

数字基础设施是数字乡村建设的基石和保障。尽管我国农村通信网络建设已经取得巨大成就，但相较于城市便捷的网络与智能设备的普及程度，广大农村的数字基础设施还存在一定的差距。2021年中央一号文件提出，实施数字乡村建设发展工程。推动农村千兆光网、第五代移动通信（5G）、移动物联网与城市同步规划建设。完善电信普遍服务补偿机制，支持农村及偏远地区信息通信基础设施建设。数字乡村建设将成为乡村振兴的"新基建"。

如今的农业从业者比以往任何一代人面临的挑战都要大，在努力满足我国粮食需求的过程中，数字化尖端技术变得越来越重要。农作物管理方式已经从手工管理逐渐演变到利用智能技术管理。数字化农业的优点涉及农业经营的方方面面，随着未来农场的快速发展，土地利用率会得到很大提高，化学品的使用将会减少，对环境和消费者都是有利的。随着数字乡村建设的深入推进，农村的信息基础设施将得到持续完善。农村创新创业将以数字化和线上化为重要形式，各类农村创新创业主体将超越地域限制，以数字化和在线化的方式，实现与其他市场主体的价值链接、价值交换、价值共创，从而构建农村在线化创新创业的价值链。在这一过程中，众筹农业、定制农业、共享农业、云农场等新模式、新业态也将不断涌现。

未来农场是一个新兴概念，它蕴含着大量的农业创新，如精准生产、智能分销和先进管理等。简而言之，未来农场是一种利用农业数字化提高农产品数量和质量的经营理念。一个集成了信息和通信技术的农场，可实现远程自动连接信息技术，控制作物生长环境。

数字乡村既是乡村振兴的战略方向，也是建设数字中国的重要内容。2023年中央一号文件明确指出，要深入实施数字乡村发展行动，推动数字化应用场景研发推广。同时，加快农业农村大数据的应用，推进智慧农业的发展。此外，文件还强调要落实村庄公共基础设施的管护责任,加强农村应急管理基础能力建设,深入开展乡村交通、消防、经营性自建房等重点领域的风险隐患治理攻坚。在"十四五"时期,我国农业农村迎来了重要的发展机遇期。民族要复兴,乡村必振兴。加快数字乡村建设不仅是促进农业农村转型、实现农业现代化发展的新路径,也是我国实施乡村振兴战略的新任务。

1.2 劳动力短缺呼唤未来农场新模式

1.2.1 农业劳动力老龄化趋势显著

随着工业化和城镇化的持续深入,出现了农业劳动力不断由农村向城市的"择优迁移",农业劳动力老龄化已成为世界各国所面临的挑战,也是当前我国粮食生产安全的重要制约因素之一。日本、澳大利亚、英国、美国、中国等国农村老龄人口比例和老年抚养比都明显高于城市,导致农村地区缺乏活力。劳动力作为农业生产的关键要素之一,农村农业劳动力减少,农业劳动力老龄化所导致的农村衰落问题亟待被政策制定者及研究人员关注。

在未来农场时代,5G技术的应用将显著提升连接性,实现技术的"跨界"融合。农业生产者将能够更有效地利用空间资源,自动化和机器人技术的进一步应用将解放潜在生产力,并促进跨价值链的互动。农业生产形态将以数字农业、精准农业和智慧农业为特征,以无人化为发展方向,实现农业产业链的全智能化。这将直接应对农业劳动力老龄化的挑战,推动农业生产的持续发展。未来农场可以被定义为一种农业生产组织模式,它采用新一代信息技术,通过对设施、装备、机械等的智能控制,实现农场全空间、全天候、全过程无人化生产作业。无人农场的产生和发展有其深层次的原因,正在引领农业发展模式的深刻变革,并将成为未来农场发展的主流方向。

1.2.2 农村劳动力流失日益严重

随着工业部门资本积累过程的不断深入,农村剩余劳动力会不断被城市产业部门吸收,劳动获得的收入不仅高于农业部门收入,而且长期保持稳定,大量剩余劳动力的存在,使城市工业部门只重视物质资本积累而不会担心劳动供给。在这一阶段,即劳动供给在到达刘易斯拐点之前,劳动作为生产要素完全处于被动地位，劳动力流动呈现出自发性的流动特征。随着工业化进程的推进，劳动力需求数量不断增加，农村剩余劳动力向城市转移的步伐越来越快。当农村剩余劳动力规模降低时，劳动由被动转为主动，工资开始上升，劳动报酬开始增加，允许劳动者表达个人意愿的环境逐渐形成，劳动者有了更多的选择，劳动力流动开始步入自主性流动阶段。

在未来农场中，机器人技术的进步将直接解决劳动力流失的问题，并进一步释放生产潜力。农业机器人将在未来农场中创造更多价值，潜力巨大。通过人工智能算法学习，农业机器人能够提高自己的生产力，承担越来越复杂的任务。最终，农业机器人将实现与农户的交互，帮助农户做出更明智的决策，提高收益和盈利能力。农业智能机械、人工智能机器人、智能农业因素完全可以替代劳动力，未来农业成为工业化流水线生产，农业新技术、新设备广泛进入农业生产、加工领域。原本的农业人口将在计算机前操控农业生产经营。农村、农业将不需要太多人工，劳动力开始充足，短缺将不复存在。

1.2.3　劳动力在农产品成本中的比例日趋提高

农村劳动力大量外出务工可能改变既定价格水平上的劳动力供应量，从而造成农村劳动力市场上的供应曲线向内移动，这是劳动力成本飙升的一个可能原因。但是，在农村劳动力大量外出的同时，蔬菜播种面积却持续大幅度增长，蔬菜播种面积占作物播种总面积的比例从2%增加到12%，同时，由于蔬菜播种面积按照全年种植面积计算，不考虑收获次数，而粮食播种面积按收获次数累加，因而蔬菜生产实际增加的面积应当更多。由于蔬菜生产单位面积用工量相当于粮食生产的5倍，蔬菜种植面积大幅度增加的事实证明，我国农村劳动力供应并非绝对缺乏，劳动力雇佣价格的上升只能看作劳动力供应的相对不足，可能有其他原因。

未来农场是新一代信息技术、智能装备技术与先进种养殖工艺深度融合的产物，是对农业劳动力的彻底解放，代表着农业生产力的最先进水平。全天候、全过程、全空间的无人化作业是未来农场的基本特征之一。在未来农场中，除了智能农机，生物技术和信息技术也发挥着重要作用。生物技术为无人农场生产提供适应机械化作业的品种和栽培模式，而信息技术则为无人农场生产的信息获取、传输和处理，农机导航与自动作业，以及农机远程运维管理提供支持。这些技术的融合应用，将推动未来农场向更高水平的智能化发展。智能化水平可以部分取代高成本的劳动力,例如,在降低劳动力成本的过程中,未来农场智能机器人替代劳动力的现象逐渐增多,智能自动化、管理自动化的程度不断提高,因而可以抵消劳动力成本上升的压力。

1.2.4 农业劳动生产率与发达国家差距巨大

自改革开放以来,我国农业生产力水平取得了显著进步,不仅成功解决了14亿人口的吃饭问题,还为二、三产业输送了大量劳动力,有力地支撑了我国的工业化和城镇化发展。然而,我国农业生产现代化水平仍然较低,农业劳动生产率仅为美国的1/10。为了进一步提升我国农业发展水平,提高劳动力配置效率,需要加快推进农业现代化。这要求我们全面深化乡村振兴战略,加快推动农业农村快速发展,加大农业现代经营人才培养力度,积极培育新型农业经营主体,不断完善农业生产服务体系和农村金融服务体系,推动农业实现规模化、机械化、信息化和绿色化发展。自21世纪以来,我国农业成本持续上升,并已全面超过世界发达国家水平。这一趋势导致我国农业生产率和竞争力相对下降,农产品进口量快速增加。具体而言,我国农业人工成本显著增加,远超发达国家,而土地成本也在逐步上升,高于发达国家水平。与发达国家相比,我国主要农作物品种的物质与服务费用占比较低,发达国家多数农产品的物质与服务费用高于我国,这表明资本、技术、服务、机械投入等是农业生产的主要因素。与美国等农业发达国家相比,我国在农业资源禀赋、劳动力素质与职业化程度、农业机械水平、农业科技等方面存在一定差距,导致农业基础竞争力薄弱。因此,我国农业高成本、低效率、缺乏农业基础竞争力的状况将在一定时期内维持。

在20世纪80年代,美国率先提出了"精确农业"的构想,并在随后的多年实践中成为"精确农业"绩效最好的国家,为"智慧农业"的发展奠定了坚实的基础。目前,美国利用物联网科技开展"智慧农业"生产的水平世界领先,带动了农业产业链条的全新变革。美国农业以高效率著称,是高度现代化、专业化、集中化、社会化的产业,也是重要的出口创汇产业之一。美国以不到全球7%的土地和5%的人口,创造的农业产值占世界农业总产值的12.6%,其大豆、玉米、高粱和畜牧业的产量分别占世界总产量的53%、40%、31%和15%,而美国农业劳动力占美国总人口的比例仅约为1.2%。目前,平均每个美国农民大约可为130个居民提供足够的食品和纤维。由农业的产前、产中、产后部门构成的从农场到市场，从耕种到餐桌的"食品—纤维"系统，大约创造了2100万个就业岗位，占美国劳动力总数的18.5%，创造的产值占国民生产总值的20%，成为该国最大产业。通过国际比较劳动生产率可以发现，美国仍然是世界上劳动生产率最高的国家，欧洲位居其次，而日本的劳动生产率近年来呈现回升的趋势。我国则是世界上劳动生产率提升最快的国家。为了不断提高劳动生产率，我国必须积极借鉴发达国家的经验，不断探索和创新，以实现更高水平的劳动生产率。

1.3 资源和环境约束亟待未来农场破解

1.3.1 耕地资源约束与土地生产率较低

农业的生态环境与农业经济是相辅相成的，生态环境的建设与农业经济的发展是呈正比例关系的。因此，在制定农业生态环境与农业经济协同发展的策略时，要在立足于保护农业生态环境的基础上，对农业资源进行整合并合理分配，在加强人们关于保护农业生态环境思想建设的同时，积极利用现代科学技术发展绿色生态农业，建设现代化农业，以农业经济的发展反哺农业生态环境的建设。

截至2020年，我国人口总量已突破14亿人，为确保国家粮食安全底线，维护国家生态安全格局，必须坚守一定数量的耕地保有量。同时，鉴于生态功能突出的农业用地，尤其是耕地，对于保障国家生态安全具有不可替代的作用，其保护工作亟须进一步强化。然而，在城镇化与工业化加速推进的背景下，部分耕地将不可避免地被占用，以满足经济社会发展的需求。此外，现代农业的转型升级与生态文明建设的深入实施，也要求对部分耕地进行适应性调整。但值得注意的是，当前我国耕地后备资源匮乏，生态环境约束趋紧，这些因素严重制约了耕地资源的有效补充能力。在此背景下，农业用地，特别是耕地的保护工作面临着更为严峻的挑战与考验。因此，必须高度重视耕地保护问题，采取有效措施，确保耕地资源的可持续利用，为国家的粮食安全与生态安全提供坚实保障。

表1-1列出了2022年全国各省耕地保有量前十排名。

表 1-1　2022 年全国各省耕地保有量前十排名

排名	省份	耕地保有量/万亩
1	黑龙江	25790
2	内蒙古	17255
3	河南	12229
4	吉林	11248
5	新疆	10600
6	四川	10084
7	山东	9693
8	云南	9300
9	河北	9051
10	安徽	8320

注：1 亩 = 666.67m^2。

在未来的农场发展中，政府将致力于构建一套全方位、系统化的智慧农业支持体系，为农户提供涵盖耕作、种植、管理、收割等各个环节的综合性服务。此体系的核心在于建立一套完备的智慧农业管理系统，以推动农业的精准化与数字化变革。智慧农业管理系统的应用，将助力农户显著提升生产率，优化农产品产量与质量。具体而言，未来农场的作物将实现全程可追溯，农户能够依托云数据管理平台，实时查看作物的生长状况及用药记录，确保每一环节都符合国际绿色标准的安全检测要求，从而保障农产品的绿色与健康属性。此外，政府还将推广高效的农场管理模式，该模式将基于科学计算，精确确定农药与化肥的适量使用，避免资源浪费，减轻对土地及水资源的污染。同时，鼓励采用可持续耕作工具，以有效保护自然资源和生物多样性。通过上述措施的实施，未来农场的作物将全面实现全程可追溯，农户将继续通过云数据管理平台进行实时监测与管理，确保农产品在绿色健康的轨道上持续发展。

世界银行数据显示，在 2022 年涉及 128 个国家（地区）的农业发展比较中，我国的土地生产率为 6380kg/hm^2，相对于全球平均水平的 4182kg/hm^2，我国土地生产率在全球范围内排名靠前。

在我国推进农业现代化进程中，由于人多地少、人均农业资源占有量小、农户家庭的土地经营规模小、农田结构零散等原因，大量的农村人口滞留于农业，致使我国农业劳动与土地生产率长期处于较低水平。

提高土地生产率的途径主要有三条：一是精耕细作，提高单位面积产量；二是增加复种指数，多种多收；三是充分开发各种耕地资源，尽快变荒为宝。

在这几个方面，我国都大有文章可做。要做好这"三篇文章"，都必须靠科学技术，可以说，科学技术是提高土地生产率的第一动力。

面向农业生产经营的现实需求，未来农场的发展将聚焦于农业重大关键技术及共性技术的突破，旨在从根本上解决科技与经济发展脱节的问题，推动农业科技与经济深度融合。在此过程中，未来农场必须严格遵循农业科技的发展规律，将保障国家粮食安全作为首要且不可动摇的任务，并以此为引领，设定提高土地生产率、资源利用率及劳动生产率为主要发展目标。为确保这一目标的实现，未来农场须将增产与增效并重，实现良种与良法的有机配套，促进农机与农艺的紧密结合；同时，注重生产与生态的和谐协调，作为农业技术发展的基本要求。在此基础上，积极推动农业技术的集成化应用，加快劳动过程的机械化进程，提升生产经营的信息化水平，以此构建一个全面适应高产、优质、高效、生态、安全农业发展要求的技术体系，为实现农业现代化奠定坚实基础。

1.3.2 水资源约束与水资源利用率偏低

我国农业水资源总量多，排名在世界第 6 位，但是人均量较少，排在世界第 109 位。我国水资源约为 2.8 万亿 m^3，其中 80% 用于农业灌溉，但是仍然存在耕地用水少的情况。当前，我国现代节水农业技术的发展正处于利用高新技术对传统灌溉方式进行革新转型的关键时期。在推进农业现代化的进程中，我国高度重视水资源的节约利用，为此投入了大量精力，在一定程度上加速了节水技术的革新与研究步伐。然而，在节水技术的研发过程中，仍面临诸多挑战，我国在构建现代化高效节水系统方面尚显能力不足。尽管近年来通过持续研究，我国已积累了丰富经验并获取了大量数据，但在节水技术的深度探索上仍有待加强。同时，政府监督体系的不健全，导致现代化节水农业技术在实施过程中存在诸多不足。在当前的农业节水研究体系中，我国所采用的技术手段与节水设备尚不够先进，难以满足现代农业发展的实际需求。此外，节水设备的研究与开发尚未达到预期设计目标，其材料与技术水平与发达国家相比仍存在明显差距。尤为值得关注的是，我国农业水资源短缺问题已十分严峻，地下水过度开采导致江河面临枯竭风险，对农业生态平衡构成了严重威胁。上述因素共同制约了我国节水农业技术的快速发展。因此，必须采取更加有力的措施，加快节水技术的研发与应用，构建完善的节水农业体系，以确保农业可持续发展。

未来农场的出现有利于节约水资源、加大土地利用率，对于破解我国农业当前存在的水资源严重短缺、极度不均的问题有积极意义。未来农场相比传统农业最明显的优势就是节约水资源，粮食在一个完全可控的环境中就意味着可以不受天气和季节的影响，甚至可以告别传统的农业生产，解决水资源浪费问题，并且不再依赖过多水资源。未来农场的发展应着眼于水土资源的保护与高效利用、农业生产环境的优化及农产品质量安全的保障，将其作为核心目标予以推进。在应对新时代社会主要矛盾的过程中，未来农场应秉承绿色发展理念，致力于农业水土资源的精确监测与保护，推动其绿色、高效利用；同时，着力改善与提升农业生产环境，并确保农产品质量安全。为实现上述目标，未来农场的发展须充分考虑主体的多元性、区域的适宜性、发展的阶段性及模式的多样性等特点。具体而言，应从以下几个方面探索实现路径：一是强化顶层设计，明确发展方向与重点；二是制定科学合理的发展规划，确保各项任务有序实施；三是实施技术集成，推动农业科技创新与应用；四是注重人才培养，打造高素质农业人才队伍；五是加大资金投入，为农场发展提供坚实保障；六是发挥示范引领作用，推广成功经验与做法；七是完善政策措施，为农场发展营造良好环境。通过上述措施的实施，未来农场将为实现农业现代化、保障国家粮食安全与生态安全做出重要贡献。

1.3.3 生态环境约束与农业资源利用率偏低

生态建设是农业可持续发展的关键环节，其发展路径应遵循我国经济发展原则，综合考虑经济发展与社会发展现状，同时充分融合社会资源与自然资源条件。农业的持续发展在大幅提升农产品产量的同时，也带来了一系列负面影响。农产品生产过程中过量使用农药与化肥，对土壤质量造成了严重影响；同时，农作物的过度种植与牲畜的超载放牧也导致了土地资源退化、土壤问题频发。

在此背景下，生态环境工程引领下的农业发展模式应运而生。其核心在于保护自然资源，遵循经济学与生态学的发展规律，将科学技术与现代工程紧密结合，旨在实现经济效益、社会效益及生态效益的全面提升，形成新型农业发展模式。生态农业的推广与实践，使农业发展步入健康循环轨道，为生态环境视角下的农业可持续发展探索出一条环保路径。然而，与发达国家相比，我国在农业种植设备方面仍存在较大差距，设备水平相对落后，抵御自然灾害的能力有待提升，导致农作物质量、产量及经济效益普遍低于发达国家水平。具体而言，我国农业种植设备在功能优化上存在问题，亟须有效改良与提升；设备管控水平不足，缺乏对农作物生长环境因素的精准监控手段，严重制约了我国农业生态环境工程的发展，也阻碍了种植设备水平的提升。此外，种植设备技术在实际应用中尚未实现标准化与规范化，长期依赖进口设备，与国外技术水平存在较大差距。在生态环境工程视角下，过量使用农药与化肥等化学物质，不仅严重污染了土地生态环境，还危害了消费者的身体健康，对生态农业的可持续发展构成了严重威胁。因此，必须采取有效措施，加强农业生态环境保护，推动生态农业健康发展。

未来农场将致力于实现作物营养的动态实时监测与精准调控，以弥补农艺与农机结合中存在的不足。通过运用智能农机，结合实时农情信息与先进的施肥推荐算法，未来农场将能够实现时空变异的精准施肥，有效提升肥料利用率。特别是在旱作作物种植区域，尤其是干旱缺水地区，未来农场将精准调整喷灌与滴灌系统的出水，结合水肥一体化技术，显著提高水分与肥料的综合利用率。此外，未来农场还将利用遥感监测技术与历年数据分析，准确预测病害爆发期，并发布极端天气预警，以便及时采取防护措施，有效降低农业生产风险与损失。同时，根据实时苗情信息与气象预报，未来农场将对作物产量与品质进行精准估测，为农业生产决策提供科学依据。在生态环境保护方面，未来农场将通过环境传感器、作物传感器及农田系统模拟等手段，全面评估农场生态环境状况，包括农田污染、温室气体排放等关键指标。在此基础上，未来农场将精确实施污染控制、土壤改良及食品质量安全控制等措施，力求在保护生态环境的同时，进一步提升农业生产率与产品品质，推动农业可持续发展。

农业资源是人类社会经济发展的支撑，必须做好农业资源的可持续利用，实现资源生产率的提高与发展。化肥是农业生产必不可少的资源，在农业技术进步中，化肥贡献率达到52%以上，但是相对而言，化肥仍是短缺资源，尤其是氮、磷肥资源，根据联合国"2024版世界人口展望"预测，2030年我国人口规模为14亿人左右，按人均粮食占有量400kg计算，粮食总产量仍需达到5.6亿t。考虑到种植结构调整后经济作物施肥量的增加，以及林业、草业和养殖业的用肥，预计到2030年，我国化肥需求总量将突破6000万t。我国人均耕地少，水资源、化肥资源十分紧缺，这是目前我国的基本国情，而且会持续一段时间。当前，我国人均所占耕地已经低于国际警戒线，制约农业资源的因素还在增多，农业生态问题也更加严重。这些问题带来警示，如果再不改变耕种方式，粮食安全问题迫在眉睫，未来农场就是在这样的背景下应运而生的。

未来农场依托大数据技术对传统农业进行转型升级与装备升级，是推进农业现代化发展的关键路径。大数据作为现代信息技术的重要新兴力量，不仅是信息化与农业现代化深度融合的重要抓手，也是推动我国农业向"高产、优质、高效、生态、安全"方向迈进的核心驱动力。通过大数据技术的应用，能够高效地收集、存储并分析农业资源环境、动植物生长发育等相关数据。在此基础上，借助对农业生产过程的动态模拟，以及对生长环境因子的科学调控，能够实现农业资源的合理配置与高效利用，进而降低生产成本，改善农业生态环境，同时显著提升农产品的产量与质量。这一系列举措对于推动我国农业的可持续发展，加快农业现代化进程具有重要意义。

为夯实农业发展基础，必须着力提升粮食综合生产能力，并大力推进现代农业的三大体系建设，旨在探索一条集约、高效、安全、可持续的现代农业发展新路径，以期实现农业的全方位升级、农村的全面进步及农民的全面发展。当前，我国农业正处于由传统向现代转型的关键时期，而信息化在现代农业中的作用尚未得到充分发挥。具体而言，农业数据的采集、传输、存储及共享手段相对滞后，农业物联网产品与设备尚未实现规模化生产，支撑现代农业电子商务发展的基础设施，如农产品分等分级、包装仓储、冷链物流等基础设施，均显得较为薄弱。然而，现代农业的发展正朝着规模化、新型农业经营主体、"互联网+农业"及高科技农业的方向迈进。在新时代背景下，城市工商资本正积极投资农业，通过引入现代技术装备与高级专业人才，将云计算、传感网、"3S"技术〔全球定位系统（GPS）、遥感（RS）和地理信息系统（GIS）的合成〕、无线通信技术等现代信息技术，以及农业、营销、文化、旅游等多领域的智慧与知识，集成应用于农业产业链的生产、加工、营销等各个环节，为现代农业的发展注入了新的活力。

第 2 章

未来农场内涵

未来农场预示着农业生产和生产力的根本性转变,它将现代信息技术与农业科学深度整合,构建出一个高度自动化、智能化及精准化的生产体系。未来农场不仅依托物联网、大数据、人工智能等先进技术,还通过生物技术和智能装备的应用,实现农业生产的全面提升。它将推动农业向高效、绿色和可持续方向发展,为实现全球粮食安全和农业现代化提供重要支撑。

2.1 农场的概念及内涵

农场是重要的农业生产单位,是农民进行农业生产的基本组织形式,是粮食、蔬菜、水果等农产品生产的重要场所,也是农业技术研发、推广和农业经济管理的重要基地。具体来说,农场是农业生产单位、生产组织或生产企业,以农业生产或畜牧养殖为主,包括土地、农机具、建筑物、畜禽、养殖、深加工等多个方面。农场的经营主体可是个人、家庭或社群,也可以是联合体或公司;农场的经营规模可以从数亩到成百上千公顷不等;农场的优势是可以集中利用技术、劳动力、资金等资源,实现农业生产效益的最大化。

随着农业经济、科学技术的发展以及管理方式的变革,农场也表现出了多种形式。当前我国农业经济的发展主要依赖于家庭农场模式,该模式在我国农业经济体系中扮演了至关重要的角色。农业农村部关于家庭农场的定义是，以家庭成员为主要劳动力，从事农业规模化、集约化、商品化生产经营，并以农业为主要收入来源的新型农业经营主体。家庭农场的核心是农户家庭经营，主要劳动力是农民的家庭内部成员，主要收入来源是农业经营收入，实现的手段包括对土地进行承包或流转，而经营的模式则着重于农业生产的规模化、集约化及商品化。

在数字经济大发展的全球背景下，随着我国农业基础设施的不断完善和数字技术在农业领域的应用，现在部分地区出现了无人农场。无人农场就是采用物联网、大数据、人工智能、5G、智能装备与机器人等新一代信息技术，通过对设施、装备、机械等远程控制、全程自动控制或机器人自主控制，完成所有农场生产作业的一种全天候、全过程、全空间的无人化生产作业模式。在无人农场的背景下，规模化与集约化构成了农业发展的基础，设施化与装备化为其提供了必要的支持，而在线化与数据化则成为其显著的特征，市场化与信用化体现了其核心本质，产供销的一体化与标准化则是确保其稳定运行的保障。无人农场的发展历程应遵循一定的阶段性演进，初始阶段为有人监管的手工操作农场，随后过渡至无人监管但远程操控的农场中级阶段，最终达到完全自动化作业的高级阶段。这一发展路径预示着无人农场将成为我国农场未来发展的重要方向。

2.2 未来农场的概念及内涵

未来农场是一个高度集成现代信息技术和农业科学的农业生产系统。该系统通过运用物联网（IoT）、大数据分析、人工智能（AI）、生物技术及智能机械设备等先进技术，构建了一个高度自动化、智能化、精准化的农业生产体系。未来农场不仅是农业生产的技术革命，更是生产力的转变，旨在实现农业的高效、可持续发展。

在未来的农业领域，新一代劳动者、先进劳动工具及创新劳动对象的有机结合，将显著提升农业生产率和产量。这一进步将促使农业从传统的劳动密集型产业向技术密集型产业转变，并进一步提高农业的全要素生产率。同时，这些新要素将进一步催生诸如智慧农业、精准农业、生态农业等新产业和新模式，激发农业发展的新动力，为其提供强大的推动力和支撑力，促进农业的高质量发展。

未来农场的内涵主要体现在劳动者、劳动资料和劳动对象的深刻转变，具备集约化、专业化、组织化、机械化、数字化、智能化、无人化、技术集成化、产业化、社会化、市场化和绿色化等特征。

2.2.1 劳动者转变

传统农业劳动者主要依靠体力进行耕作、播种、除草、施肥、收割等农业活动，这些工作通常需要长时间的体力投入，劳动强度大。传统农业劳动者使用简单的手工工具，如锄头、镰刀、铲子等，这些工具操作简单但效率低，劳动生产率不高。农业劳动者的农业技能主要通过代代相传的经验获得，依赖个人的实践和经验积累，科学知识和技术应用较少。同时，由于农业生产需要大量劳动力，往往一家人甚至一个村庄的劳动者共同参与生产活动，土地规模小而分散，生产方式粗放。农户获取农业信息的渠道有限，主要依赖口口相传或者偶尔的农业推广活动，信息不及时、不全面，导致生产决策滞后。农业生产中使用的工具技术含量低、机械化和自动化程度低、生产率较低，产量和质量也难以保证。

随着信息技术、生物技术等与农业生产的深度融合，未来农场农业劳动者将迎来深刻变化。未来农场的农业劳动者将能够熟练运用手机、智能设备等"新农具"，利用这些工具获取信息、进行远程控制、监测农作物生长情况、管理农业生产活动等。越来越多的农业劳动者会运用智能化农业装备（如无人机）、智能灌溉系统、自动化播种和收割机等，这些设备将会提高未来农场的农业生产率，减少人力投入。在未来的农业生产中，农业从业者将更加广泛地应用大数据分析和物联网技术，以实时掌握土壤湿度、气象状况及作物生长状况等关键数据，进而做出基于科学的农业决策，以提升作物的产量和品质。未来农业生产的模式将从传统的劳动密集型转变为技术密集型。未来的农业劳动者不仅是体力劳动者，更是技术使用者和管理者，需要掌握一定的科技知识和技能。此外，通过互联网、农业信息平台、社交媒体等渠道，未来农业劳动者可以快速、全面地获取最新的农业技术、市场信息和政策动向，提升生产管理水平，敢于尝试新技术、新模式，积极参与农业创新，推动农业向高效、可持续的方向发展。未来农场农业劳动者的这种转变不仅提高农业生产的效率和质量，也将改善传统农业劳动者的工作条件和生活质量，推动农村经济的发展和农业的现代化进程。

2.2.2 劳动资料转变

传统农业劳动资料包括锄头、镰刀、铲子、耙子等简单手工工具，这些工具操作简单，但效率低下，劳动强度大，仅适用于小规模、粗放型的农业生产。同时，传统农业劳动资料使用的生物材料主要是天然的，如动物粪便、绿肥等，虽然环保但其养分含量不稳定，使用效果难以保证。传统饲料多为自然状态下的草料、谷物等，营养成分单一，不能充分满足牲畜生长所需的全面营养，影响畜牧业的生产率和产品质量。此外，化肥和农药在传统农业中被广泛使用，虽然能提高农作物的产量和抗病虫害能力，但长期使用会导致土壤污染、水体富营养化及农产品残留物超标，危害生态环境和人类健康；传统农膜多为不可降解的塑料膜，用于覆盖农田以保持土壤湿度和温度，但使用后难以回收，易造成严重的白色污染。

以无人机、农业机械、现代设施农业等为代表的新型农业劳动工具快速发展，未来农场农业劳动资料将会发生显著的转变。无人机可以进行精准农药喷洒、监测农作物生长状况，农业机械大大提高耕种、施肥、收割等环节的效率，现代设施农业（如温室大棚、智能灌溉系统等）实现农业生产的智能化与自动化管理。生物饲料、生物肥药、农业疫苗、可降解农膜等新型生物材料逐步取代传统的饲料、化肥、农药、农膜。生物饲料富含多种营养成分，能更好地满足牲畜的生长需求，提高畜牧业生产率；生物肥药利用微生物和天然成分，提高土壤肥力和植物抗病虫害能力，减少对环境的污染；农业疫苗有效预防牲畜疾病，提高畜产品质量；可降解农膜使用后能自然降解，避免环境污染。这种转变不仅使农业劳动资料不再局限于传统的农具和简单的生物材料，还将在降低农业生产对生态环境负面影响的同时，提高农产品质量和竞争力，农业生产管理正逐步实现智能化与科学化，促进农业的可持续发展，并助力现代农业朝着高效、绿色、环保的方向不断进步。

2.2.3 劳动对象转变

传统农业劳动对象主要是常规的农作物和畜禽品种，这些品种通常是经过长期的自然选择与人工选择过程所培育，以适应特定地区的气候及土壤条件，但其产量、质量和抗逆性有限，产量和品质相对较低，易受病虫害及气候变化等多重因素影响,生产稳定性较差。传统培育筛选品种生产高度依赖土地、水资源等自然条件,受季节、气候和地理条件的限制较大,品种改良主要依赖于杂交选育和自然突变,改良速度慢,难以满足现代农业对高产、优质、抗逆品种的需求。

随着生物育种技术与智能装备技术在农业领域的深入应用,未来农业劳动的对象也将经历显著的变革。通过基因编辑、分子标记辅助选择等生物育种技术,可对传统常规动植物品种进行改良和培育,促使作物种源不断向高产、优质、耐逆的方向跃升。例如,利用基因编辑技术培育抗病虫害、高抗逆性的农作物新品种,将显著提高未来农场农作物的产量和品质。未来农场将依托无人机、自动化农机、智能灌溉系统等智能装备开展农业生产,有效减少对传统自然资源的依赖,提高土地、水资源的利用效率。随着智能设备与现代农业技术的运用,未来农业生产将能够突破土地及其他自然资源的限制,从而拓展生产空间与技术的边界。例如,垂直农业与无土栽培等创新农业模式,可以在城市、荒地等非传统农业用地进行高效农业生产。此转型不仅将提升农业生产的效率与产量,还将增强农业生产的可持续性与抗风险能力,促进农业生产从传统模式向现代化、智能化方向演进,催生新的劳动对象,从而提高农产品的质量与市场竞争力。

2.3 未来农场的主要模式

2.3.1 小型家庭农场

我国经济已由高速增长阶段转向高质量发展阶段,小型家庭农场具有专业化、精细化和单一品种的特点,不仅是未来现代农业经营的重要方式,还是构建立体式复合型现代农业经营体系的基础。经营家庭农场是小农户未来提高效益的主要出路。

未来的小型家庭农场将专注于一种农作物或畜牧产品,利用家庭成员的专业知识和技能进行高效生产。通过在单一品种的种植或养殖上集中资源和劳动力,小型家庭农场将能够深入研究和优化该品种的生产技术和管理方法。小型家庭农场还可以利用基因改良技术,培育出更具市场竞争力的品种,以满足消费者对高品质农产品的追求。在未来的小型家庭农场中,精准化管理将变得更加普遍和重要。借助智能传感器与物联网设备的广泛应用,家庭农场的工作人员能够实时监控土壤湿度、温度、光照强度等环境指标,并依据这些数据自动调整灌溉、施肥及温室控制系统的运作。通过采取精准化管理的方式,不仅能显著提高农产品的产量和质量,还能减少资源浪费,降低生产成本。

小型家庭农场承担着推动农业高质量发展的重要使命。未来,小型家庭农场将在智能农业技术的支持下,逐步实现自动化和智能化管理,提高生产率,并将逐步实现适度生态化和规范化发展。

2.3.2 大型合作社农场

我国的传统农业特点是大国小农,农户规模不大,但数量众多、占比较大。未来发展大型合作社农场是我国实现农业与农村现代化的重要路径之一,是促进乡村振兴、增进乡村福祉、实现共同富裕的组织和政策载体。大型合作社农场以其规模化、集约化及组织化的特点,成为我国未来农业经营的重要主体之一。此外,资本进入也是大型合作社农场的一个重要特点,这将为农场的规模化经营提供充裕的资金支持和先进技术的应用。通过这些资源,大型合作社农场能够显著提升生产率和管理水平。

大型合作社农场占地面积大,进行大规模的农业生产,以实现经济效益最大化。未来,这些农场将使用无人驾驶拖拉机和自动化农机设备,从播种、施肥到收割,全部由智能设备完成,提高生产率,减少人工成本。农场主可以通过远程控制系统,实时监控和管理农田,确保每一项农事操作的精准性和高效性。通过集约化经营,未来的大型合作社农场将实现土地、资金和劳动力的高效利用。大数据分析将帮助农场主合理安排种植计划,优化资源配置,避免过度生产或资源浪费。智能化的农机设备和自动化的生产系统,将促使农场在最小的资源投入下实现最大的产出,提升农业生产的效率和可持续性。

未来的大型合作社农场将通过精准农业技术实现资源的最优配置,降低环境影响,提升农产品质量。民营资本的持续投入也将推动农业科技的创新和应用,加速农业现代化进程。这些农场将构建起一个完整的生产、加工、销售一体化体系,确保农产品的质量与安全,提升市场竞争力,促进农业经济的繁荣发展。

2.3.3 超大型国有农场

随着物联网、大数据、人工智能等新一代信息技术的快速发展,超大型国有农场的出现成为可能。国有农场将更加注重科技化、智能化的发展，具有超大规模、系统化、高科技和无人化的特点，在未来，这些农场将成为农业现代化的标杆，全面实现无人化和高科技生产。

超大型国有农场占地面积巨大，能够进行大规模的农业生产，满足大范围市场需求。需要通过整合各种资源和技术，来确保生产的高效运行。未来，这些农场将引入大规模机械化和自动化设备，实现从种植到收割的全流程自动化管理，提高生产率和产量。这些农场将采用系统化管理模式，整合各类资源和技术，实现生产的高效管理。在未来的农业生产中，超大型国有农场将借助大数据平台实现全面的监控与管理，以确保生产过程的精确性和效率。建立完善的信息化管理系统，可以实现对农场生产、管理、物流等环节的全面控制和协调，提高农场的整体运营效率。

超大型国有农场还将通过广泛应用先进的农业科技，如无人机、人工智能等，实现高效生产和管理。未来，农场将通过智能机器人和无人机进行播种、施肥、灌溉和收割，彻底解放人力。人工智能技术将协助农场进行详尽的数据分析及决策支持，以优化生产规划，提升资源使用率，并减少环境污染。通过无人化技术，超大型国有农场能够实现全程无人操作，从播种到收割均实现生产自动化。未来，农场将借助人工智能技术进行数据分析及决策支持，根据实时数据调整生产计划，优化资源配置，提升生产效益。无人化生产方式不仅能够提升生产率、降低生产成本，而且能有效应对农业劳动力不足的问题。展望未来，规模庞大的国有农场将不仅能够满足国内市场的消费需求，还将积极参与国际农业的合作与交流，增强国际竞争力，并为全球粮食安全与可持续发展做出重大贡献。

2.4 未来农场的技术支撑

2.4.1 5G

5G 是第五代移动通信技术（5th generation mobile communication technology）的简称，这是最新一代的蜂窝移动通信技术。5G 具备极高的数据传输速率，能够支持超过 10Gbit/s 的通信速度，满足高清视频流、虚拟现实等大量数据传输的需求。通信容量大，每平方公里可支持 100 万台设备和数十万个并发连接，满足物联网通信需求。通信延迟低，可提供延迟低于1ms的空口通信连接，可以满足自动驾驶等实时应用。

在未来农场中，5G可以为所有智能化、数字化设备提供高速率、低延迟的通信服务，是未来农场的通信基础设施，承载绝大部分未来农场智能设备的数据和指令通信任务。高速率的通信使得农场各种智能设备能够实现实时数据传输和处理，从而实现精准农业管理。例如，传感器能够对土壤湿度、作物生长状况等数据进行实时监测，智能农机可以根据这些数据实时调整作业，提高农作物产量和质量。低延迟的通信服务使得远程操作和控制变得更加可靠和高效。农场主可以通过远程监控系统实时查看农场情况，远程操控农机设备，甚至进行远程培训和指导。这种远程管理方法显著提升了工作效率，并且降低了人力资源成本，使得农场管理趋于智能化与便捷化。

2.4.2 人工智能

人工智能是能够表现出类似或超过人类智能的计算机程序，以及基于这些程序的应用。它涵盖了多个子领域，包括机器学习、深度学习、自然语言处理、计算机视觉等。一些人工智能根据机器感知进行实时决策，例如，利用计算机视觉的目标识别、物体分类、场景分割、目标跟踪等，利用声音的语音识别、语言理解、翻译等。许多人工智能系统能够完成模式识别、异常检测、数据预测等任务。某些人工智能系统也利用大数据和人类输入的知识，产生智能决策，如医疗诊断系统、农业决策系统等。总而言之，人工智能系统可以根据规则进行推理，根据数据进行决策预测，根据任务产生规划。人工智能系统正在许多领域中取代人类、超越人类，完成自动化、精准化、智能化的复杂任务。

在未来农场中，人工智能技术可以使农场管理完全自动化，全面提升农业生产率和可持续发展水平。通过机器学习和计算机视觉技术，农场可以利用智能摄像头和传感器实时监测作物生长情况、土壤湿度、气象条件等数据，并根据这些数据自动调整各环节农事活动，从而提高作物产量和质量。人工智能可以使机器人和智能农机自动、精准地完成耕地、播种、插秧、施肥、施药、采收等任务，此类机器人和智能农机能够依据实时数据及预先设定的农业模型执行智能化作业，从而提升生产率并降低资源的不必要消耗。人工智能系统还可以为农场提供智能决策支持，通过分析大量的农业数据，人工智能系统可以帮助农场主制定种植计划、优化作物管理、预测病虫害发生等，从而提高农业生产的可持续性和效益。

2.4.3 物联网

物联网是利用无线传感器网络、射频标签等感知通信设备将物品连接起来，实现智能化的识别、定位、跟踪、监控和管理。它的核心是物与物之间广泛而普遍的互联，让各种设备能够实时交换信息，从而达成自动化、远程操控及智能化的目标。物联网不仅能够产生大量的传感感知数据供人工智能程序、数据分析程序分析决策，同时也能接收并执行各种各样的决策。

在未来农场中，物联网构成了农业传感感知体系，是未来农场的末梢神经。通过安装各种传感器实现对农场环境（如温度、湿度、光照、土壤养分等）的实时监测，农场主可以随时了解农场内的环境变化，并根据这些数据及时调整种植方案，提高农作物的产量和质量。通过将农业机械与互联网相连，实现对农业设备的智能化操控，农场主可以远程控制灌溉、施肥、喷药等农业生产活动，减少人力成本，提高生产率。通过采集农场土壤、气象、作物生长等数据，并结合大数据分析与人工智能技术，可以为农场提供个性化的种植方案，实现作物生长的精准化管理。总而言之，物联网能够将农场的一切活动实时地精准记录、传送，同时也受到农业人工智能的遥控指挥，操纵各种各样的智能化机械、智能机器人完成农业任务。

2.4.4 云计算

云计算是一种分布式计算方式，它通过互联网将计算和软件服务整合起来，根据用户的需要，通过互联网进行线上计算服务。用户可以在云计算平台拥有资源动态分配、软件个性化定制的专属虚拟计算机，并根据自身需要随时使用云计算平台的资源进行计算、存储和使用服务，提高资源利用率。云计算将计算资源、存储资源和网络资源等集中在一个资源池中，用户可以按需申请和使用这些资源，无须关心资源的具体物理位置和配置，这大大增加了计算服务用户的灵活性和自由度，用户不必自己购买计算机，也不需要了解专业知识，只需要通过浏览器、用户端软件就可以直接使用云计算平台提供的软件服务完成所需的计算任务。云计算平台通常采用分布式架构，具备较高的可靠性和安全性。同时，云服务提供商会对数据进行备份和加密，保障用户数据的安全。

云计算是未来农场的计算核心，它接收并存储几乎所有农业数据，运行着大部分农业人工智能程序和农业数据分析程序,提供农业智能决策、农业数据信息服务。例如,通过收集土壤、气象、作物生长等数据,云计算平台可以分析这些数据,为农场提供个性化的种植方案,实现作物生长的精准化管理。同时,云计算平台可以结合农场实时数据和历史数据,为农场主提供智能化的决策支持,如推荐合适的施肥方案、预测可能的病虫害风险等。

2.4.5 大数据

随着传感器技术、互联网技术以及通信技术的进步与广泛应用,人类收集数据的方式越来越多样化,频率及速度越来越高,数据的规模逐渐超出传统软件程序和计算机架构的处理能力,这样的数据就是大数据,即因其规模、多样性、速度和复杂性而难以用传统数据库软件工具进行捕获、管理和处理的数据。大数据具备体量庞大、种类多样、生成及传输速度快的特征。例如,大数据的数据量从TB(太字节)级别迅速跃升至PB(拍字节)、EB(艾字节)乃至ZB(泽字节)级别;大数据来源多样化,包括结构化数据(如数据库中的数据)、半结构化数据(如XML、JSON格式的数据)和非结构化数据(如文本、图片、音频、视频等)。大数据为传统数据存储、传输、处理提出了挑战,同时,也为统计机器学习和基于统计的数据建模技术的应用提供了可能。在农业场景下,大量丰富的农业数据在经过适当的分析建模后可以形成见解,辅助人类或人工智能做出决策。

在未来农场中,遍布各处的传感器时刻产生大量数据,并通过物联网传送到云计算平台。这些数据汇集起来形成了大数据,供农场云计算平台上运行的人工智能程序和数据分析程序进行分析、处理、决策。因此,大数据是未来农场中知识和信息的集合,是一切农业决策的依据。

2.4.6 边缘计算

云计算将计算和数据资源集中到网络的中心,而边缘计算则考虑如何利用位于网络逻辑边缘的计算机设备完成计算和数据处理。网络边缘的设备往往更靠近数据源,如智能传感器、智能汽车等。数据处理和分析在边缘进行,而不是在远程数据中心进行,能够显著减少数据传输的延迟时间,提升系统的响应速率。同时,只有重要的数据或分析结果需要传输到云计算平台,减少了带宽的使用,可以大大减少云计算平台的负载和通信负载,并有利于用户快速得到响应。由于边缘计算将数据处理分布在多个边缘节点上，因此，即使某些节点发生故障，整个系统仍然可以继续运行，提高了系统的可靠性。

未来农场的智慧养殖场、智能农机、智能传感器等智能装备同时也可以作为边缘计算设备，它们将数据进行初步汇总分析，并依据其计算能力和数据资源产生力所能及的决策和见解，这些决策和见解既可送到云计算平台作为存储利用，也可以直接输出到相应的执行设备和管理平台。这就节省了数据通信成本，缓解了云计算平台的计算负载，提高了响应速度，增加了未来农场的决策灵活性和实时性。恰似动物的行动既受大脑支配也受条件反射支配一样，边缘计算为未来农场提供了条件反射级的响应速度和灵活度。

2.4.7 智能装备技术

智能装备技术是指运用先进的传感器、自动控制、信息技术、人工智能和大数据分析等技术，来提升设备自主性、智能化和高效性的技术。这些装备具有高度自动化和智能化的能力，能够在不同环境中执行复杂任务，并根据实时数据做出决策和调整。

在未来农场中，通过传感器和 GPS，智能装备能够实时监测土壤、水分和气候等环境数据，从而进行精准农田管理。例如，精准播种设备可以根据土壤条件和历史数据，精确控制种子的间距和深度，提高种植效率和作物产量；智能喷灌系统和施肥设备可以根据土壤湿度和营养水平，定量供给水分和肥料，减少资源浪费，优化农作物的生长环境。智能装备技术还能够显著降低对人力的依赖程度，提高农业生产率。例如，自动驾驶拖拉机配备了 GPS 和自动驾驶系统，可以自动完成耕地、播种、施肥和收割等工作，减少了人工操作的误差，降低了劳动力成本；无人机配备高分辨率摄像头和传感器，可以快速覆盖大面积农田，进行作物健康监测、病虫害检测和农药喷洒等任务，大幅提高工作效率和精确度。

2.4.8 生物技术

生物技术是指利用生物体、细胞及其分子成分进行技术应用和研究，以改进农业生产、提高产量、优化品质、增强抗性和促进可持续发展的综合技术体系。科学家通过基因改良技术，成功培育出具备抗病虫害、耐旱及耐盐碱等优良特性的农作物品种，从而提升了农产品的产量与品质。与此同时，分子育种技术的运用显著加快了育种进程，提高了育种工作的效率，能够更快地满足市场需求和应对环境变化。生物技术还在病虫害防治、土壤改良等方面发挥重要作用，促进了农业的可持续发展。

未来农场将广泛应用基因编辑技术，培育出具有优良特性的作物和畜禽品种。例如，通过基因编辑，可以增强作物的抗病性、耐旱性和营养价值，提高粮食安全和生产效益。同时，未来农场将利用生物农药和生物肥料，替代传统的化学农药和肥料，减少对环境的污染。生物技术在改良土壤和恢复生态系统方面也将发挥重要作用，通过微生物技术改善土壤结构和肥力，提升土地的可持续生产能力。通过这些先进的生物技术，未来农场将实现农业生产的高效、绿色和可持续发展，满足日益增长的食品需求，保障粮食安全，推动农业现代化进程。

第 3 章

未来农场的特征

随着传统农业种植方式简单粗放、劳动力投入大、土地零散种植及抛荒严重等弊端的日益凸显,未来农业将逐渐向农场化种养殖方向发展。加之现代信息技术的飞速发展,大数据、云计算、物联网、互联网、人工智能等信息技术与农场生产经营逐渐融合,未来将形成一批具备生产规模化与专业化、生产数字化与无人化、加工标准化与绿色化、营销价值化与品牌化、经营组织社会化与产业化、科学技术集约化与一体化等特点于一体的专业化农场。

3.1 农场生产的规模化与专业化

3.1.1 生产规模化

生产规模化是指农场中土地的经营面积具备一定规模,而不是零散种植,一般分为大规模、中等规模、小规模等。农场生产规模与农产品产量、生产率之间密切相关。土地作为农业生产过程中必不可少的生产资料之一,理论而言,农场规模越大,农业产出量越高。然而,当农场规模过于庞大时,可能会造成土地浪费,出现经济效益低下的情况。部分农场虽然规模小,但其产出却相当可观,也就是说,在小规模经营的情况下可能也会出现较高的产出水平。相关规模经济理论提出，经济效益和生产率必然会随着生产的规模化而提高，但现实中却出现了部分小规模农场的生产率反而高于大规模农场的情况。针对小规模农场生产率可能更高的现象，相关研究给出的解释是，当农场种植或养殖面积低于一定规模时，生产率会随着规模增大而提高，当超过一定规模时，生产率反而下降。加之不同国家、不同区域的土地质量、气候条件、劳动力分布、农业生产装备、市场需求、政策导向等存在明显的差异性，可能导致农场规模大小对农业产出量及农业生产率的影响机制有所不同。因此，未来农场适度规模经营将成为农场发展过程中比较合理的一种经营方式。

目前，世界大部分国家的农场规模变化趋势各有不同，部分国家/地区的农场规模变化趋势见表3-1。

表3-1 部分国家/地区的农场规模变化趋势

国家/地区	变化趋势	国家/地区	变化趋势
美国	↑	日本	↑
法国	↑	巴西	↓
加拿大	↑	土耳其	↓
澳大利亚	↑	尼泊尔	↓
阿根廷	↑	印度	↓
越南	↑	拉丁美洲	↓
非洲	↓	—	—

下面分别对美国、德国、日本等国家的农场发展趋势进行了详细分析。

美国农场，在数量方面，经历了先上升然后快速下降、缓慢下降、基本稳定的变化过程；在规模方面，经历了类似的变化趋势，由基本稳定、快速上升、缓慢上升到基本稳定的变化过程。目前，美国农场（见图3-1）的规模仍在缓慢增加，面积大于2000英亩（1英亩=4046.86m²）的大规模

图3-1 美国农场：规模化经营

农场数量占农场总数的比例逐年增加，大规模农场面积占耕地总面积的比例也在逐年增加。大规模农场利用自身规模优势，不仅保证了农产品产量，而且提高了经济效益。美国对小规模农场主要采用精耕细作的农业生产方式，最大限

度地利用自然资源,以非农活动带动小型农场增收。

德国农场(见图3-2)主要以中小型家庭农场经营为主。据相关数据显示,2014年,德国农场中占地面积1500亩以下的中小型农场占德国总农场数的88%,占地面积1500亩以上的农场占比为12%。

日本农场多以家庭农场为主,主要发展模式为土地分散经营和集中分散经营,以此来弥补国土面积小、耕地面积有限的弊端。以日本的富田农场(见图3-3)为例,富田农场是日本北海道最先进的花田之一,农场面积为180亩,内部设计有大型景观花田9个、花园2个、温室1个,主要以种植薰衣草为主,以此带动旅游、观光、休闲为主题的农场发展。

图3-2　德国农场:精细化管理

图3-3　日本的富田农场:协同组合发展

3.1.2　生产专业化

生产专业化是指农场根据自身所处区位及自然条件优势,针对单一种养殖品系或多元化发展而打造的一种生产模式。未来农场的生产专业化发展道路主要包括农场的专业化和农民的专业化两方面。

(1)农场的专业化　农场的专业化是指根据地理位置、自然资源优势、市场需求以及政策导向等因素,有针对性地建设不同类型的农场。由于种植、畜牧、渔业等不同行业的生产方式、经营模式、地理位置各不相同，为避免混合经营带来不必要的成本投入及运营成本，专业化农场建设可避免不必要的人力及资本损失，如图 3-4 所示。专业化农场，如美国的大牧场，主要经营放牧业；商品谷物农场，主要生产玉米、小麦；乳畜业农场，主要生产牛奶；种植园农场，主要种植棉花等作物。当然，根据不同的建设需求及资本约束，以观光、体验、休闲、旅游为导向的多元化农场建设也存在一定的优势。例如，韩国的周末农场和观光农园属于休闲农业的一个发展方向，主要为游客提供一种文化、休闲、音乐、旅游服务。法国的普罗旺斯鲜花主题性农场是法国著名的乡村度假胜地，以薰衣草为代名词，吸引游客观赏，带动以薰衣草为原料的产品销售，组织美食品尝、旅游节庆活动等。

a) 大田农场　　　　　b) 温室农场　　　　　c) 猪场农场

d) 鸡场农场　　　　　e) 牛场农场　　　　　f) 果园农场

图 3-4　专业化农场

（2）农民的专业化　传统农业生产过程中的农民都是依据经验去处理农情，通过不断试错和经验积累，逐渐形成的一种种植模式。而随着信息技术、农业种养殖技术的发展，未来农场中的农民均具备专业化的种养殖知识储备和技术体系。在生产率方面，随着农民专业化程度的提高，农民对于机械装备的掌控能力及运用能力不断增强，农场生产率和农业产出也会显著提升；在经济效益方面，随着农民专业化程度的提高，产出的产品质量和附加值也会不断提高，进而促进农场经济效益的提升。例如，在新西兰家庭农场的发展过程中，通过对家庭农场的农民进行专业化的农场管理培训，很多人具备了农业科学和商业管理相关知识，带动职业农民不断学习掌握新设备、新知识，不断深入了解市场需求及消费者需求，进而带动新西兰家庭农场不断朝着适应市场需求结构变化的方向发展。农民的专业化不仅显著提升了生产率，也促进了农场经济效益的提升。

3.2 农场生产的数字化与无人化

3.2.1 生产数字化

生产数字化是指农场生产过程中的一切信息均通过物联网、传感器、大数据、互联网等信息化手段进行采集、存储、处理和分析，无需人为参与。传统的农场生产过程主要以劳动力作为主要驱动力进行农业生产，基础设施的设计及配置单一化使得后续农业作业过程也主要依靠劳动力，如作物的生长监测、环境监测、设备管理等。此外，传统模式下对劳动力的生产经营技能要求较低，生产过程中作物的长势监测、环境监测、病虫害诊断及预警均需要通过技术专家进行识别，并给出一定的诊断和预防建议，这极易导致监管不及时或不完全，从而给农场产出及经济效益造成一定的损失。

随着信息技术、农业科学技术的发展，未来农场将物联网、传感器、云计算、移动互联网、大数据等技术与农场生产全过程相结合，服务农场生产、加工、经营、管理等全过程，促进信息化与农场现代化深度融合。信息化技术参与农场生产的全过程后，作物的生长信息、环境信息、设备信息、劳动力使用情况等相关数据均可通过物联网、互联网、大数据等技术实现动态高效收集、精准管理、有效分析、可靠应用（见图3-5）。在未来农场的建设过程中，农场的信息资源将得到充分利用。数字化、信息化技术的参与将进一步发挥数据资

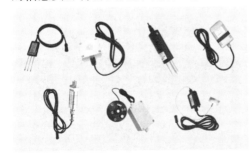

图 3-5 农场生产数字化监管

源在农场生产过程中的优势及作用,实现资源的优化配置,降低劳动力的参与程度,显著提升作业效率,为农场的智能化管理提供技术保障。

3.2.2 作业无人化

作业无人化是指农场生产过程全部由机器人和智能装备进行作业,而无需劳动力参与。传统农场的作业模式主要依靠人工劳动力进行作物的种植、畜禽的养殖以及突发情况的预警与管控,过程中设备的使用也均由人工进行操控,劳动力投入量大、参与度高。随着社会的发展,部分国家及地区出现了劳动力流失及短缺问题,从而导致满足农场生产过程所需的劳动力严重不足。未来农场将摆脱劳动力的束缚,基于数据驱动,实现机器人、智能装备换人,减少劳动力投入,提高劳动生产率,实现无人化生产、作业及管控。

2017年9月,英国哈珀亚当斯大学与 Precision Decision 公司合作的项目 Hands Free Hectare 成为全球第一批全过程无人工直接介入的无人化作业案例。该项目通过实践证明,农业生产全过程自动化、无人化是可实现的(见图3-6)。2020年,美国加利福尼亚农业局联合会的报告显示,由于劳动力短缺,美国加利福尼亚州有超过一半的农场主"在过去5年无法雇用生产主要农作物所需的

图3-6 大田农场条件下针对麦田的无人作业实例

雇员"，调查结果发现，有56%的被调查农民使用了减少劳动力的技术。美国的Iron Ox 公司为应对当前全球农业可能面临的"青壮年不种地、老年人种不动"的难题，开发了由机器人打理无人农场的生产模式，农场中以机器换人，实现了温室蔬菜的自动化栽培、移动和收获等。因此，未来农场将以机器换人、装备换人来降低生产过程对人力的依赖，从而实现无人化作业及管控。

3.3 产品加工的标准化与绿色化

3.3.1 加工标准化

农产品加工标准化是指以农场生产的作物、畜禽产品为对象，对其进行形态、结构、营养组成的提高及改善过程（见图3-7）。在此过程中，通过制定统一的规范和实施细则，将农场生产的农产品加工全过程中涉及的产品安全要素、生产环节、生产环境及控制等相关标准，按照彼此之间的内在联系形成科学、合理、系统可行的有机统一体。相比于加工标准化，传统农产品加工过程简单、粗放，缺乏加工技术、专业化的培训及装备，加工水平低、经营规模小，大多是综合效益差且耗能高的作业。

图3-7 农产品加工标准化

食物是关系人类生存的重要战略物资，农产品加工是农产品再生产过程中的核心环节和基础产业。在未来农场的建设过程中，农产品加工的标准化将进一步提升。未来农场农产品加工过程将以精加工为主，农产品利用率将显著提升，加工过程中农产品的损失将极大减少。在农产品加工设备标准化方面，未来农场的农产品加工将实现自主创新。农产品标准化加工是一种高端技术产业，加工过程中所使用设备的智能化、精密化程度将决定加工所得农产品及农副产品的精良度。在农产品加工程度标准化方面，未来农场的农产品加工过程将以如何最大限度地保留农产品本身的营养为目标，避免因过度加工而造成的营养流失。在农产品加工安全质量控制体系标准化方面，将会有更多、更全面的农产品质量安全法规出现，不断规范农产品加工的标准化。目前，美国农产品加工行业的加工技术和装备均比较先进，从业人员素质较高。欧盟国家的农产品加工产业布局相对合理、专业化程度高，生产实现了高度一体化。日本的农产品加工业多以农副产品加工为主，产品包装精美、色泽亮丽、规格统一、品质优良，这主要源于其农产品加工模式先进、管理过程精细化。因此，未来农产品加工将在加工模式、加工设备、加工程度、加工安全质量控制体系等方面实现标准化。

3.3.2 流通绿色化

流通绿色化是指未来农场生产的农产品将从田间地头的生产（种养殖）到加工、仓储、物流、配送、消费等全环节进行食品安全的详细信息收集，建立农产品全程供应链信息库，采用现代信息技术管理信息数据库，实现产品流通各环节有记录、信息可查询、流向可追踪、责任可追究、产品可追回、质量安全有保证，以此保障农产品在流通过程中的质量安全。随着人类生活水平的提高，人们对食品的质量安全提出了新要求，具备农产品质量安全标签的产品将更受消费者信赖，产品收益率也较高，也更有助于形成品牌。

图3-8所示为部分国家或区域性组织的农产品质量安全追溯系统。

美国、欧盟、日本等国家或区域性组织在农产品质量安全法律法规构建、标准体系建立、追溯系统应用等方面积累了一些成功经验。

在农产品质量安全法律法规构建方面，欧盟、美国、日本很早就颁布了相关的法律法规，如欧盟的《食品安全白皮书》；美国的《食品安全行动计划》《公共健康安全与生物恐怖预防应对法》《食品安全跟踪条例》和《食品追溯白皮书》等；日本的《食品安全基本法》《食品卫生法》《农药管制法》和《肥料管制法》等。在农产品标准体系建立方面，欧盟颁布了《欧盟良好农业规范（EUREP GAP）》认证标准、《食品安全全球标准（BRC）》和《国际食品标准（IFS）》等标准；美国的食品安全相关标准统称为"法规"，并被列入了"联邦法规（CFR）"；日本制定了《日本良好农业规范（JGAP）》，并于2007年制定了与猪肉、牛肉和果蔬追溯等相关的标准，随后追溯范围进一步扩增到鸡肉、鸡蛋、养殖鱼类、海苔、贝类等，实现了农产品生产全环节的追溯管理。

第 3 章　未来农场的特征

a) 欧盟食品和饲料快速预警系统(RASFF)

b) 美国国家动物标识系统(NAIS)

c) 日本食品安全和信息通信技术可追溯系统

d) 中国国家农产品质量安全追溯管理信息平台

图 3-8　部分国家或区域性组织的农产品质量安全追溯系统

在农产品质量安全追溯系统应用方面，欧盟建立了食品和饲料快速预警系统（RASFF），并于 2014 年成立了 RASFF 门户网站和数据库，为世界各国企业及消费者提供公开的信息服务。美国在 2004 年启动国家动物标识系统（NAIS），并在 2009 年强制实施，该系统的主要任务是对动物从出栏到屠宰进行全过程追溯，要求生产者、加工厂商和零售商认真做好动物从出生、养殖、屠宰到加工过程的跟踪记录并建立标识，但由于该系统加重了农户的负担，最终于 2010 年终止。2011 年，美国又推出了动物疾病追溯规划（ADT），该规划通过降低追溯成本、减轻农户负担来实现跨州畜禽产品的追溯管理，该规划还在持续推进中。日本自 2002 年建立食品追溯体系以来，通过家畜改良中心搭建或企业自主建立的且正在运行的农产品追溯系统共有 5 个，分别是牛只个体识别信息系统、Serica 果蔬追溯信息系统、家禽追溯系统、苹果追溯系统、全农米追溯系统，这些系统主要为公众公开农产品的生产、加工、运输、销售环节的信息数据。2017 年，我国在《农业部关于开展国家农产品质量安全追溯管理信息平台试运行工作的通知》的指导下，分别在四川、广东和山东开展试点工作，制定了《农产品质量安全追溯管理办法（试运行地区试行）》，确定了追溯系统具体技术细则，明确了采集的原则及目标，强化了信息监督，健全了管理准则，编制了统一技术标准,并建立了生产领域主导模式、终端消费模式以及消费者主动模式等,建立了国家农产品质量安全追溯管理信息平台。未来农场建设中涉及农产品流通绿色化的部分将全面实现产品全流通过程安全可追溯,保证产品流通过程中的质量安全。

3.4 产品营销的价值化与品牌化

3.4.1 产品价值化

产品价值化是指农场生产的农产品应该满足人们对农产品营养的基本要求,满足对农产品卫生健康安全的基本需求,满足人们身体所需营养元素的功能需求,满足部分人群的精神需求,满足现代社会的多功能需求等,即可最大限度地实现农产品价值。只有当农产品满足了人们的营养需求时,才达到了基本的市场价值,否则很难进入市场,更不可能产生价值。只有当农产品满足卫生健康安全需求时,才有助于提高人们对农产品的接受程度,从而打通市场销售渠道,带动农产品的价值化实现。只有当农产品满足功能需求时,才能带来好的市场效应,从而进一步带动消费市场的发展。只有当农产品满足精神需求时,农产品才不再是单一的产品。例如,在苹果上印制"恭喜发财"等特殊图案,增加了农产品的观赏功能,这既满足了人们对外观欣赏的要求,也可获得较高的市场价值。图3-9所示为产品价值化的案例。

a) 营养鉴定　　　　　　b) 特殊图案的苹果　　　　　　c) 有机认证的蔬菜

图3-9　产品价值化的案例

3.4.2 产品品牌化

产品品牌化是指不同国家、不同地区根据自己农场所在区位的地理位置、气候条件等因素,因地制宜地生产和经营农产品,以农产品为主体来推动地方经济发展,带动产业结构优化调整,最终带动农民发家致富,久而久之,形成一种家喻户晓的农产品，最终形成品牌化效应。要想打造农产品品牌，产地优势是首要的依托，产地化发展是评价农产品自身品质的一项重要衡量指标。有了产地化的依托基础，农产品的市场潜力和价值方可被定性认识。传统的农产品加工多处于初加工阶段，以原材料销售为主，产品在缺乏精美包装和深加工的情况下便推向了市场，导致产品质量参差不齐，价值和品牌均没有实现。而未来农场的农产品多为健康无公害产品，并且经过深加工，可形成农产品品牌。未来农场要想实现农产品的品牌化经营，需要充分运用各自国家的政策优势，结合地方政策资源，打造品牌流通网络，将农产品品牌打造为地方或区域名片，带动农产品销售企业打开市场，并形成自己的品牌推广资源。渠道化发展也是农产品品牌化发展的一个环节，以农场市场为主体的传统销售渠道环境较差，农产品很难形成品牌化销售模式，而未来农场将通过自建销售连锁体系，奠定农产品的销售渠道基础。农产品品牌化的实现将显著提升农产品自身的价值，提高市场竞争力，激发消费者的消费需求。

图 3-10 所示为农产品品牌化案例。

a) 品牌化产地

b) 品牌化蔬菜

图 3-10　农产品品牌化案例

目前，部分发达国家在农产品品牌化建设道路上取得了一定成绩。

对农产品品牌的打造造就了法国农业在世界上的影响力。首先，法国在农产品质量安全监管方面拥有健全的管理体系，监管职能分类明确，各部分明确分工且具备良好协作能力；其次，法国具备多元化的标识认证，强制实施农产品标识认证，以此来增加消费者对农产品的信任程度。法国的认证制度主要分为政府主导的食品认证和超市主导的食品认证，其中政府部分主要负责产地、有机农产品、红色标签、产品合格证（CCP）认证四种，超市拥有自己独立的标识认证制度。最后，法国通过对农业生产者进行培训、发展农业组织以及提供农产品品牌发展资金等多种途径促进农产品品牌的建立。法国重视提高农产品从业人员素质，规定从业人员必须取得从业资格，并形成推广农产品品牌的理念。法国农产品品牌建设资金大部分来自政府财政，以此减轻经营者品牌建设的资金压力。农业合作社和农业协会也在法国农产品品牌的建设过程中发挥了重要作用。农业合作社组织农民生产，提高农产品质量和农民议价权；农业协会制定严格的原产地命名体系，突出产地优势，提高品牌价值。

日本同样具备完善的监管体系，主要包括原产地认证、有机农产品认证和栽培农产品认证，同时，政府对农产品的生产、加工、营销、售后等全过程进行严格把关。其次，日本通过实施"一村一品"的政策，充分运用地方资源优势，重点开发优势农产品，以整个市场为导向，建立知名的农产品品牌，提高农产品市场竞争力。最后，日本政府同样大力扶持农产品品牌的建立，通过政策引导农民积极参与农业生产。同时，成立专门的农业协会指导农民产前、产中、产后生产，组织指导农民经营和品牌建设的培训。

美国在农产品品牌建设方面，除了在农产品生产、加工和营销阶段的强制标准化规范，还出台了相关法律法规，减少农药及化肥使用，保护土地资源，保证农产品品质，这进一步提高了人们对农产品的认可度。此外，美国非常重视农业科学技术的投入，通过不断投入农业科研经费，提高农产品自身的科技含量，提升农产品的品牌影响力。最后，美国在农产品认证方面强调有机农产品认证，对有机农产品的生产方式、有机含量均有要求，农产品需要严格按照标准进行生产。

在未来农场的建设过程中，在农产品品牌建设方面将强化产地品牌、农产品质量监管制度、农业科技投入、多元化标识认证，进一步推进农产品品牌化建设。

3.5　经营组织的社会化与产业化

3.5.1　经营组织社会化

经营组织社会化是指农场在生产过程中，为了实现特定的目标，遵照新的准则及规范形成的社会化组织。社会化组织是农场生产的可靠保障，是实现农场现代化和社会化的基础性组织。通过经营组织社会化，可带动农场发展的合理布局，实现农场的专业化、区域化生产，进而不断提高农场生产的社会化水平。在此过程中,参与农场生产及经营过程的人具有关键作用。农场的现代化本质就是参与农场生产的人的现代化、农民的现代化,而经营组织的社会化发展过程将为传统农民向新型农民的转变提供实践平台。经营组织的社会化可以提高农场生产参与者的可持续发展意识和生态意识,通过科技推广、人才队伍建设和教育体制的完善,为农民提供技术支持和智慧保障,促使农民之间以及农民与其经营的农场生产、生产环境之间的和谐发展,最终实现农场现代化。

通过对发达国家农场现代化发展路径分析,随着农场生产机制及市场运行机制的不断健全,农场生产经营的组织化程度将呈逐年提高的趋势。以日本为例,日本农业协同工会是以农民为主体的自助、自主和自制性组织,主要为农场参与者提供产销对接服务,并承担一定的农场行政辅助管理功能,这些特点与我国的农业相关协会性质相似,但日本农业协同工会的作用范围更广,功能也更全面。

3.5.2 经营组织产业化

经营组织产业化是指在经营模式改革创新的引导下,促进农场生产力与生产关系的协调发展,实现生产、加工、流通、销售等一体化发展的农场经营新模式。农场经营组织产业化涵盖了多种理论,如社会协助与分工理论、合作理论、利润理论、交易成本理论、利益理论及规模经济理论等。农场经营组织的产业化是一种新型的农业发展战略,就目前国内外农场发展局势分析而言,农业发展的主要方向是国内外农产品市场的真实需求,核心是农场经济效益的最大化,驱动力是目前农业领域发展较为领先的农业产业龙头企业,枢纽是家庭农场、专业种养殖基地、农民合作社、领先农业产业化公司等多元化发展的经营组织,以此实现彼此之间的协调发展,打造完善的产业化发展道路,创建集现代化的产销、农工商、种养一体化的运行机制。常见的农场经营组织产业化路线除了家庭农场,还有"公司+基地+农户",即龙头企业带动型;"专业市场+农户",即市场带动型;"合作研发+订单农业",即技术带动型。

农场经营组织的产业化通过不断创新和完善,在产业资源合理分工的前提下,实现产业链各环节的紧密结合,形成统一整体的过程。该过程可在家庭农场、龙头企业等产业化组织中实现,在持续推进纵向一体化整合的过程中,完成产业链和价值链的升级。在农场经营产业化管理机制的建立过程中,产业化组织之间的横向整合和纵向整合互相贯穿,共同构建组织化、网络化、集约化、专业化的新型农业产业化管理机制。这种产业化道路可有效地将农场生产、农民、农民合作社/专业基地/公司、市场进行衔接，推动农场的专业化、高水平生产、加工、销售等，为优化农场农产品价值链和产业链奠定了基础。

3.6 科学技术的集约化与一体化

3.6.1 科学技术集约化

科学技术集约化是指农场运用生物技术（育种）、现代农艺技术、智能装备技术、现代信息技术等降低劳动力强度，提高农产品质量及价值，促进作物增产，提高农场生产率，带动农场经济效益提升的过程。农业科学技术的进步被认为是农场参与者与农业科学技术之间相互作用的必然结果，农业技术发展的本质是代替劳动力，使农民逐渐退居次位。农业科学技术及装备如图3-11所示。

a) 生物育种技术

b) 现代农艺技术

c) 智能装备技术

d) 现代信息技术

图3-11 农业科学技术及装备

（1）生物育种技术　生物育种技术促进了高产优质新品种或杂交品种的培育，减少了农民一代一代地通过人力筛选优质品种的劳动力投入，是实施农业可持续发展最有希望、最有效的策略。

（2）现代农艺技术　通过采用不同的农作方式，如水培、基质培等方式，实现了土地的集约化和单位面积土地产量的提高。

（3）智能装备技术　智能装备的参与，大大降低了人力的投入，明显提高了生产率。

（4）现代信息技术　现代信息技术的农场农情监测体系可通过物联网传感体系及互联网等技术实现在线实时观测和预警，极大地提升了农场对农情把握的精准度，也保障了农作物的产出。

未来农场通过充分结合生物技术（育种）、现代农艺技术、智能装备技术、现代信息技术，在促进农产品高产优质的同时，也最大限度地降低了农业生产过程中的环境污染问题，实现了农业集约化、可持续发展。

3.6.2　跨界融合一体化

跨界融合一体化是指农场在具备提供生产物资和材料能力，发展林业、种植业、渔业、畜禽等第一产业的基础上，还应开拓附属的加工产业，即第二产业；基于第一产业和第二产业，还应该开拓包括服务业、商业、餐饮业等在内的第三产业。通过将"一二三产"合理、高效的结合，可将生产、加工、营销整个产业链条打通，提高农场的经济效益，提升农场的附加增值。农业的"一二三产"融合发展是建立在农村的"一二三产"融合的基础上，以产业链、产业范围、产业功能为基本表现形式，以产业发展即发展模式为结果，通过新技术、新模式、新业态，带动农业生产要素、资源、技术、市场在农场的集成、重组及产业空间的规划布局。通过行业协会、产业示范基地、农业技术推广等渠道，提升现代农业生产的现代化和科技化，共同建设现代农业产业体系，最终建成一个集生产、加工、服务、科研和教育于一体的整体系统，这是未来农场的特点之一。

第4章

未来农场的演进

农场的发展演进受到多种因素的综合作用,由于各种演进因素的作用强度不同,将推动未来农场向多样化发展。在任何一种农场形态中,不同的演进因素自身也处于加速发展的过程中,各种演进因素的持续加强,必将推动未来农场的整体升级换代,从而带动传统农场进入全新的时代。

4.1 未来农场演进的动因

未来农场是农业生产体系的系统性升级,假设未来农场的演进场景为一个受力系统,那么推动未来农场演进的动因至少来源于拉力、推力、压力三个方面,其作用方向和作用效果各不相同,借助力的分解与合成概念,整体将形成一股引发未来农场加速演进的合力,如图4-1所示。

4.1.1 市场需求为根本的持久拉力

随着全球人口的持续增加及人们生活水平的不断提升,人类对更多、更优质、更安全、无污染的食物的需求日益增长。农产品除了其基本的食用功能,还被赋予了诸多社会化的附加需求,这也对农场的未来发展提出了更为严苛的要求。此外,在电子商务等数字技术的支撑下,农产品生产消费一体化持续加速，市场需求驱动的农产品生产经营模式更加普遍。农产品市场需求的变化，始终是驱动未来农场演进的根本动力，牵引着未来农场的发展方向，加速了未来农场的演进。

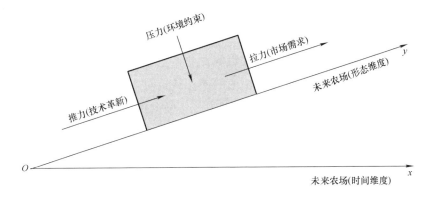

图 4-1 未来农场演进动力示意图

（1）农产品产量增长的需求　尽管我国脱贫攻坚取得了决定性胜利，已经基本实现全面建成小康社会的目标，但是放眼全球，农产品的供需平衡及全球、区域人口之间的相关性非常复杂，全球粮食产量与人口一直是一种紧平衡状态，特别是对于不发达地区来说，农业和食品系统面临着产量和稳定性的两大冲击。面对复杂多变的国际形势，我国对农产品产量的稳定性和增长给予了高度重视，并将粮食安全提升至国家战略高度，坚持实现谷物的自给自足和确保口粮的绝对安全，其他则交由市场调剂，这表明了农产品产量增长的基础性和重要性。未来农场高度发达的生产力水平，将有效支撑农产品产量的持续稳定增长。

（2）农产品需求结构变化的需求　在可预见的未来，全球农产品的需求量预计将呈现增长态势，同时，农产品的需求结构也将经历显著的转变。最明显的变化是人口基数庞大的发展中国家的中产人群正处于消费升级过程中，规模庞大的人群从谋求温饱转向更高一级的食品需求。食品消费结构的变化，则会以购买力的形式通过市场传导，进而引发供给侧的变化。农副食品的结构正在缓慢升级，变化趋势不仅包括粮食、禽畜、水产品、蔬菜、水果等的结构变化，还包括对绿色有机类产品、健康食品、功能性食品、保健品等的消费追求，同时也存在因地域差异、城乡差异、年龄差异等形成的食谱结构的不同，以及农产品产销、加工和流通模式的变化。以智能化为主要特征的未来农场，将具备更加柔性对接市场需求的能力，为未来农业提供一体化、智能化的高效解决方案，从土地到种植、从作物管理到农产品的分类与销售，实现农业长链条、全周期的精准化管理。

4.1.2 技术革新迸发出强大的推力

在科技创新走向深化和农业技术推广体系不断完善的大背景下，科技进步成为未来农场发展的主要推动力，随着农业生产资料、农业装备、农艺、农业信息技术等农业科技分支的大幅、快速发展，科技对未来农场的推动作用将更加有力，通常与拉力相互响应，交替激发农场不断向更高阶的形态演进。

在农业生产资料方面，种子、农药、化肥是重要的农业投入品，对于农场生产率的提升具有极大的促进作用。当前，育种技术已经实现了从"常规育种"向"生物育种"的转变，遗传学、细胞生物学、现代生物工程技术等方法的应用催生了一大批优异的生物新品种，现代育种技术还在迅猛发展。在农业生产过程中，农药与化肥作为不可或缺的生产资料，已从粗放型发展阶段过渡至绿色与生态型的发展道路。复合肥、控释肥、生物肥、水溶肥、叶面肥等新型高效肥料及平衡施肥技术的持续创新，纳米农药、微生物农药等环保型农药技术的突破性进展，均预示着未来农业发展的基础将更加坚实。

在农业装备方面，围绕重点产品、重点环节、重点作物，以大型拖拉机及其复式作业机具、大型高效联合收割机等技术密集型产品为代表的高端农机装备不断发展，推动农业生产向自动化、智能化、专业化方向迈进。农场生产环境给了农业装备广阔的用武之地，由大型成套农业装备武装起来的未来农场将迸发更加强大的生产力。

在农艺方面，关于农作物和畜禽生长性状的研究不断深入，对农艺技术各个环节的把控程度越来越高，可以按照农作物特点因地制宜，通过改善温度、湿度、微气候、土壤环境等农产品生长环境，综合选种、育苗、栽培、施肥及病虫害防治等方式，发挥农场的集约化优势，推动增产增收。

在农业信息技术方面，随着物联网、大数据、云计算、人工智能等新一代信息技术在农业各领域的深入应用，农业生产消费的数字化耦合效应将不断显现。在未来农场模型下，生产端的信息能够被更加全面、精确地记录和传递，市场需求端的信息也能够更加及时、有效地传导至生产端，从而实现闭环自适应调节。生产过程中的每一个生产环节都将有数据记录，具备可追溯性，为消费者提供有产地、生产时间、生产方式等信息记录的农产品，确保食品从源头起的安全性与信息对等性,为全球消费者生产透明、可追溯、可信赖的安全食品,同时确保生产过程的低消耗及对环境生态的友好性。

4.1.3　我国"三农"发展存在的深层压力

在未来农场的动态演进过程中,并非只有正向作用的力才能驱使农场演变,一些与农业发展息息相关的外部或准外部环境趋于严峻后,往往也会对农场发展提出新要求,迫使农场不断调整适应乃至转型升级,这种以外部挤压方式存在的作用力可以称为未来农场演进的压力。农业资源环境约束、新生代农民从业观念转变等都构成了未来农场演进的压力,是未来农场发展不可或缺的外部作用力。

社会各界对生态环境的要求日益提高,以"生态文明、环境友好、资源节约"为主的农业发展理念成为主导,国家也在持续加大农业生态环境保护政策,强化对水源、土地、森林、草原、湿地等自然资源的保护,严格农业投入品监管,加强面源污染的防治,开展产地环境污染治理。在此背景下,农场所具备的优势将愈发凸显,有助于构建一种"低投入、低能耗、低污染、高产出"的现代农业发展模式,成为塑造未来农场发展进程的关键因素。

在经济社会转型发展的加速期,工业化和城市化吸引了大量新生代农民,其择业观正在发生着深刻变化,越来越多的新生代农民开始远离传统农业,即使在城市从事快递、外卖等体力劳动,也不愿从事农业相关劳动,轻体力、体面感、职业化成为新生代农民的新诉求。在这种新的形势下,一方面,随着农村劳动力大量向二、三产业转移及新生代农民对土地的"抗拒",留守农业人群呈现出总量相对不足、整体素质偏低、结构不尽合理等问题;另一方面,催生了大批新型职业农民,即以农业为职业、具有一定专业技能、收入主要来自农业生产经营并达到相当水平的现代农业从业者。新型职业农民与传统农民的差别在于,前者是一种主动选择的"职业",后者是一种被动烙上的"身份"。新型职业农民可分为生产经营型、专业技能型和社会服务型三种类型,将在未来多样化的农场形态中发挥各自独特的作用。

4.2　未来农场演进的关键要素

依据未来农场演进动因,影响未来农场演进的具体因素大致可以归纳为五个方面,分别是劳动力、规模与投入、技术与装备、管理与经营和专业与分工。

这些关键影响因素从不同维度影响着未来农场的演替形态和进化程度。

4.2.1 劳动力

从劳动力视角来看，农业劳动力数量"一减一增"是大势所趋，这看似相互矛盾的发展动向，是决定未来农场走向的基本面。

首先是"一减"，我国正面临人口老龄化的严峻挑战，同时伴随着生育率的下降，这导致了人口自然增长量的减少。随着年轻一代逐渐脱离农业领域，农业劳动力的数量不可避免地出现了急剧下降的趋势。与农业劳动力数量减少相对的是，我国农产品消费需求的数量和质量的持续提高，迫使未来农场必须在少人甚至无人的条件下发展，这是农场发展演变的根源性因素。尽管动因各异，美国农业的发展历程揭示了一个事实，农业劳动力的减少并未削弱农业生产的力度。据统计，2010年美国各类农场总数约为220万个，而全国农业劳动力数量仅为350余万人。农场平均规模达到418英亩，每个农场的劳动力平均数仅为1.6人。

其次是"一增"，当前四五十岁甚至五六十岁的人员是农业生产的主力，随着时间的推移，这部分农业劳动力将逐步退出农业生产，虽然替代者的数量锐减，但新一代农业从业者普遍具有较高的教育水平，这使得他们更容易掌握各种农业技术，并且勇于尝试组织化、社会化、智能化的农业生产模式。在新型职业农民制度的助推下，其综合素养越来越高，更加趋于职业化，更符合未来农场对农业生产者和农场管理者双重身份的发展需要。

仅从农业就业人口来看，美国劳均经营耕地面积是我国的100倍之多，这表明我国农业劳动力减量提质蕴藏巨大潜力，关系到我国未来农场发展模式变革的深刻程度。

4.2.2 规模与投入

未来农场在一定程度上是资源、资本共同驱动的结果，表现为农场土地面积或农产品产量、产值达到较大的规模，而与规模相伴的往往是资本投入，特别是产业资本进入农业领域后，更容易形成规模化效应，实现以规模换效率、以效率换效益的良性循环。

单从规模来看，农场是发达国家主要的农业生产方式（见表4-1），除了日本受"人多地少"限制，美国、加拿大、澳大利亚、法国等国家均以大规模的农场为主。以美国为例，其农场数量和规模不断变化，但总体保持了较大的农场面积规模，1860—1910年，美国农场总数由200万个增加到超过600万个，到了20世纪40年代，以农场为主的美国农业产量达到了前所未有的高度，农业竞争开始向集约化经营的大农场经济倾斜，一般的中小农场被大农场逐步蚕食鲸吞，农场的数量自1940年的635万个显著减少至1960年的396.3万个，继而进一步下降至1978年的243.6万个，大农场则迅速增加，当前农场平均面积在400hm²以上。早在20世纪末，大农场模式下的美国农业劳动者人均占有农地118.2hm²，农均创造增加值为39523美元。

表4-1 主要发达国家农场规模变化情况（1930—2010年）

（单位：英亩）

国家	年份								
	1930年	1940年	1950年	1960年	1970年	1980年	1990年	2000年	2010年
美国	156.91	173.96	214.98	311.35	397.84	425.02	59.62	434.90	417.61
加拿大	222.39	234.75	276.76	358.30	462.09	509.04	595.52	674.60	775.91
澳大利亚	3528	3658	3788	4554	4924	6963	8898	9778	10500
法国	27.18	35.83	44.48	54.36	64.25	76.60	79.07	108.73	130.97
日本	2.74	2.79	2.17	2.55	2.84	2.99	4.57	5.41	7.14

我国的农业土地制度经历了诸多变革，直至2008年，党的十七届三中全会首次提出，在条件允许的地区，可以探索发展家庭农场模式。随后在2013年，中央一号文件明确表示支持和鼓励承包土地向家庭农场流转，这一政策的实施促进了家庭农场的快速发展。截至2018年底，据农业农村部门统计，全国共有60万家家庭农场登记在册，数量达到2013年的4倍以上。根据农业农村部的监测数据，我国平均每户家庭农场经营的耕地面积达到200.2亩，这一数字是全国承包农户平均经营耕地面积（7.5亩）的近27倍。家庭农场的土地中有71.7%来源于土地流转，占全国承包耕地面积的13.4%，这标志着适度规模经营的基本实现。显而易见，我国农场规模化的推动力在于土地流转，而土地流转的背后则是不同规模资本的介入，特别是腾讯、联想等非农业领域的产业资本开始进军农业领域，这将进一步扩大规模效应和投资影响，推动我国农场未来的发展和演进。

4.2.3　技术与装备

对于未来的农业领域而言，技术与设备构成了相辅相成的双生关系，彼此依赖且相互推动。在技术与设备的共同作用下,未来的农户将得到全面的农事操作支持,涵盖耕作、播种、管理、收获等环节,并能够建立一套完善的智能农业管理系统。此外,依托技术与设备,将发展出一套成熟的农业社会化服务体系,推动农业生产流程的持续改进,实现农业生产的自动化,从而在提升生产率的同时减轻劳动强度,并防止设备资源的浪费。

装备的直接体现是农机的普及程度。美国是全世界最早广泛采用机械化进行农业生产的国家,1910年以后,以内燃机为动力的各种农业机械逐步增加,主要作物的关键作业普遍采用拖拉机等农业机械进行牵引。1910—1920年,美国农场拖拉机的数量由1000台猛增到24.6万台。至1941年,美国的农场普遍采纳了多种新型农业机械,从而在全国范围内普及了农业机械化生产。20世纪末,美国每千名农业劳动者拥有拖拉机1484台,推动了美国全球农业霸主地位的形成。德国机械化农场的发展与美国相似,20世纪50年代中期开始加强农业生产过程中的机械化,至20世纪70年代,农业机械化已基本实现,欧洲每千公顷农业用地中拖拉机的数量位居首位。我国对农业装备的发展给予了高度关注,至2020年,全国农业机械总动力已达到$1.03 \times 10^9 \text{kW}$,农业机械的保有量为2.04亿台(套)。全国农作物的耕种收综合机械化率达到71%,其中小麦、水稻、玉米等主要农作物的耕种收综合机械化率均已超过80%,基本上实现了农业机械化的目标。

与农业装备相伴的自动化、智能化农业技术显著进步。由于电子技术、信息技术的快速发展,农业机械自动化水平快速提升,出现了形态各异的智能农机,通过智能农机大数据平台,多机物联、协同作业,推动农场向精准农场、智能农场发展,农业生产中使用人工智能技术的比例大幅增加,设施农业、设施园艺、农业精准种植技术快速发展,日本、美国、荷兰等国开启了农业机器人的研究与应用。尽管我国智能农业的起步相对较晚,但其发展速度却非常迅速。特别是在大数据、物联网及人工智能技术的促进下,我国智能农业已从初期的试点示范阶段,逐步过渡至广泛的大规模应用阶段。以植保无人机为例,截至2020年11月,全国专业化防治组织中植保无人机保有量约8万架,作业面积近8亿亩次,加上种植大户通过农机购置补贴购买的植保无人机,2020年全国农业无人机保有量超过了10万架,作业总面积突破10亿亩次。由于农业机械与农艺技术的结合日益紧密,适应机械化作业的优良种子和先进耕作方法正在加速推广。这种农机与农艺的深度融合,更有利于满足高度智能化农业生产作业的需求。

此外，以农场为主体的现代农业生产需要现代农业技术来推进，如新型农资技术、新型农艺技术、新型养殖技术、农用高新技术等，这些技术综合作用并推动现代农业生产不断跨越新台阶，塑造了新的农场形态。

4.2.4 管理与经营

现代农业是用现代工业装备、现代科学技术武装的，用现代组织管理方法来经营的社会化、商品化农业，是国民经济中具有较强竞争力的现代产业。现代农业需要科学的管理与经营模式来发展，家庭农场式经营、企业农场式经营、产业化经营、股份合作经营等推动了我国农业经营方式的不断转型升级。

在市场化机制的驱使下，现代农业的管理与经营更加趋于一致，管理侧重于正常合理的运转，经营则侧重于动态性谋划发展。未来农场是现代农业发展的主阵地，其发展离不开市场化、企业化、产业化、特色化和品牌化。市场化意味着农业资源配置方式以市场配置为主，价值规律在农业产供销等环节发挥基础性作用，农场的管理者和经营者必须具备市场化观念，按市场规律开展管理经营活动。企业化主要是指农场内部实行企业化管理，以经济效益为中心，可以探索多样化的发展路径。产业化是指农场经营以主导产业、产品为重点，形成自成一体的经营体系，在一二三产业融合发展的过程中突出经营优势。特色化不局限于农产品本身，可以是农场历史特色、环境特色、物种资源特色、气候特色、民族特色等，有利于拓展更加丰富的农场形态。品牌化是提升农业品质、效益及竞争力的核心所在，在消费结构持续升级的当前时期，品牌化成为农场提升品质、增加效益、实现转型升级的关键路径。

4.2.5 专业与分工

农业专业化分工是农业生产中行业的分离及各行业内部经营品种的分离，专业化程度的提升是推动分工合作的前提，两者相互促进。农场作为更具效率的农业生产方式，其发展将带动农业生产专业化分工越来越细，同时将催生各种类型的专业化农场和专业化服务公司。以畜牧业为例，在专业化分工的推动下，肉牛生产全过程中的育肥、饲料、防疫、品种等环节的生产和服务可能将由不同的生产服务组织分别承担。

在农业领域，技术密集度越高的行业，其分工经济体量越大，专业化生产的收益则越高，这是未来农场多形态发展的经济基础，价值农业社会化服务的完善,将催生越来越多的专业化、特色化农场。荷兰之所以能成为全球发达农业的典范,除了农业技术装备水平、经营管理水平、质量效益水平堪称世界一流,其发达的合作社体系也发挥了极为重要的作用。在荷兰农业合作社的全产业链发展中,全过程的利益分享机制有效增强了对农民参与农业合作社的经济激励。在新的发展阶段,推动农业社会化服务的提质增效至关重要,这将有助于加强和改进农村基本经营体系,确保国家粮食安全及重要农产品的有效供应。

4.3 未来农场演进规律及主要形态

未来农场的演进是五大关键要素叠加组合及发展演变的过程。在五大关键要素中,未来农场将具备至少一个以上,单个要素越突出的农场,其形态越特殊,多个要素均见长的农场,其发展成熟度越高(见图4-2)。无论一个或多个要素,在当前的发展环境下,各个要素的发展程度还有较大提升空间,这是未来农场各形态不断升级的基础。

未来农场的形态及其演进取决于五大要素的配比关系和发展程度。一方面,五大要素是任何一个未来农场必不可少的基本要素,各要素在未来农场中的比例,决定了未来农场的形态差异,具体表现为五种农场形态,大致可以划分为超级农场、无人农场、立体农场、特色农场、创意农场。另一方面,在五大要素相互比例

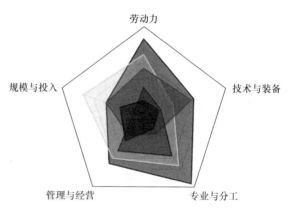

图4-2 未来农场演进要素的组合关系

基本不变的情况下,各要素的发展提升能够推动未来农场按照不同的演进路径发展,提升各形态未来农场的整体能级。

我国幅员辽阔、地形地貌复杂、种植结构多样,这决定了未来农场必然要走多样化的发展道路。总体来说,未来农场还处于形成期,各种形态的未来农场逐步显现了一些发展端倪,但是各种形态的农场发展程度还不高,通过观测现有农场的应用场景和事例,基本可以看到未来农场的大致形貌。

4.3.1 高度规模化的超级农场

超级农场的最大特点是规模化,其行业归属以大田种植为主,我国黑龙江垦区、新疆生产建设兵团及分布在各地的超大国有农场基本都属于超级农场。受发展阶段的限制,目前我国超级农场基本以规模和投入要素见长,其他要素的发展程度并不明显。例如,单位面积的劳动力数量仍然较多,技术和装备相对发展较快,但是智能化水平还有待提升,管理与经营方面的市场化竞争力及国际竞争力相对较弱,专业与分工方面对社会化服务的促进作用有限。

高度规模化意味着可以采用超常规的技术手段和农业作业模式,有利于充分释放农场的规模效益,加之产业资本对农业的青睐,以及国有农场管理体制机制不断放活,未来超级农场将逐步向美国、澳大利亚等以超大规模农场为主的国家看齐,在规模要素突出的前提下,其他各要素将快速提升,助推超级农场成为未来我国农业的主流生产模式。图4-3所示为超级农场剪影——我国农业现代化未来。

新疆生产建设兵团共青团农场现有可耕地面积24万亩,总人口1万多人,生产总值超过10亿元。农场棉花种植面积16万亩,仅大型采棉机一项就拥有400余台。以机械化的采收为核心,融合种子处理、种床准备、精确播种、落叶催熟、机械收割及储运加工等关键性技术,构建棉花生产全程机械化技术体系,实现规模化推广和应用。以棉花生产全程机械化为切入点,率先实现100%的精准耕作和精细加工。农场棉花采摘初步加工和储运已全面实现机械化,一台采棉机一天能完成300亩采摘作业任务,相当于500~1000人一天的工作量。原本1万多人3个月的手工采棉工作量,机械化作业只需30天就能完成,同时每亩还可增收约300元。

除了棉花种植,农场也在加快农业示范园设施建设,发展蔬菜和花卉等高品质农产品的工厂化生产;加快现代畜牧产业园建设,以鸡、猪和奶牛的养殖为主,引进先进的技术手段和管理模式,全面实现从传统农场向工厂化养殖的跨越;积极推进特色林果产业园区的建设,致力于发展以葡萄为核心的特色林果种植产业;加快推进农产品加工产业园建设,发展农产品的精深加工,建设葡萄酒酿制基地,培育特色酒庄经济。农场还建成了集农机销售、技术推广、农机试验、技术培训、配件供应、农机维修、油料供应于一体的兵团农机服务中心。

a) 农场机械化采收棉花　　　　　　　b) 农场棉花机械化播种

c) 农场农业植保无人机喷施棉花脱叶剂　　d) 农场机械化打捆和转运棉花

e) 农场机械化收获番茄　　　　　　　f) 农场现代化挤奶大厅

图 4-3　超级农场剪影——我国农业现代化未来

4.3.2　高度智能化的无人农场

无人农场就是劳动力不进入农场的情况下，采用物联网、大数据、人工智能、5G、机器人等新一代信息技术，通过对设施、装备、机械等的远程控制、全程自动控制或机器人自主控制，完成所有农场生产作业的一种全新生产模式。全天候、全过程、全空间的无人化作业构成了无人农场的核心特征，而装备取代劳动力执行所有工作则是其本质所在。

无人农场最突出的要素是技术与装备，由新一代信息技术武装起来的智能农机装备是实现未来农场无人化的基础条件。总体而言，无论哪种未来农场形态,都将逐步趋向少人化和无人化,只是无人农场更加依赖技术与装备,是一种全自动的智能农场形态。无人农场首先将在高附加值的农业行业得以实现,如大田种植、水产养殖、畜禽养殖等行业,并对农场的规模有一定要求,其后将向其他形态的农场延伸覆盖。无人农场代表着新一代信息技术、智能装备技术与先进农艺深度融合的成果,同时也是未来农业发展的重要趋势。

随着物联网、大数据、人工智能等新一代信息技术的发展,英国、美国、荷兰、德国、日本等发达国家陆续开始构建无人大田、无人猪场、无人渔场。2019年,我国山东、福建、北京等地也开始了无人大田农场、无人猪场的探索,无人农场作为未来农业的一种新模式,已经开启了实践探索之路。图4-4所示为无人农场剪影——智能渔场掀起水产科技革命。

a) 智能渔场基地航拍图

b) 智能渔场"渔光储"一体化光伏电池板

c) 智能渔场无人机投饵

图4-4 无人农场剪影——智能渔场掀起水产科技革命

中国河蟹看江苏,江苏养蟹看金坛。有着悠久河蟹养殖历史的江苏省常州市金坛区,被誉为"中华绒螯蟹之乡",养殖技术模式和产业发展水平长期处于国内领先地位,建成了智能化渔场,渔场核心区规划建设面积达6500亩,实现了水产养殖无人化,掀起了一场水产科技革命,率先步入"数字渔业"快车道。在园区内,自动化割草机高效地执行着塘口的作业任务。一台自动割草机的日工作量相当于6名工人的劳动成果,且其操作过程中不会引起池底淤泥的上浮,从而避免了水质浑浊的问题,对河蟹的生长环境无不良影响。智能渔场运用无人机进行饲料投放，无人机依据预设的路径自动进行投料作业。该无人机具备一次性装载20kg饲料的能力，并能在一小时内完成对180亩水域的喂食任务。无人机撒料更均匀，投料幅度达6～8m，有利于河蟹生长规格整齐和尾水净化循环使用；投喂精准度提高，可以夜间投饵，效率是人工的8倍以上，大大节省了人力，提升了河蟹品质。渔业与光伏发电相结合的"渔光储"一体化系统，通过调整光伏板的角度来调节水面的光照强度，为养殖螃蟹的鱼塘提供遮阳。同时，利用光伏发电产生的能源驱动地源热泵，以调节水温，使得渔场得以利用清洁能源。

智能化渔场以"数字渔业、绿色发展、产业标杆"为目标，全面探索在河蟹养殖投饲、增氧、水质监测调控、起捕、清淤等阶段应用数字化技术，渔场5G基站、水下摄像机、多功能水草筛除机、无人水产船等智能设施一应俱全，自动撒料机、航拍喊话机、自动割草机、自动增氧机、自动进排水、水质在线监测等一批"黑科技"已在智能渔场投入使用，实现了河蟹养殖主要环节的智能化。

4.3.3 高度设施化的立体农场

立体农场是垂直农业的载体，其典型代表是植物工厂，利用工厂化的农业系统，把农业向上延伸，而不是向外扩展，从多个维度突破了人们对传统农场的认知。土地是传统农业的载体和根本，而立体农场则摆脱了农业对土地的依赖，通过给予植物足够的光和必需的营养，就可以实现植物的室内种植——把庄稼"种"到空中去，把一幢幢高楼大厦变成一座座农场，用车间生产的办法来生产粮食和瓜果，甚至鸡鸭鱼肉。植物工厂是设施农业发展的高级阶段，是对光照、温度、湿度、二氧化碳及营养等生长环境条件全智能控制的植物高效稳定生产系统，植物生长完全由人来控制，几乎不受外界的天气、光照和土壤环境的影响。

以植物工厂为代表的立体农场完全依赖于技术和装备，同时需要大量资本的投入，因而对管理与经营水平有着极高的要求，需要专业的技术人员和运营团队，是一种工业化思维主导下的农业生产模式，多由市场化力量创办。多个国家的"植物工厂"已进入量产阶段，阿联酋在阿布扎比沙漠建造了世界上最大的室内农场，日本精细化的种植工厂较为发达，荷兰植物工厂实现了规模化。

当前，我国植物工厂的发展尚处于起步阶段，主要集中在科研、试验和示范层面。然而，作为一种创新的农业生产方式，植物工厂已经开始应用于花卉和蔬菜等作物的种植。通过人工控制技术，植物工厂能够全年维持适宜蔬菜生长的温度、湿度、光照和二氧化碳浓度等环境因素；同时，先进的净水系统能够有效防止水体污染。配合特定于不同蔬菜需求的营养液，蔬菜得以在不需要农药和激素的条件下健康成长，其营养价值显著高于有机蔬菜和传统蔬菜。在植物工厂中，蔬菜生长于一个绝对安全的环境中，甚至可以达到无须清洗即可食用的标准。此外，植物工厂产出的蔬菜不含农药残留、非转基因、无激素添加、无重金属污染，其亚硝酸盐含量远低于国家规定的强制性标准，且价格相较于市场上的有机蔬菜更为亲民。

植物工厂展现了显著的节能和环保特性，其培育蔬菜的过程耗水量极低，每颗蔬菜从播种至成熟仅需500mL水，相较于传统种植方式，节水超过90%。此外，蔬菜生长所需的营养液亦实现了循环利用，使得整个植物工厂的排放接近于零。植物工厂的高产量和高效率也是其显著特点，以菠菜为例，植物工厂内培育的菠菜平均每年可收获约19茬，相比之下，传统田间种植的菠菜年产量不超过4茬，普通温室种植也不超过6茬，效率提升了3~4倍。

4.3.4 富于文化体验的特色农场

特色农场并非以农业生产为主要功能，往往具有农业特征，但是重点在于农耕文化体验、观光休闲，也有一部分兼具生产和休闲体验双重功能的综合型特色农场。特色农场由于弱化了农业生产功能，因而其规模往往不大，不以技术和装备的应用为主，服务形态比较明显，对管理和经营的要求较高，为了突出特色，往往更加注重专业和分工，是一种一二三产业高度融合的新兴农场形态，在我国快速城市化的背景下，许多大城市及其周边涌现了大量的特色农场，虽然生产功能弱，但是由于休闲体验项目的附加值高，因而特色农业的盈利能力并不比普通农场弱，特色农业将成为未来农场发展的亮点。

特色农场的产生和发展与休闲农业的发展息息相关，传统休闲农业模式的发展，催生了以农业为根本、以景观为载体，具有丰富文化教育内涵、科技盛宴、活动体验的产业模式，已经从"单业态布局"向"多元化发展"发展转变。特色农场形式多种多样，整体可以分为农业公园、观光休闲农园、市民农园、教育及科技园、森林公园、民俗观光园、高科技休闲产业示范园等。根据其功能又可以划分为观赏型、品尝型、购物型、务农型、娱乐型、疗养型、科技型、文化型、教育科普型及度假型。图4-5所示为特色农场剪影——引领田园综合体发展方向。

a) 农场光明田原综合体导览图

b) 农场水上运动项目

c) 香朵农场

d) 创意农场

e) 开心农场

图4-5 特色农场剪影——引领田园综合体发展方向

上海崇明农场横贯崇明岛北沿中东部和西部地区，由8个围垦农场重组合并而来，以建设世界级生态农场为愿景，近年来打响了以"光明田原"为品牌的休闲体验产品，整合农场的农业旅游资源，以"特色产品＋休闲元素＋垦拓文化"等都市农业发展理念，以生态绿色农业、观光休闲农业、市场创汇农业、高科技现代农业为标志，以园艺化、设施化、工厂化为手段，融合生产性、生活性、生态性于一体，打造了一批市民参与度高的精致农场。上海崇明农场推出了"崇明农场一日游""崇明农场二日游"及"崇明全岛生态游"等旅游线路,已经成为上海乃至长三角地区市民休闲赏景的打卡地。

上海崇明农场大力发展以农业为本底的特色农场,充分利用举办中国花卉博览会的契机建设光明田原综合体,实施"大水面、大色块、大森林"的建设方略,规划建设了10km绿色林带、林间步道,已启动森林小火车项目,积极引入并培育户外运动俱乐部、钓鱼俱乐部、骑行俱乐部、水上运动等参与型体育休闲活动,主推与高科技农业相关的节庆活动及四季蔬果采摘类体验式休闲项目,开展"光明森林节",主打"森林氧吧"绿色主题游,增加农场旅游元素,打造"50亩主题农场"概念,实现了"春看油菜花,赏樱花、薰衣草,吃胖头鱼,喝崇明老白酒;夏看向日葵,赏荷花,喝啤酒,吃崇明龙虾;秋看落羽杉,赏银杏落叶,喝黄酒,吃光明湖大闸蟹",讲好了一出精彩的农场故事,极大提升了农场发展能级。

在休闲体验发展理念的引领下,上海崇明农场孕育出多个特色鲜明、精致小巧的子农场。例如,香朵农场覆盖面积超过200亩,广泛采用生态环保材料,设有月牙湾、枫叶岛、银杏桥、百花苑、稻田香等众多景点,并划分出林果采摘区、农耕体验区、鸡禽观赏区等多个农业功能区。该农场将"农事"转化为"乐事",既可"手把青秧插满田"参与丰富的体验项目,又可聆听蛙声虫鸣,安然入眠,满足了都市人群体验田园风光、享受郊野乐趣的愿望。前小桔创意农场占地360亩,以柑橘为核心,主打创意体验,拥有连绵起伏的橘林、幽静浪漫的水杉小径、色彩斑斓的创意菜园、野花绚烂的天然鱼塘,秉承"环保、创意、乐学、科技"的理念,致力于打造一个"美味、美观、好玩"的农业休闲体验乐园。东禾九谷开心农场占地1050亩,以水稻种植、大米精细加工、稻米文化展示、农事体验、度假休闲、康疗养生、科普教育为主轴,设有水稻基地、立体种养殖基地、精品民宿、大米工厂、稻米文化园和玉兰文化园等,不仅确保了高品质大米的产出,也为研学活动增添了更多乐趣。

第 2 篇　系统篇

第 5 章

未来农场系统分析

系统是由若干相互作用、相互关联、相互依赖的部分组成的有机整体,它具有特定的功能和目的。这些部分共同作用,形成一个与外部环境相互作用的统一体。系统的环境,即那些与系统有联系但不属于系统本身的外部整体,对系统产生影响并与之相互作用。未来农场,作为一个庞大而复杂的开放系统,不断与外界交换能源、营养、生物和信息,展现出其动态和互联的特性。

未来农场不仅仅是一个高产的、可持续的、环保的农业实践,它还是自然与人工系统的和谐融合。这种集约化和可持续的农业模式,通过提高劳动生产率和土地利用效率,为社会经济和环境带来了显著的益处。本章将深入探讨未来农场作为一个系统,其内部的组成、功能及与外部环境的互动关系;还将介绍各个子系统在未来农场中的作用和定位,旨在为读者提供一个全面的视角,以更深入地理解未来农场的复杂性和潜力。

5.1 未来农场系统内涵

5.1.1 定义与系统组成

未来农场系统是一个高度综合的农业有机整体,由各具特性且相互依存的子系统构成。它是现代农业发展的重要趋势，代表了未来农业的方向，是未来农业最重要的表现方式。在竞争激烈的市场经济中，未来农场是一项复杂的系统工程，它融合了农学、信息学、经济学、管理学和社会学等多个学科的交叉领域。

从系统的角度出发，未来农场由三个主要部分组成：生产系统、经营与管理系统和产业支撑系统。三大系统各自承担着不同的职责，同时又相互协作、紧密相连、缺一不可，共同确保农场的高效运行和生产活动的顺利进行。产业支撑系统和生产系统是生产力的体现，经营与管理系统是生产关系的体现。它们共同完成规模化、集约化、商品化和智能化的农业生产、经营和管理任务，保障农场的持续发展。图5-1所示为未来农场的系统组成，展示了其复杂性和综合性，体现了现代农业发展的方向和潜力。

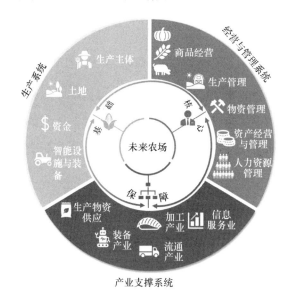

图 5-1 未来农场的系统组成

（1）生产系统 生产系统是未来农场运行的基石，涵盖了生产主体（劳动力）、土地、资金、智能设施与装备、农业科技等多个方面，是推动农业现代化、实现粮食安全的关键因素。它不仅是农场运作的起点，也是最重要的组成部分。农业生产活动，包括种植业、畜牧业、渔业和林业等，为人们提供了食物来源，是农场生产管理系统的基础。在我国，农业作为国民经济的基础，粮食的重要性使生产系统在未来农场中的核心地位更加凸显。在当前全球经济和社会发展的背景下,农业的发展对于维持人类的基本生活需求至关重要。随着科技的进步和社会的发展,未来农场的概念逐渐成为现实,其核心在于通过智能化技术和高效管理来提高农业生产率,同时确保食品安全和可持续发展。

生产主体是农业生产的重要组成部分,而土地则是保障农业生产能力的基础。在未来农场中,劳动力的角色正在发生变化,传统的农业劳动者正逐渐变成具有高技术含量的技术人员或农业工人。同时,随着土地的日益稀缺,注重对现有土地的可持续利用变得尤为重要。

资金投入对农业生产至关重要。在全球化竞争日益激烈的今天,国家层面上加大对农业的投资和支持,不仅能够提高农民的收入水平,还能够促进农业科技创新,为农业生产提供持续动力。

智能设施与装备是未来农场发展的另一个关键因素。从智慧大棚到物联网技术,再到自动化设备,这些先进技术的应用极大地提升了农业生产率和产品质量。例如,物联网技术可以实时监测农田土壤水分和温度,自动调整灌溉方案,从而实现农业资源的最优配置。

农业科技的发展推动了农业生产方式的根本转变,从传统的手工耕作转向智能化、精准化生产。生物技术、大数据分析等现代技术已被广泛应用于病虫害监测、作物生长模拟等领域,大大提高了农业生产的效率和质量。此外,农业科技创新也是实现农业现代化、保障粮食安全的重要途径。未来农场的发展,不仅有助于提高农业生产率和产品质量,更重要的是能够保障国家粮食安全,促进农村经济的可持续发展。通过智能化技术和高效管理,未来农场能够更好地管理土地、利用资源,同时减少对环境的影响,实现农业的绿色发展和可持续发展。

总之,生产系统在未来农场的构建中扮演着核心角色,它要求人们在尊重自然规律的基础上,不断创新农业科技、优化生产管理模式,以实现农业生产的高效、安全和可持续目标。

(2) 经营与管理系统　经营与管理系统是未来农场运营的核心。未来农场的经营与管理是对整个农场生产经营活动进行计划、决策的统称。经营与管理系统将农场中的各个环节有效衔接,合理配置各个要素,将生产系统生产的农产品转换为农场的效益。随着科技的进步和市场环境的变化,未来农场的经营模式与管理理念也在不断优化和创新。

未来农场的经营模式正逐渐向多元化和专业化转变。特色和适度规模经营的家庭农场，与龙头企业、社会化服务组织相结合的模式，以及利用现代信息技术进行运营的智慧农场，都在成为未来农场发展的新趋势。这些新型的经营模式不仅能够更好地适应市场的变化，提高生产率，还能通过专业化、规模化经营来实现经济效益的最大化。

在经营方面，未来农场重视商品的经营、资产的经营及资本的经营。通过对市场信息的精准把握，根据不同农产品的市场需求调整生产计划，同时通过优化资产配置和资本运作，提高农场的盈利能力和竞争力。这种以市场为导向的经营策略，是未来农场在激烈的市场竞争中获得优势的关键。未来农场的多元化、专业化经营是农场生存和发展的关键，也是未来农场获得经济效益的关键。

在管理层面，未来农场强调生产管理、资产管理和人力资源管理等方面的优化。通过引入智能农业管理系统，实现农场生产过程的自动化和智能化管理，从而提高农业生产率和产品质量。同时，采用信息化管理手段，如农业企业资源计划（ERP）系统，整合农场的生产、销售、财务等数据，为农场经营者提供全面、实时的决策依据。采用智能化的管理模式是未来农场生存和发展的保障。管理是为了更好地经营，未来农场的经营与管理相辅相成，共同实现未来农场价值的最大化。

综上所述，未来农场的经营与管理系统是实现农场生产效益最大化的关键。通过多元化、专业化的经营模式，商品、资产和资本经营的优化，以及经营与管理层面的创新，未来农场能够在日益复杂多变的农业市场环境中保持稳定增长和持续盈利的能力。因此，对于农场经营者而言，理解并掌握这些关键要素及其相互关系，对于构建成功的未来农场至关重要。

（3）产业支撑系统　　在当今社会，农业的发展正经历着一场深刻的变革，未来农场的概念逐渐成为农业未来发展的重要方向。这一变革不仅涉及农业生产的各个环节，更包含了整个产业链的支撑体系。

产业支撑系统构成了未来农场的结构框架，包括生产物资供应、生产技术及信息服务等农场生产产前环节，以及农产品加工、流通、销售、食品消费和市场信息服务等产后环节。此外，还包括观光旅游型农场、生态休闲型农场、传统农场文化保护传承、农场电子商务等农业生产性服务业和生活性服务业的第三产业。未来农场的产业支撑系统是一个集生物技术、新一代信息技术于一身，融农产品生产、加工、销售、服务于一体的多元化、综合型新兴产业体系。

在这一体系中，农民专注于生产，而其他任务则由社会化服务行业承担，每项任务都有专业化分工，形成了未来农场新型的产业支撑系统，共同保障无人农场这一复杂系统的高效运行。

未来农场产业体系的构建，对于推动农业现代化具有深远的意义。首先，它有助于解决农业生产中面临的资源浪费、环境污染等问题，实现可持续发展。其次，通过科技创新和信息技术的应用，可以有效提升农业生产的效率和质量，增强农业的市场竞争力。最后，社会化服务的专业化分工有助于解决传统农户面临的技术不足、管理不善等问题，促进农业的规模化、集约化经营。总之，未来农场的产业支撑系统不仅是一个复杂的产业体系，更是一个充满希望的现代农业发展方向。通过不断优化和完善这一体系，将为农业的未来发展带来无限可能。

5.1.2 农场系统与社会、环境的关系

未来农场的构建与社会、环境的关系是一个多维度、多层次的系统，涉及资源配置、环境、政府干预、政策和市场调节等多个方面。在这一系统中，农场的生产活动与自然环境之间存在着紧密而复杂的互动关系。农场的动植物生长繁殖与自然环境紧密相连，土地、气候和光照等自然资源构成了农场生产系统的基本要素，为农场产出提供了坚实基础。然而，农场的发展也不可避免地对环境产生一定的影响，如过度使用农药、化肥导致的环境污染等问题。因此，未来农场必须与自然环境保持和谐发展，确保生态系统的完整性，遵循绿色、可持续的发展模式。

在国家政策层面，未来农场作为政策实施的重要体现，受到政府支持与保护的双重影响。政府的相关政策对于引导农场产业结构调整、优化农场资源配置具有重要作用，同时也为农业科技创新提供了动力，使农场的机械化、自动化和智能化水平不断提升。科学的农业政策不仅能够调控市场供需和价格，还能有效保障农场的经济效益。此外，政府在推进农业现代化过程中，通过实施产业提质行动等措施，充分发挥了其在农业市场中的引导作用。

从社会政治的视角来看，通过优化资源配置，未来农场能够保障国家粮食安全，稳定粮食价格，促进社会稳定和国际关系的发展。利用现代信息技术提高农场效率的同时，也促进了农业科技的发展，解决了众多就业问题。未来农场不仅是农业生产方式和经营方式的革新，更是社会稳定的重要支撑，对经济、

政治、社会和环境都将产生深远影响。

总之，未来农场的发展与环境保护、资源节约、政府干预策略、政策导向及市场调节机制之间存在着密切的联系。通过构建和谐共生的生态系统，采取绿色、可持续的发展模式，以及合理利用和管理自然资源，未来农场能够实现农业生产、社会发展和环境保护的共赢。

5.2 未来农场生产系统

生产系统是农场运作的基础，它将投入的资源转化为农产品。这是一个动态变化的活动，其表现的形式是进行农产品的生产，具体包括作物种植、畜禽养殖、水产养殖等活动。依据生产要素的需要，未来农场生产系统主要包括了生产主体（劳动力）、土地、资本、生产资料，以及智能设施与装备（即生产工具）。

5.2.1 生产主体

生产主体是指农场的劳动力资源。传统的生产主体既从事劳作，也从事经营管理劳作。随着经济一体化的发展，劳动力也在由传统的单一模式向多元化模式转变。农村改革进程的推进也必将改变现代农业生产经营主体。未来农场的生产主体具有明显的多元化特征，依据劳动性质的不同，从事农场生产的劳动力可分为农场所有者、经营者及生产者。生产主体的多元化使得生产投资的来源更加丰富，这将有利于拓展农场资金渠道，优化农场结构配置，降低农场生产经营风险，提高农场生产活力。

1）所有者表示具有农场所有权的个人或团体，其对农场的净资产具有所有权，对农场的债务和亏损负有无限或有限责任。所有者可以是专业农民、合作社或公司化的农业生产企业（包括国有企业和私有企业），农场的所有者权益通过所有者的账户类型核算。

2）经营者表示农场经营管理的个人或团体，经营者对农场的生产、加工、销售及产业对接都负有责任。依据农场的形式和规模，农场的经营者可大致分为个人、家庭成员、合作社成员、企业人员等。目前，我国农场的经营者多以家庭和企业的形式存在。随着人工智能等科技的发展，未来农场的经营者会从自然人管理过渡到计算机管理，实现机器替代人类的无人化经营。

3）生产者表示从事农场生产的劳动者，其泛指生产前、生产过程及产后技术服务的一般劳动者。生产者既可以是农场的所有者，也可以是经营者，或者是雇佣的其他人员，传统农场生产者主要是农民或家庭成员，随着国家政策及生产主体多元化进程的推进，所有者与生产者的概念将会逐渐凸显。

5.2.2 土地

土地资源是从事农业生产的基础，农场土地资源是能够为人类现在和可预见的未来所利用，并能够被农场生产利用的土地。农场土地具有动态性和时效性，它属于自然资源，具有固定性、有限性、差异性和利用的永续性。

土地生产率是反映土地生产能力的一项指标。是否促进了经济、社会和环境的协调发展，是否为可持续发展奠定了良好的基础是衡量土地生产率高低的根本指标。合理充分地利用土地、最大化土地效益可以加快农场的发展，有效提高农场的经济收入。传统的小农经营规模小、土地产出率较低、效益较低。随着乡村振兴战略的实施及土地流转的推进，土地集约化整合利用将为未来农场的发展提供良好的生产条件。此外，科学合理地对土地进行规划，有利于区域的可持续发展，将为生态文明建设提供有利条件。未来农场则是利用有限的土地资源，通过现代科技手段提高土地产出率。

未来农场的最佳选择是将农场土地集中成一整片，这将有助于基础设施的统一规划、土地的精细化管理和大规模的自动化作业。现阶段，实现农场土地适度规模集中的主要途径是土地流转，农业农村部发布的《农村土地经营权流转管理办法》对土地流转进行了明确的说明，而构架和完善新型农业社会化服务体系则有利于推动土地顺利流转，从而满足规模化的客观要求。

5.2.3 资本

资本是农场建设与运营的坚实后盾，它涵盖了土地资本与资金资本两大核心要素。土地资本，作为农场不可或缺的基石，涵盖了耕地、种植区、草地及建设用地等多元化资源，为农场提供了稳固的建设与发展平台。而资金资本，则是农场经济活动的血脉，为各项建设与运营活动注入源源不断的经济动力。在农场的日常运营中，这两大资本相互依存，共同促进着农场资本的持续积累与增值。随着农场业务的不断拓展与深化，其资本积累也日益丰厚，为农场的可持续发展奠定了坚实基础。

未来农场的土地资本将由国家统一规划与管理，确保土地资源的合理利用与保护；而资金资本则明确归属于所有者，所有者享有对资金资本的完全支配权，能够灵活调配资金以支持农场的各项发展需求。具体而言，农场的资金资本由自有资金和借入资金两大部分构成。自有资金，作为农场内部的核心资源，既包括了所有者直接投入的长期经营资金（涵盖固定资本与流动资本），也涵盖了农场通过自身运营所积累的利润资金，这些资金为农场的稳健运营提供了坚实的财务保障；而借入资金，则是农场通过外部融资渠道获得的宝贵资源，如银行信贷、商业贷款及预收款等，它们为农场的扩张与升级提供了强有力的资金支持。

资本在未来农场的发展中扮演着至关重要的角色，它不仅为农场的建设与运营提供了坚实的支撑，还通过不断的积累与增值，推动着农场向更高层次、更广领域迈进。

5.2.4 生产资料

在未来高度集成与智能化的农场生产系统中，生产资料这一角色被赋予了前所未有的重要性与战略地位。生产资料一般指种子、肥料、农药、地膜等。

种子，作为作物繁衍与生命循环的起点，其品质与适应性成为决定农作物种植成功与否的关键因素。通过基因编辑与精选育种技术，科学家们培育出具备更高抗逆性、更高产量及更优良品质的种子，不仅确保了种植的精准无误，还大幅提升了作物的生长效率和最终产量，为农业生产的稳定性与可持续性奠定了坚实基础。

肥料方面，随着农业科技的进步，精准施肥与智能灌溉系统被广泛应用。这些系统能够根据土壤条件、作物生长阶段及气候条件，自动调节肥料的种类、比例和施用量，为农作物提供量身定制的营养供给方案。生物肥料和缓释肥料的兴起，更是进一步促进了资源的高效利用与环境的友好保护，推动了绿色农业的发展。

农药的使用也步入了智能化时代。利用遥感监测、大数据分析及人工智能预测技术，农场能够提前识别并预警病虫害的发生，从而实施精准施药策略。低毒、高效、环境友好的新型农药逐渐替代传统化学农药，既有效控制了病虫害的蔓延，又减少了对生态环境的影响，保障了农产品的安全与质量。

地膜技术的革新同样不容忽视。新型可降解地膜不仅具备优异的保水、保温、抑草功能，还能在作物生长周期结束后自然分解，有效解决了传统地膜造成的土壤污染问题。配合土壤水分与温度的智能监测系统，地膜的使用更加科学合理，为农作物提供了一个更加稳定健康的生长环境，同时也促进了农业生产的可持续发展。

未来农场生产系统中的生产资料——种子、肥料、农药与地膜，通过科技创新与智能化管理，形成了一个紧密相连、高效协同的生态系统。这些核心组成部分的紧密配合与不断优化，将极大提升农业生产的效率、质量和可持续性，为人类社会的粮食安全与生态环境保护做出重要贡献。

5.2.5 智能设施与装备

智能设施与装备构成了未来农场的核心生产力体系，它们在生产资料配置中占据主导地位，引领着农业生产模式的根本性变革。相较于传统生产工具对人力的高度依赖，未来农场的智能解决方案实现了全面信息化、智能化与自动化，这些高科技智能设施与装备能够自主执行复杂任务，将人类从繁重的体力劳动中解放出来，转而专注于更高层次的决策与管理。

智能设施与装备深度融合了环境工程技术、先进信息通信技术、精密自动化技术及前沿生物工程技术等多元现代科技，形成了一个高度集成、高效协同的生产系统，它不仅是农场生产流程中的关键环节，更是决定农场生产成果与效率的关键因素。该系统覆盖了从农田到温室、从播种到收获的全生命周期管理，如大田作物的精准耕作、智能播种、科学管理、高效收获，以及温室作物内的自动化播种、移栽、精细管护与精准采收等，每一个细节都体现了科技与农业的深度融合。

这些智能设施与装备通过算法优化与数据分析，有效解决了传统人力作业中的不确定性问题，实现了农业生产的高度统一化和标准化，不仅确保了产品质量的稳定提升，还极大满足了市场对农产品品质的一致性需求。此外，它们能够实现全天候不间断运行，充分利用每分每秒进行生产作业，极大提高了生产率和产能，为农场带来了显著的经济效益。尤为重要的是，智能设施与装备在应对自然环境挑战方面展现出了非凡的能力。例如，通过智能温室系统，可以模拟并优化作物生长所需的光照、温度、湿度等环境条件，实现作物生长周期的调控与延长，确保作物在最佳状态下持续生长，进而大幅提升单位面积产量与生产率，开启了农业生产的新纪元。

5.3 未来农场经营与管理系统

未来农场的经营模式主要包括"农场+合作社""农场+公司""订单型""生态多元化""农场+批发市场""超市+基地+农户"和"农户+电商"等，农场家庭、农民合作社、农业龙头企业和社会化服务组织等新型农业经营主体在其中不断发展。未来农场经营是互联网与农场的深度融合，基于互联网的共享农场与电商是农场经营的核心。通过互联网，农场实现了与客户、消费者之间的直接对接。

5.3.1 经营

未来农场的经营管理策略，深度融合了商品运营与资产经营的双重维度，广泛触及市场趋势、客户偏好、消费者行为、行业动态、环境保护及投资策略等多元领域。在商品运营层面，聚焦于农产品的高效流通，涵盖精准市场预测、策略性市场销售布局及卓越的售后服务体系，确保农产品从田间顺畅无阻地直达餐桌。而资产经营，则致力于生产要素与产权的智能化配置与优化，旨在精准对接农产品经营的实际需求，实现资源的高效整合与价值最大化。未来农场深谙大数据之力，通过深度挖掘与分析，精准把握农产品市场需求脉搏，细化生产种类、数量与质量标准，为农场所有者量身打造战略性经营蓝图与决策框架，确保农场在激烈的市场竞争中脱颖而出，持续创造并提升经济效益与社会价值。

品牌化经营成为未来农场的核心战略之一，农场不再仅仅是农产品的提供者，更是历史传承、文化底蕴与科技创新的综合展示平台。通过精心打造农场品牌，赋予农产品独特的情感价值与文化内涵，显著提升产品附加值，增强市场竞争力，实现经济效益的飞跃式增长。

同时，未来农场积极探索多元化经营模式，以农产品销售为核心引擎，巧妙融合休闲观光、娱乐体验及乡村旅游等多元化业态，构建起一个集经济、社会、文化功能于一体的综合型农场。这种创新模式不仅拓宽了农场的收入来源，更促进了乡村旅游的蓬勃发展，带动了周边经济的繁荣，深度满足了现代消费者对于高品质生活体验的追求。

数字化经营是未来农场不可或缺的转型方向，它打破了传统界限，将农场、消费者与支撑产业紧密相连，形成了一个高度协同、无缝对接的生态系统。以消费者为中心、市场为导向，未来农场不断优化消费者体验，加速市场化进程，实现线上线下的无缝对接，让农产品的销售、物流、售后等各个环节透明化、便捷化。这种数字化经营模式，不仅提升了产品价值，更优化了客户体验，构建了与消费者互利共赢的和谐关系，共同推动了农业产业的可持续发展。

5.3.2 管理

未来农场的管理体系，构建于一个高度集成与前瞻性的框架之上，其核心涵盖生产管理、设备管理、物资调配、人力资源优化配置及农场文化培育等多个维度，旨在确保农场生产活动的顺畅进行与持续优化。该体系拥抱数字化浪潮，运用计算机技术、通信技术等尖端信息技术，构建起一套先进的企业管理信息系统，从而革新农场管理模式，引领行业前行。

通过深度融合大数据与云计算技术，未来农场实现了财务与成本管理的精准高效，不仅确保了农场收益的稳定增长，还促进了利润的合理分配，为农场的可持续发展奠定了坚实的经济基础。一体化管理模式的引入，更是将农场、客户、消费者、供应商及合作商紧密联结，形成一个实时互动、信息共享的生态网络。这一模式不仅支持农产品的市场趋势预测与成本精细化分析，还促进了多功能协作管理的实现，极大提升了农场的运营效率与市场响应能力。

未来农场的管理将迈向智能化、无人化的新纪元。依托农场云平台，实现生产、设备、物资及人力资源的全面整合与智能化管理，通过流程优化与组织架构的重塑，进一步提升管理效能，加速农场发展步伐。智能化管理不仅能够有效调配人力与资金资源，集中力量进行产品研发与创新，还显著降低了运营成本，提升了整体竞争力。与此同时，未来农场的管理与互联网深度融合，不仅提升了农产品质量，降低了生产成本，还显著提高了劳动生产率与资产利用率，成为农场生存与发展的坚实后盾。

经营与管理，虽各有侧重，却相辅相成，共同服务于农场价值最大化的终极目标，为农场所有者、农民及广大消费者创造更多价值与财富。因此，未来农场必须秉持创新理念，推动经营与管理的全面革新，让管理服务经营，经营与管理相互赋能、携手并进，共同开创农场发展的新篇章，确保农场在激烈的市场竞争中稳健前行、持续繁荣。

5.4 未来农场产业支撑系统

5.4.1 装备产业

装备产业作为现代农业的坚实后盾，专注于为农场生产流程配备全方位的尖端农业机械、高效设备、先进设施及其精密配件。这一领域广泛涵盖了作业机械与智能机器人、设施农业综合装备、田地优化设施与装备、农产品深加工设备、农业生物质高效转化利用装备，以及引领潮流的农业信息化解决方案。它不仅深度融入农场从产前规划、产中管理到产后处理的每一个细微环节，更以卓越的装备技术创新驱动农场生物的生命周期管理，加速其繁育、茁壮成长、高效转化与价值实现。

装备产业不仅是未来农场蓬勃发展的核心支柱，更是其战略转型与升级不可或缺的物质基石。它如同未来农场的超级引擎，为农场运营的每个环节注入强劲动力，从根本上保障了生产的高效与精准。通过提供不可或缺的劳动工具与智能化管理辅助，装备产业极大地提升了农场作业的自动化与智能化水平，为农场经营管理插上了智慧的"翅膀"。值得一提的是，依托自动化与智能化装备技术的装备产业，正逐步构建未来农场无人化作业的宏伟蓝图。这一趋势不仅标志着农业生产方式的根本性变革，也预示着农业生产率与质量的双重飞跃。以高效智能装备为核心而构建的未来农场生产体系，不仅能够有效保障农产品的安全与质量，显著提升我国优势农产品的国际竞争力，还致力于生态环境的保护与自然资源的可持续利用，实现了农业生产的经济效益、社会效益与生态效益的和谐统一。总之，装备产业正引领着现代农业迈向一个更加智能、绿色、高效的全新时代。

5.4.2 生产物资供应

生产物资供应，作为农场运营不可或缺的支撑体系，广泛涵盖了从种子到机械配件、从生产物料到能源供应的全方位服务范畴。这一多元化、多渠道的产业集合，专为未来农场量身定制辅助生产投入品，确保从播种到收获的每个环节都能得到精准、高效的物资保障。它不仅面向未来农场的采购需求，精准对接产前准备与产中维护的每一项细节，更是农场种植、养殖、管理全面升级的关键驱动力。

种业，被誉为农业的"核心芯片"，是构筑未来农场繁荣生态的基石。它深度融合了基因科学、生物工程等前沿技术，是推动农业转型升级的先锋力量。高品质种子的培育，是开启未来农场高品质生产之门的"金钥匙"；而依托科技创新的育种技术，则是打破种源瓶颈、实现自主可控高品质种源供应的战略高地。

机械配件行业，则是农场机械设备高效运转的坚强后盾。它专注于为农场装备提供精准匹配、质量可靠的配件支持，确保每台设备都能在最佳状态下为农场生产贡献力量。

物料作为农场增产增收的催化剂，其选用与管理同样至关重要。遵循"一控两减三基本"的原则，物料供应行业正积极转型，致力于研发与推广安全、环保、无公害的绿色物料，以科技赋能农业可持续发展，守护农场的绿水青山。

生产能源，作为农场活力的源泉，为农场内的各项设施与设备注入了不竭的动力。它不仅保障了农场日常运营的顺畅进行，更是推动农场向智能化、绿色化转型的重要力量。

综上所述，生产物资供应不仅是未来农场实现高效、安全、绿色生产的重要支撑，更是推动现代农业转型升级、构建生态友好型农业体系的基础保障。随着未来农场对生产物资品质要求的不断提升，该产业也将持续创新，向更加健康绿色、生态环保的方向迈进。

5.4.3 加工产业

加工产业，作为农场生产链的延伸与增值引擎，专注于为农场产出的丰富物料提供全方位的加工服务。这一领域广泛覆盖肉乳蛋制品、蔬果保鲜与深加工、粮食主食精细化加工、水产品多样化处理及食用菌特色加工等多个维度，既涵盖基础的初级加工，又深入探索高附加值的深加工领域。加工产业无缝对接未来农场的产后环节，通过精细化的再加工流程，将农场原始物料转化为符合市场多元化需求的商品，有效推动农产品市场化进程。

加工产业不仅极大地丰富了未来农场的产品矩阵，满足了消费者日益增长的个性化、品质化食品需求，还显著增强了农场产品的市场竞争力，加速了农产品从田间到餐桌的高效流通，实现了价值的深度挖掘与倍增。这一进程对于促进农民增收、推动农村产业融合发展具有不可估量的积极作用，是实现乡村振兴的重要路径之一。

随着未来农场模式的深入发展，加工产业正逐步向专业化、集约化、标准化方向迈进。根据不同农场的生产特色与市场需求，加工产业正构建起功能各异、优势互补的产业生态，确保每个环节都能精准对接市场脉搏。在初级加工层面，加工产业将更多聚焦于市场需求导向，运用现代加工与包装技术，打造高品质、高标准的农产品商品；在深加工领域，则依托持续的技术创新体系，深入挖掘农产品的多功能价值，减少加工损耗，推广绿色生产方式，实现副产物的高效循环利用，构建循环经济体系。

加工产业不仅是农业产业化不可或缺的一环，其发展的速度与质量更是直接关系到农业产业化的整体进程与成效。通过不断优化产业结构，提升加工技术水平，加工产业将持续为农业现代化注入强劲动力，助力农村经济实现更高质量、更加可持续的发展。

5.4.4 流通产业

流通产业，作为商品流转与服务的核心驱动力，专注于农产品与农场物资的顺畅流通，构建起农场与消费者、农场与农场之间的紧密纽带。这一产业不仅横跨农场制成品直达消费终端的全流程，还深入农场内部，确保生产资料的精准配送。依据商品特性的不同，流通环节巧妙融入批发、零售及加工企业的多元角色，共同编织起一张高效、灵活的供应链网络。流通产业作为连接农场生产与外界需求的桥梁，其重要性不言而喻。它既是农场产前准备阶段生产物资供应的坚强后盾，也是产后农产品走向市场的加速器。在农场产品物流这一关键环节，通过精细化的包装、高效的运输、科学的储藏、精准的供应与区域化配送策略，有效解决了农产品因地域与季节限制带来的挑战，保障了市场供应的稳定性与多样性。

展望未来农场的发展蓝图，流通产业无疑扮演着至关重要的角色。它不仅是物资与产品流动的血脉，更是决定农场生产率与市场竞争力的关键。一个高效、精准的流通体系能够加速农场产品的市场化进程，有效减少库存积压，从而激励农场扩大生产规模、提升整体效益。信息化作为流通产业转型升级的核心引擎，正以前所未有的力量重塑着这一领域的面貌。借助互联网+技术的力量，构建产品流通的信息化服务体系，不仅实现了信息的即时传递与共享，减少了流通环节中的时间延误与信息不对称问题，更为产业链的深度整合与供应链的优化提供了强大支撑。在此基础上，建立从生产源头到消费者餐桌的全链条质量安全监测与追溯体系，进一步提升了农产品的质量可信度与品牌价值。

此外，流通产业的持续创新同样不容忽视。通过引入先进的物流运输模式，如科技驱动的生鲜物流与冷链物流，不仅提升了运输效率与质量，更拓宽了农场产品的市场边界，使得跨区域、远距离的流通成为现实，为农场产品的国际化布局奠定了坚实基础。综上所述，流通产业正以其独特的魅力与无限的潜力，引领着未来农场向更加高效、绿色、智能的方向迈进。

5.4.5 信息服务业

未来农场信息服务业是指以农场生产为核心，收集并提供农场相关有利信息资源的行业。信息服务业有利于农场产业结构的完善、农场资源配置的优化和农场服务体系的完善。信息化服务能够有效降低农场运营成本、增加经济效益，保障农场正常运行。未来农场的信息服务主要包括生产信息服务、经营管理信息服务、科技信息服务和资源环境信息服务等。

未来农场的生产信息服务包括农田基本建设、农作物栽培管理、农作物病虫害防治、畜禽鱼饲养管理，以及与农场生产相关的资源与环境信息。生产信息服务能够帮助农民更全面地了解农产品生产状况，解决生产问题，降低农业生产风险，完善产业结构，提高农业生产率。未来农场的经营管理信息服务包括与农场经营相关的经济形势、生产资料供求信息、农产品流通信息、农场利润收益信息等。农场的经营管理信息服务能够帮助管理者实时了解市场动态信息，及时制定相关计划与决策，指导农场更合理地生产，创造更多的效益。未来农场的科技信息服务是指与农场生产、加工、流通等方面相关的科技信息，包括种养殖技术、育种技术、农副产品加工与流通技术等。农场的科技信息服务能够帮助农民及时获取最新农产科技动态，快速提高农场科技水平，提高农场生产率。

随着新一代信息技术的发展，未来的农场将是"互联网＋农场信息服务业"的深度融合。通过互联网，农场信息服务业将有效的信息及时发送到企业、合作社及农民手中。通过大数据与云计算，农场信息服务业将分散的农场信息整合，提取全面有效的农场信息，进而引导农民做出正确选择，进行高效可持续的生产，实现信息技术与市场的融合，实现农场价值最大化。

第6章

未来农场生产经营者

农场生产经营者作为农场的管理者，在农业生产中发挥着重要的作用，影响着农场生产的质量和效益。农场生产经营者应对未来农场的生产进行决策，需要具备相应的素质和技能才能够满足未来农场的正常生产需求。本章主要介绍农场生产经营者的历史变迁，介绍未来农场生产经营者画像。针对三类不同未来农场的形式：小型家庭农场、大型合作社农场和超大型国有农场，分析未来农场生产经营者的工作职能、技能素养要求、发展前景及相关支持政策。

6.1 农场生产经营者的变迁

6.1.1 传统农民的发展阶段

食物是人类生存之本，食物的来源主要依靠农业。农业为国家提供粮食、副食品、工业原料、资金和出口物资，对国民经济发展起到基础支持作用。农民的生活经历了从贫困到温饱，再到小康的历史性跨越。我国农民的发展历史可以分为三个阶段：1949年之前、1949—1979年和1980年至今。

（1）第一阶段：1949年之前　在第一阶段，我国农民主要处于传统农业社会中，生活状况普遍贫困。由于不掌握生产资料，农民处于被剥削、受压迫的社会地位。农业生产技能相对落后,主要依赖传统的耕作方式和简单的工具,生活封闭且狭隘。这一时期的农民生活在自给自足的小农生产方式下,这种生活方式决定了他们的生活状态和保守心理特征。

在 1949 年之前,农民的生活状况和农业生产技能具有显著的地域差异和社会经济背景。农业生产技能体现在农民对农业生产的精细管理和对自然条件的适应能力。然而,从更广泛的历史背景来看,我国农村在 1949 年以前长期处于停滞状态,封建社会的结构导致了农村生产力的低下和社会发展的缓慢。这种长期的停滞不仅限制了农业技术的发展,也使得农民的生活状况普遍不佳。

(2) 第二阶段:1949—1979 年　中华人民共和国成立后,农民的生活状况和农业生产技能开始发生显著变化。这一时期,农民经历了从个体经营到集体统一经营的转变。在生产方式上,农民从分得土地时的个体经营转变为合作化时期的集体统一经营。在生活方式上,农民开始经历从传统到现代的变迁,现代文明逐渐渗透到农民生活中。然而,这一时期也存在一些问题,如物质生活资料匮乏,但精神生活比较充实。

中华人民共和国成立后,农民集体统一经营的实施方式经历了从集体统一经营到家庭承包经营的确立,并在此基础上进一步发展为统分结合的双层经营体制和新型农业经营体系。这些措施在促进生产力发展、避免新的两极分化等方面发挥了积极作用。总体而言,1956—1978 年,我国实施的农业合作化实践成功实现了土地私有制向土地集体所有制的转变,这一变革在客观上对生产力的发展起到了积极的推动作用。通过集体统一经营的模式,有效避免了新的两极分化现象,为国家的工业化建设提供了有力支持,同时也促进了社会关系的和谐融洽。然而,尽管集体统一经营在一定程度上促进了农业生产力的提升和社会关系的和谐,但也暴露出一些问题。其中,生产关系与生产力发展实际存在一定的脱节,导致劳动监督成本较高,劳动激励机制不够完善。此外,在实践中,还面临着一系列挑战和偏差,如农村制度存在的缺陷、农业组织化进程中遇到的障碍,以及农业保护支持力度不足等问题。这些问题需要高度重视,并采取有效措施加以解决,从而推动农业的持续健康发展。

(3) 第三阶段:1980 年至今　改革开放以来,我国农民的发展进入了新的阶段。这一时期,农民经历了由集体生产到家庭经营的转变,家庭成为生产和经营的组织者和管理者。科技对农业的贡献率不断增长,农民生产的积极性被充分调动起来。在生活方式上,农民逐渐改变了小农生产方式下的生活状态,正在向以市场为导向的消费型生活方式转变。此外，农民的阶层结构日趋多样化和复杂化，正在从单一同质性的阶层结构转变为与市场经济相称的多元异质的现代社会阶层结构。

改革开放以来，我国农民家庭经营模式历经显著变革，这些变革对农业生产产生了深远而积极的影响。首先，家庭联产承包责任制的推行，极大地调动了农民的生产积极性，显著提升了农业生产力。该制度赋予了农民在集体土地上的自主经营权，有效增加了农民收入，并提高了农业生产的效率。随着市场经济的蓬勃发展和农业现代化的持续推进，家庭经营模式也在不断演进与完善。在此过程中，家庭农场作为一种新兴的农业经营主体，得到了国家政策的积极扶持与广泛推广。这不仅加速了农业现代化的步伐，还有力推动了农业生产力的进一步提升，为我国农业的可持续发展奠定了坚实基础。

6.1.2 农场生产经营者现状

家庭结构的演变对农业生产产生了复杂而深远的影响。一方面，青壮年劳动力的外流导致农业劳动力质量下降，出现了劳动力老龄化、土地撂荒等一系列问题，对农业生产的稳定发展构成了一定挑战。另一方面，随着农民工户及兼业户家庭结构的转变，资本对劳动力的替代效应逐渐显现，这在一定程度上推动了农业机械化的快速发展，促进了土地制度的创新与农业生产方式的转型升级。这些变化为我国农业的现代化进程注入了新的动力。

目前，我国农民生活方式有了巨大的转变。首先，体现在消费行为的变化。农民在经济条件改善后，开始更多地关注生活质量的提升，消费水平也随之提高。其次，农场生产经营者的职业和就业方式更加多样化。改革开放促进了农村劳动力的非农化，大量农民通过进城务工或从事其他非农业活动实现了职业的转变。再次，农场生产经营者对教育和居住的重视程度显著提高。随着经济的发展和生活水平的提升，从事农业生产的居民开始追求更好的教育机会和更舒适的居住环境。最后，国家对农场生产经营者的支持政策也在不断变化，从取消农业税到向农村转移资源，再到探索新型乡村治理模式，这些政策的变化旨在更好地服务各类农场生产经营者，促进农村的持续发展。

当前阶段，我国农场生产经营者的阶层结构正展现出日益多样化和复杂化的趋势，职业分化现象愈发明显。随着市场经济的蓬勃发展及农村改革的不断深化，农民的职业结构已发生显著变化，由过去以农业为主导的单一职业模式，逐步转变为涵盖农业劳动者、在乡务工人员、进城务工人员、农村企业管理者、农村服务业从业者、农村手工业者及农村基层组织管理者等多个职业类别在内的多元化职业体系。这种职业结构的多样化不仅映射出经济活动的多元化特征，也深刻体现了农民在社会经济领域中角色与功能的深刻转变。

农场生产经营者的经济地位也呈现出明显的分层现象。这些变化显示了农民在经济上的分化趋势，以及他们在社会经济结构中的位置变化。

随着经济地位变化，农民的社会身份也随之转变。农场生产经营者的社会身份也经历了从传统的农民到具有多重身份的现代农场生产经营者的转变。这包括了从事非农产业的农民、参与市场贸易的农民，以及通过教育和技能提升而获得更高社会地位的农场生产经营者。这种转变不仅改变了他们的生活方式，也影响了他们的社会关系和文化认同。

虽然农民的工作环境、社会地位发生了翻天覆地的变化，但是从事农业劳动的人却越来越少。据统计，全球农业从业人数占比从1991年的43.25%下降到2017年的26.47%，如图6-1所示。从事农业工作的农民平均年龄也在逐渐增大，如美国和欧洲国家约为58岁，日本农民平均年龄为63岁。随着农民人数的继续减少，从事农业工作的农民平均年龄将持续升高。

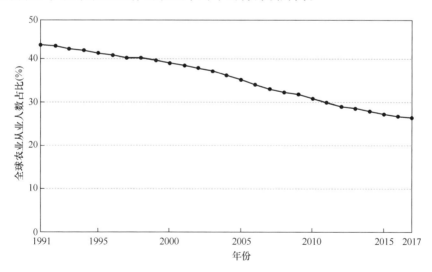

图6-1　全球农业从业人数占比

各个国家的农业发展状况不同，农民的收入水平也不同（见图6-2）。根据2022年世界银行的统计数据，我国近4.8亿人口种植19亿亩土地，作为全球最大的农业生产国之一，我国农业人均收入仅为0.25万美元；美国人少地多，210

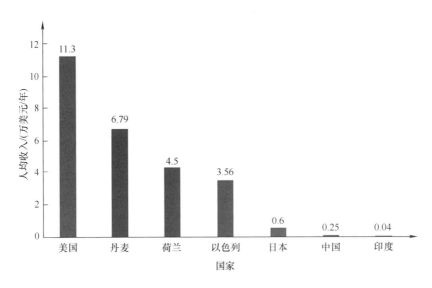

图 6-2 世界农业大国农民人均收入

万人口种植了 24.3 亿亩土地，人均收入可达 11.3 万美元；而人少地少的国家，如荷兰农民人均收入为 4.5 万美元，以色列农民人均收入约 3.56 万美元。相对于其他国家，我国的农业从业人口相对较多，人均收入低，我国人口的受教育程度也低于其他国家，这些因素导致了我国农业发展较为缓慢，也导致越来越多的农民放弃土地种植。

从历史上农民的发展趋势和农业的发展趋势来看，未来的农民数量将逐步减少，农民所需要掌握的技能则逐渐增多，农场的规模也将会越来越大，农民拥有的土地规模不断增加，农民的收入将显著提高，农民的身份也将转化为农场主或农业经营者。

6.1.3 未来农场生产经营者展望

随着技术的进步，现代农业的生产方式将更加依赖互联网和智能化系统促进资源的共同发展。未来农场生产经营者应拥有更加多元化和专业化的素养和技能，需要掌握新技术并能够适应快速变化的市场环境。同时，未来农场生产经营方式将更加依赖科技和智能化系统，以提高生产经营效率和可持续性。为了实现这些目标，需要对农业教育和培训体系进行改革，提供必要的技术支持，并创造有利于新型农场生产经营者的成长环境。

第6章 未来农场生产经营者

未来农场生产经营者需要具备高度的职业发展能力，包括在耕地资源获取、劳动力投入、资金信贷、社会化服务供给及社会交往方面的能力。此外，还需要掌握抽象和分析技能，以替代传统任务中的技能。农业从业者的人力资本特征应以职业性为核心，具备创新精神和变革能力等基础技能和素养。精准农业技术的渗透要求农民和研究人员必须接受有效的培训，以提高对这些技术的利用能力。同时，农业生产的可持续性也要求农民和研究人员发展生态技能，以实现能源、水和营养的紧密循环。

为了适应现代农业的发展，农业从业人员的教育和培训体系需要进行改革。这包括增加农业食品部门的研究与开发机会的可见性，以及在教育和培训方案中增加农业食品主题。此外，还需要开发针对精准农业技术的高效培训项目，以填补农场生产经营者在这一领域的技能差距。农场生产经营者的成长需要特定的政策环境支持，包括土地制度、农业组织制度、政府的支持与服务，以及农民教育制度。

信息技术已经广泛应用在农业领域，各种数字化装备、无人设备等将常见于未来农场，相比于以前，未来农场生产经营者的工作方式发生翻天覆地的变化，如图6-3所示。未来农场生产经营者在农业生产中的工作主要是远程监控农场数据、远程控制农业设备工作、进行农业生产决策和农产品的经营销售及管理工人等。未来农场生产经营者对农场的直接操作工作将进一步减少，甚至不需要到农场中去，只需要在办公室即可完成各种工作，一切工作由农业设备或远程指挥现场工人去完成。但是，农场生产经营者对农场的重要性不言而喻，农场生产经营者参与处理的每一个决策对农场至关重要，会直接影响农作物的生长情况，即使在无人农场中，也需要农场生产经营者来处理突发的状况。这些对未来农场生产经营者的要求将会提高，他们需要具备管理工人的能力，需要具有操作设备的能力，具有经营农场的能力，这就要求未来农场生产经营者必须拥有一定的学历或受过专业的技能培训才能满足需求。

由于未来农场生产经营者的工作内容发生变化，其身份也将变得不同，他们不再是面朝黄土背朝天的农民，而是农业生产的指挥家、农场的经营者及农业企业家。在信息技术的帮助下，农业生产率提高，农产品品质提高，相对应的农业生产产值提高，农场生产经营者的收入相比现在也将有所提高。农场生产经营者不仅保障了国家粮食的基础，未来更是对食品安全具有较重要的影响。

综上，未来农场生产经营者的工作方式、工作内容发生变化，收入和社会

图 6-3　传统农民与未来农民的工作方式

地位也将提高，成为一个令人羡慕的职业。同时，对未来农场生产经营者的要求也将提高，懂管理、会经营、有技术是未来农场生产经营者的主要技能。

6.2　未来农场生产经营者分类

根据未来农业生产经营方式和服务对象的不同，将未来农场生产经营者划分为小型家庭农场生产经营者、大型合作社农场生产经营者和超大型国有农场生产经营管理者。基于各自在资源获取、技术应用、市场适应能力以及政策支持等方面的独特优势，小型家庭农场、大型合作社农场和超大型国有农场在未来农业发展中各司其职、相互补充，共同推动我国农业向更高质量、更有效率、更加可持续的方向发展。三者的分工和作用呈现明显差异性和互补性的同时，对三种形式的农场生产经营者提出了不同的要求。

6.2.1　小型家庭农场生产经营者

未来小型家庭农场仍将是我国未来农场的主要模式之一。小型家庭农场在未来的农业发展中，将继续扮演基础性和关键性的角色。它们通过适度规模经营，能够有效提升要素配置效率，提高农业综合效益，同时在农业科技推广、耕地保护、传承农耕文明等方面发挥着不可替代的作用。小型家庭农场通过实现农业生产标准化、规模化、专业化和组织化，从而实现资源结构的优化整合，提高资源综合循环利用效能，改善农田生态环境条件，提高农产品质量安全水平。此外，小型家庭农场通过采用种养结合的生态模式，不仅实现了农业的规模化生产和粪尿资源的有效利用，还进一步改善了农业生产环境，有效降低了生产成本，并显著提升了农产品的品质。鉴于这些优势，小型家庭农场生产经营者的工作职责与技能素养要求，相较于当前一般农业从业者而言，呈现出显著的差异性和更高的标准。具体而言，这些生产经营者需要具备更为全面和专业的技能及更高的综合素养，以适应和推动家庭农场的高质量发展。

未来小型家庭农场生产经营者的主要工作职责包括以下方面。

1）土地管理与规划：家庭农场生产经营者需要对农场的土地进行合理规划和管理，包括土地流转、种植结构的优化等。

2）生产管理：负责农作物或牲畜的日常管理，包括播种、施肥、病虫害防治、收获等环节。

3）财务管理：合理规划农场的财务，包括成本控制、收益分析等，以确保农场的经济效益。

4）市场开拓与销售：探索和建立稳定的销售渠道，提高农产品的市场竞争力。

5）技术应用与创新：应用现代科技手段，如智能化管理系统，提高农业生产率和产品质量。

未来小型家庭农场生产经营者需要掌握现代农业生产技术，包括种植、养殖技术以及病虫害防治等农业知识与技能；具备良好的经营管理能力，能够有效规划和管理农场的生产活动；了解市场需求，具备一定的市场分析和营销能力，能够有效地推广和销售农产品；具备信息技术应用能力，能够利用信息技术（如互联网、智能化管理系统等）提高农场的管理效率和生产率；具有持续学习的能力，能够不断更新自己的知识和技能，同时具备一定的创新意识和能力。

随着政府对农业的支持力度加大，家庭农场将获得更多的政策性补贴和金融服务支持，这有利于农场的稳定发展。随着人们生活水平的提高和健康意识的增强，对高质量农产品的需求将持续增长，为家庭农场提供了广阔的市场空间。农业现代化是未来发展的大趋势，家庭农场作为现代农业的重要组成部分，将面临更多的发展机遇。种养结合的生态家庭农场模式得到了推广和认可，这种模式有助于实现农业的可持续发展，具有良好的发展前景。未来小型家庭农场发展前途广阔，未来小型家庭农场生产经营者将大有可为。

综上，未来小型家庭农场生产经营者需要具备全面的农业知识和技能，以及较强的经营管理能力和市场开拓能力。在政府政策的支持下，结合市场需求和技术进步，家庭农场有着广阔的发展前景。

6.2.2 大型合作社农场生产经营者

未来大型合作社农场在我国农业产业领域扮演着重要角色。大型合作社农场更多地依赖于资本和技术的投入，它们在规模化、集约化生产方面具有明显优势。这些农场能够通过引入先进的农业技术和管理经验，提高生产率和产品质量，满足市场对高品质农产品的需求。同时，大型合作社农场也能够在一定程度上影响市场价格和供应链，提供更多的就业机会和收入来源，对未来大型合作社农场生产经营者的工作职责、技能素养要求也更高、更复杂。

大型合作社农场的生产经营者需要具备强大的耕地资源获取能力，包括但不限于土地流转、水资源管理等，同时，还需要有效管理劳动力和资金信贷，以确保农场的高效运营。在面对市场波动、自然灾害等不确定因素时，生产经营者需要具备良好的风险管理和决策能力，能够及时调整经营策略，保障农场的稳定发展。随着农业现代化的推进，大型合作社农场的生产经营者需要掌握并应用先进的农业生产技术，如智能农业、生物技术等，以提高生产率和产品质量。在激烈的市场竞争中，大型合作社农场的生产经营者需要具备一定的市场营销能力，通过有效的品牌建设和推广，提升农场产品的市场竞争力。

大型合作社农场生产经营者应具备更高的专业技能素养。具体来讲，大型合作社农场的生产经营者应当具备专业生产技能，包括种植、养殖、农产品加工等领域的专业知识和技能。大型合作社农场的生产经营者需要具备现代企业经营管理的知识，如财务管理、人力资源管理、市场营销等。在信息技术应用能力方面，随着农业信息化的发展，生产经营者需要掌握相关的信息技术，如大数据分析、云计算等，以提高管理效率和决策的科学性。同时，也需要具备持续学习与创新能力。农业作为一个持续发展的行业，对大型合作社农场生产经营者提出了更高的要求。他们需要具备持续学习的能力和创新精神，以不断适应和应对新技术、新市场的快速变化，从而推动农业的转型升级与可持续发展。

未来大型合作社农场生产经营者的工作职责将更加多元化，技能素养要求也将更高，但同时他们也将面临更多的发展机遇和挑战。随着农业供给侧结构性改革的深入，大型合作社农场有广阔的发展空间，可以通过产业升级和业务转型，探索更多元化的经营模式。国家对农业现代化和新型职业农民的培育给予了高度重视和支持，提供了政策和资金上的扶持，这为大型合作社农场生产经营者提供了良好的发展机遇。随着全球化的深入，大型合作社农场有机会通过出口农产品、参与国际农业合作等方式，拓展国际市场，实现国际化发展。

6.2.3 超大型国有农场生产经营管理者

超大型国有农场主要依托于国家的政策支持和资源调配能力，在保障国家粮食安全、推动农业科技进步、实施农业可持续发展战略等方面发挥着重要作用。国有农场通过种养加一体化实践，揭示和分析市场主导资源流转的机理，合理构建大农业，追求整体和规模效益。此外，国有农场还能够通过深化体制改革和加强宏观调控，努力构建立体化规模经济格局，为我国农业现代化提供强有力的支撑。超大型国有农场生产经营管理者的工作职责广泛而复杂，技能素养要求高。他们要通过不断学习和实践，提升自身的综合素质和管理能力，从而能够更好地引领农场实现高质量发展。

超大型国有农场生产经营管理者的工作职责要求有以下几方面。

1）组织管理与行政管理职责：作为农场的领导者，需要制定和执行各种规章制度，确保生产经营活动有序进行。

2）生产管理职责：包括种植业和畜牧业等八大产业的科学规划，构建现代化的绿色农业发展模式。

3）财务管理能力：负责农场的财务规划和管理，确保资金的有效利用和风险控制。

4）科技素质与创新能力：面对知识经济的挑战，需要不断引进和应用新技术，推动农场的科技创新和管理创新。

5）道德水平与领导能力：作为农场的领导者，需要具备良好的道德水平和强大的领导能力，能够激励和引导团队成员共同实现农场的发展目标。

在技能素养要求方面，除了基本的农业知识，超大型国有农场生产经营管理者还需要掌握一定的商业管理知识，以适应现代农场的经营管理需求。同时，随着农业技术的不断进步，还需要具备一定的科技应用能力，能够有效地利用现代信息技术提高农场的生产率和管理水平。超大型国有农场生产经营管理者应当具有创新与决策能力，面对市场和环境的变化，管理者需要具备较强的创新意识和决策能力，能够及时调整经营策略，把握发展机遇。此外，还应具备作为超大型国有农场生产经营管理者的人际交往技能，有效的沟通和协调能力是必不可少的，这有助于在复杂的组织结构中建立和谐的工作环境。随着国家对农业可持续发展的重视，未来农场将更多地向绿色化、生态化方向发展，这要求管理者不仅要关注产量，还要注重产品质量和生态环境的保护。面对农业国际化发展趋势，通过引进国外先进的技术和管理理念，以及打通国际交易通道，国有农场有望实现更广泛的市场覆盖和更高的国际竞争力。为了应对日益复杂的经营管理挑战，未来超大型国有农场生产经营管理者需要更加注重人才的培养和团队的建设，提升团队的整体素质和能力。

第 7 章

未来农场资源要素与新质生产力

加快发展新质生产力，是新时代新征程解放和发展生产力的客观要求，为开辟发展新领域、新赛道，塑造发展新动能、新优势提供了科学指引，是推动生产力迭代升级、实现现代化的必然选择。未来农场作为高度集成现代信息技术和农业科学的农业生产系统、未来中国农场发展的重要方向，新质生产力将在其中发挥重要作用。新质生产力将通过改变未来农场资源要素的方式成为未来农场发展的重要推动力。

7.1 新质生产力与未来农场

7.1.1 新质生产力的提出

习近平总书记在 2023 年 9 月 7 日召开的新时代推动东北全面振兴座谈会上讲话时强调"加快形成新质生产力，增强发展新动能"。2024 年 1 月 31 日，习近平在中共中央政治局第十一次集体学习时再次强调，加快发展新质生产力，扎实推进高质量发展。新质生产力作为具有高科技、高效能、高质量特征的新型生产力，可以有效提升生产要素的配置效率，改变传统的经济增长方式，实现产业转型和升级。新质生产力的核心标志是全要素生产率的大幅提升，其重要特点是创新。新质生产力是生产力现代化的具体体现。

7.1.2　新质生产力是未来农场发展的助推器

新质生产力是未来农场发展的重要推动力。未来农场作为高度集成现代信息技术和农业科学的农业生产系统，利用大数据、区块链、人工智能、5G 技术和智能装备等，构建起一个高度智能化、精准化、自动化和无人化的农业生产模式。未来农场不仅是农业生产的技术革命，更是管理模式和经营理念的创新。新质生产力将在未来农场建设过程中发挥重要作用，未来农场是新质生产力在未来农业发展中的具体应用，是新质生产力推动农业现代化的具体体现。

7.2　新质生产力与未来农场资源要素

新质生产力作为具有"三高"特征（高科技、高效能、高质量）的新型生产力，将从劳动力、土地、资本、市场、生产工具等方面全面优化未来农场资源要素配置，助力未来农场发展。

7.2.1　新质生产力与劳动力资源优化配置

新质生产力的发展不仅可以提高农业生产率，还可以促进农村劳动力转移和优化配置。数字经济时代是引导人们学会搜集、分类整理及利用各类数据信息的时代。数字经济时代下的新质生产力通过对农业生产过程中的大数据进行分析，能够清楚地监视农场的生产过程并制定合理的作业方案；通过各种管理应用程序，可以实现农场生产过程中实时数据的统计分析；基于数字技术可以优化每个作物品种的标准化种植流程，精确地提供种植过程中的参数数据；通过远程农事监测和管理功能，农场主可以掌握种植现场的实时数据，并为农民制定农事计划。上述数据的采集和分析可以为劳动力资源的优化配置提供决策参考。

依托新质生产力提高劳动力配置已在现实生活中得到了应用。在美国，有一家专门提供劳动力管理服务的初创公司 PickTrace，该公司的优势就是借助数字技术，为美国的农场主开发专门的农场劳动力管理系统。通过该系统，美国农场主可以实现对雇员的专业化管理，不仅可以实现雇员的自动考勤，而且可以清晰地掌握每一位雇员每天的工作地点、工作时长等信息，根据这些信息则可以实现雇员工资的自动核算。与此同时，农场主还可以将农场劳动力管理系统与农业生产管理应用程序相结合，根据雇员的工作时间、工作区域、产品产量等信息，了解哪些区域工作效率最高，哪些区域产量最高，从而对农业生产和雇员进行调整，提高农场的生产率。

7.2.2 新质生产力与土地资源优化配置

新质生产力能够为优化未来农场土地资源配置、宏观决策与调控提供数据支撑和决策支持。

云计算、遥感技术、大数据技术等现代信息技术与农业生产相结合，在一定的管理标准、安全保障体系的约束下，未来农场可以实现"一张图"管理，所有的数据、资源、存储、展示都可以在这"一张图"上实现。通过对数据的收集和分析，依托先进的算法和决策模型，可以对农业生产的各种资源和各个环节进行评价，依据评价结果得出资源优化配置方案。土地资源作为农业生产的一种重要资源，新质生产力可以为未来农场土地资源管理决策提供数据、技术和决策支持。

依托新质生产力优化土地资源配置已在现实生活中得到了应用。航空影像分析公司 Ceres Imaging 是一家位于美国旧金山的初创公司，该公司致力于帮助美国加利福尼亚州的农户进行土地资源的优化配置。该公司的主要做法是将各种传感器、摄像头等设备集成到一个模块化的盒子里，通过这个盒子可以实现对农户地块数据的收集，在此基础上建立相应的数据模型，为农户的土地资源管理提供数据和模型支持。更重要的是，模块化的盒子可以与无人机、小型飞机公司，以及为农场提供空中播种、杀虫剂喷洒等服务的公司合作，实现大范围的数据共享。这些数据的一切变化都会上传到云端，通过综合化的数据可以进一步了解农场的土地资源状况，从而帮助农户做出土地资源管理的决策。

7.2.3 新质生产力与资本要素优化配置

在"三农"领域，我国普遍存在着"贷款难"的现象。由于农业生产具有很高的不确定性，很多农户缺少信贷记录和充足的抵押物，金融机构需要花费大量的时间和成本对农户进行信用评价，传统金融机构提供的金融服务无法满足农村、农业领域的融资需求。先进的数字技术与金融的结合，可以将机器学习、物联网金融、区块链、知识图谱等金融科技融入信用评分、生产情况核实、销售情况核实、区域农业风险预警等环节,使得金融机构更好地对未来农场进行风险评估,提高未来农场贷款的可获得性。

新质生产力可以从以下几个方面助力未来农场缓解融资约束问题,有利于资本要素的优化配置。

1)线上、线下数据融合的农场信用分,构建未来农村的信用档案。基于先进数字技术的新质生产力可以更好地为未来农场画像。征信公司可以基于大数据技术汇总各家金融机构的涉农贷款信息、公共服务信息(社保、水电、运营商)、农资公司信息(农场采购农资数据、农产品销售数据),从经营农产品行业、农场本身经营财务、农资消耗情况、贷款信用情况、农场核心人员稳定度等多方面,建立未来农场画像系统。

基于先进数字技术的新质生产力可以更好地为未来农场进行信用评价。征信公司和各地农村协会、基层政府合作,建立覆盖县乡镇一级的征信服务站。选拔和经组织推荐可信人员担任征信服务代表,标准化收集未来农村线下信用信息,如民间借贷线索、邻里口碑、政府评价等。线下信用信息和线上信息融合后,通过 GBDT、XGBoost 等先进机器学习算法,基于成百上千的大数据变量得出对于未来农场的动态信用评分,即农场信用分。如此一来,金融机构就能够基于比较全面的数据对未来农场进行信用评价,并为其提供相应的融资服务。

2)物联网金融助力核实未来农场的真实经营情况。基于先进数字技术的新质生产力可以更好地追踪农场的真实经营状况。真实经营状况对于信用评估十分关键。未来农场会使用很多农业科技设备(如精准滴灌器、病虫害监测器、植保无人机、温度控制及湿度控制设备等)和很多农机装备(如拖拉机、施肥机、插秧机、砻谷机等),在这些设备上安装带有 5G 和传感器功能的物联网芯片。在植保无人机上安装高清摄像机,拍摄农场的农作物分布,获得农作物总体比例和规模。带有物联网芯片的农业科技设备仪器,重点监测未来农场的农产品情况。以病虫害监测仪器为例,它除了可以通过生物信息和图像信息分析病虫害,还可以通过机器视觉来检测分析农产品的生产规模。带有物联网芯片的收割机可以通过人工智能算法,统计未来农村一段时间内收割了多少稻谷。

3)农业知识图谱助力信用风险预警。基于先进数字技术的新质生产力可以更好地实现风险预警。农业产业链较长,病虫害风险、区域风险、产业风险传导较快,可以基于未来农村、农资公司、农机公司、农场成员信息打造农业知识图谱,建立全链条农场风险预警系统,使角色之间的生产和结算关系可视化,将农资要素供给价格、农产品价格波动、自然灾害、病虫害威胁和互联网舆情纳入风险预警系统中,基于自然语言处理技术筛选海量互联网信息,识别早期风险,对相关未来农村预先预警,如病虫害、农资公司异常、农场供应链异常等。这有助于金融机构对未来农村信用情况实现预警。

7.2.4 新质生产力与市场资源优化配置

1)新质生产力助力农产品供应端的优化配置。基于新质生产力的力量,将农产品供应链的各种分布式资源在云服务平台上存储起来,并协同线上、线下营销,为最终顾客与供应链的其他主体提供服务,形成以供应链服务集成主体为核心、以云服务为纽带的农产品供应链,这将成为数字经济时代农产品供应链演化的新趋势。通过构建供应链云服务平台,整合农产品供给云、终端零售云、农产品需求云、物流云、金融云和其他服务云。不仅可借助线上及线下服务站点为目标市场消费者提供终端服务,而且可为整个供应链的其他成员提供按需服务,最终实现融海量生产者、消费者及其他服务者于一体的跨行业、跨区域的产业大联盟,实现农产品供应链"四流"创新与整合,实现线上与线下协同、低成本、规模化运作,从根本上解决我国农产品生产及流通中存在的主体分散、实力弱小、市场秩序混乱、供应链断裂等问题。

2)新质生产力助力农产品物流体系的优化配置。数字技术可以更精准地对接农业产销,及时准确地向生产端反映市场需求,帮助提升供给的质量效益和竞争力。数字平台的集聚效应还可放大单个农户和新型经营主体的规模效应,通过适度规模来分摊成本,提高效益;产地分级包装、加工仓储、冷链物流等设施设备建设,可以有效保证产品的标准化。在新质生产力的加持下,农产品物流体系具有更快的物流反应能力、更低的流通损耗、更可控且更有保证的产品品质,这将从根本上提升流通体系效率。

7.2.5 新质生产力与生产工具优化配置

"新质生产力+农业生产工具"就是充分利用互联网、云计算、大数据、物联网、卫星定位等现代的计算机应用技术与农业生产工具的深度融合,实现作业装备系统无人化和测控系统智能化,从而减少劳动力投入,降低生产成本,提高生产率,推动未来农场发展。

(1)作业装备系统无人化　新质生产力与农业生产工具的结合将实现作业

装备系统无人化。智能农机装有远程监控和卫星定位设备，可以将相关检测数据进行实时上传，对农机作业类型、轨迹、深度等重要数据进行记录并上传至服务器。智能农机还可以对农机作业的过程和面积实施准确监测，支持机械作业数据统计分析、图形化显示、作业机具管理、作业视频监控，以及农机应急指挥和天气预报等功能。图 7-1 所示为"互联网+"农业机械作业系统。

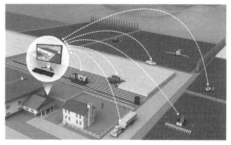

图 7-1　"互联网+"农业机械作业系统

无人机大数据产业平台可利用无人机作业，实时收集、自动传输作业相关数据，建立植保及农业大数据库，集信息采集、传输、处理、服务、应用于一体，从而颠覆传统农业服务利益模式，重构新型的农药生产、销售、植保作业服务生态链和利益链。用户通过移动终端设定农作物类型、药物类型、病虫害类型、药物浓度、待喷洒面积等参数，精准施药系统会自动生成参考配方。携带的离心式雾化喷头，可根据系统获取的作业飞行速度、飞行姿态、环境温湿度参数，自适应调节喷洒量、雾滴粒径，实现智能喷洒。无人机搭载的数据采集/应用终端及配套 App 能实时采集作业信息和作业参数，通过移动网络自动上传到数据中心，数据中心可对接收的原始数据进行分析、归纳和挖掘。终端具备实时监控功能，可实时上传飞行状态信息和用户信息，便于监管人员完成无人机安全监管、作业调度等工作。图 7-2 所示为"互联网+"无人机作业系统。

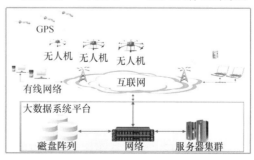

图 7-2　"互联网+"无人机作业系统

农业机器人基于 GPS、传感技术和最新的机器人技术，通过感知识别、智能分析、自动控制、柔性作业等方式，进行信息交换和通信，以实现智能化识别、定位、跟踪、监控和管理等功能，并代替人类完成农业播种、施肥、灌溉、采摘、运输等人工劳动，进一步节约人力成本、提高农业生产率，最终将农业的标准化、规范化大大向前推进。图 7-3 所示为"互联网+"农业机器人作业系统。

图 7-3 "互联网+"农业机器人作业系统

（2）测控系统智能化　精准的农业传感器可以进行实时监测，并利用云计算、数据挖掘等技术进行多层次分析，从而提高了农业生产对自然环境风险的应对能力，使传统农业成为具有高效率的现代产业。未来农场智能化测控系统主要包括土壤墒情监测、智能虫情监测、智能孢子监测、灾情及苗情监测、气象环境监测等多项监测内容。图 7-4 所示为农作物生长智能监测系统。

1）土壤墒情监测系统可以实现土壤墒情精准监测、异常情况快速预警。土壤墒情监测系统可以实现全天候不间断监测，远程监测设备自动采集土壤墒情实时数据并利用无线网络实现数据远程传输；监控中心自动接收各监测点的数据，并自动存储到数据库中。

2）自动虫情监测系统能够远程掌握田间虫情，无公害诱捕杀虫。自动虫情监测系统主要利用现代光、电、数控技术，无线传输技术和互联网技术，构建出一套害虫生态监测及预警系统。该系统集害虫诱捕和拍照、环境信息采集、数据传输、数据分析于一体，实现了害虫的诱集、分类统计、实时报传、远程检测、虫害预警和防治指导的自动化及智能化，具有性能稳定、操作简便、设置灵活等特点。

3）智能孢子监测系统利用现代高新技术，对病菌孢子连续动态监测。该系统集成电子数码显微、数字图像处理、人工智能识别、全球数据传输等现代高

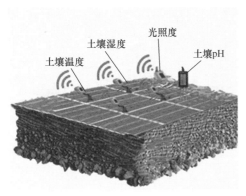 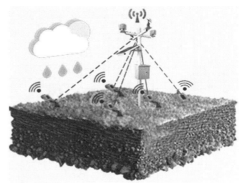

图 7-4　农作物生长智能监测系统

新技术，集病菌孢子自动捕捉、自动识别、自动计数、自动存储等功能于一体，实现了病菌孢子的连续动态监测，可以显著提升农作物病害综合防控管理水平。

4）灾情及苗情监测系统通过对农田进行物联网传感器布局，对整个农种过程中的播种、施肥、采摘、包装等各个环节进行视频监控，方便管理人员对作物生长状况进行远程在线监控，也为获取、利用生物信息提供了必要的基础条件。

5）气象环境监测可以实现农场气象实时监测和对极端气象的及时预报。通过现场的气象设备，可以对农业场景进行实时监测，提高了农业生产对自然环境风险的应对能力。

第 8 章

未来农场经营与管理

未来农场需要企业化的高效经营管理才能生存和发展。农场的发展环境在不断发生变化,农场管理者需要时刻关注农业新技术的发展,分析采用新技术所承担的风险和带来的效益,以及所能取得的竞争优势,从而做出最终采用决策。同时,消费者的群体结构变化和消费升级在不断影响农产品的需求。高质量、绿色发展、税收、收入等政策的变化也在影响着农场的效益。因此,农场管理者要对政策、市场、技术、贸易、产业发展等经营环境要素进行全面分析,才能做出科学的决策,制定农场经营战略和管理制度,有效实施并控制生产管理、资产管理、人力资源管理、销售与流通等主要经营管理活动。

8.1 未来农场经营的战略与决策

未来农场将会有以下特征:高度机械化、规模持续增大、不断采纳农业生产新技术、更多的融资以及融资途径、多选择的营销渠道、更多的经营风险。面对这样的发展趋势,农场管理者需要具备更高的能力并比过去花更多的时间来收集、整理和分析信息和数据,结合农场自身的特点和状况,对农场的发展做出长远的规划,通常也称为战略规划。战略规划包含确定组织的使命和目标、制定战略,以及实施策略 3 个步骤(见图 8-1)。在实施过程中,要有相应控制机制和制度来保障资源的合理分配和使用。

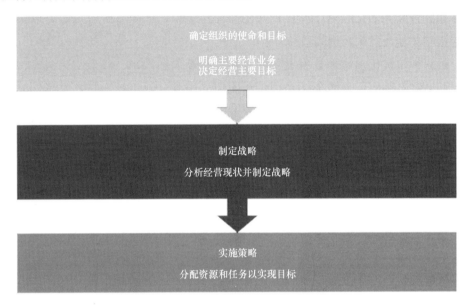

图 8-1　战略规划的主要步骤

8.1.1　战略目标

未来农场的发展更趋向企业化、专业化和智能化。产业竞争更加激烈，对市场变化要更快、更准确地做出反应。农场的整体战略目标的内容需要更具前瞻性和方向性。具体的目标内容除了盈利能力、规模、生产效益，还会侧重于员工的素质和技能、可持续发展、社会责任等方面。战略目标是农场的发展定位和方向，对于一些家庭农场而言，也会体现出农场所有者所传承的理念和家庭价值观念。

8.1.2　战略选择与实施

为了实现农场的战略目标，未来农场需要制定可供选择的战略和实施策略。未来农场的战略选择将有以下四种。

第一种是经营集中化，即把资源全部投入某一种类或单品的生产经营，如粮食类、水果类、蔬菜类、棉花、猪、羊、牛等。这种战略首先适用于经营大宗农产品，以获得规模效益；其次，受地理环境、资源等条件所限，可经营某种产量低、附加值高的农产品，如种子、芦笋、鲜花，或者是有机农产品；最后,还可以开展畜禽饲养和繁育、农机修理、粪便处理、喷洒农药等服务。

第二种是多元化经营,如鱼稻共生、种养结合、休闲旅游农庄等,以实现资源共享和循环利用,提高效益。

第三种是优化垂直整合发展,即控制生产投入和产出,降低交易成本,降低供应商和经销商的议价能力,如订单农业、入股分红、托管服务农场+龙头企业、农场+农民合作社等多种立体化的产业联合体。但是,随着信息与通信技术(ICT)的使用,根据公司递减法则会出现垂直非一体化的情况,因此要考虑平衡和优化垂直整合。

第四种是国际化发展。对于超大型农场和农垦集团,要关注全球农业发展,抓住机遇,以多种形式进行全球战略布局,如进出口、合资、独资等。

未来农场需要根据整体发展战略,做出具体经营业务的实施策略、具体步骤及监控机制。具体的实施策略主要有降低成本、差异化竞争和兼顾化策略。对于大规模生产的农场,成本降低将有利于保持较强的同业竞争力,扩大市场占有率。差异化竞争对企业的技术和资源要求较高,可以获得较高的边际效益。未来农场也可以选择兼顾低成本和差异化的策略。

8.1.3 经营决策

除了对战略规划的选择和决策,农场经营者在日常管理中会面临各种各样的问题。例如,生产什么,生产多少,资金如何使用,生产设施是租用还是购买,生产全环节是否部分外包,是否需要雇用临时工?每一个问题都需要经营者通过信息的收集、比较和择优决策。管理的过程就是决策的过程,未来农场经营的关键也是决策。

决策的具体过程包含发现问题和决策的必要性、产生备选方案、评估备选方案、选择最优方案、实施决策、监测和评估结果这6个步骤,如图8-2所示。为了更快、更准确地做出决策,管理者需要借助一些决策方法和工具,不断提高决策技能,例如,使用生产成本曲线法、交易成本曲线法来确定经营规模与经营效益的关系;从生产过程、市场供求、生产资料和经营管理水平等方面分析经营规模的制约因素;运用保本分析法找出规模经济界限;运用贡献毛收益法调整生产项目。

随着农业生产的现代化和信息化,大数据、物联网、空间信息等技术的应用,未来农场的管理信息系统将从简单的农场数据录入向群决策支持系统和网

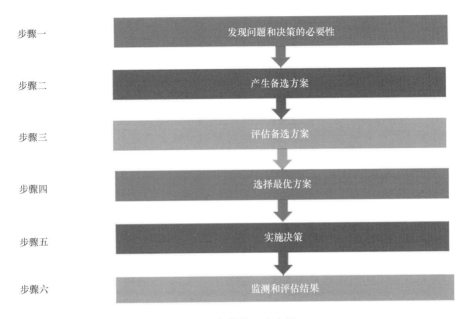

图 8-2 决策的 6 个步骤

络决策支持系统发展。同时，随着我国农业经济基础资料数据库的完善及农业农村部国家农业大数据平台的建设，农场经营者可以获取和共享数据，对生产能力、市场变化、风险预警等做出更有效的判断和决策，也可以委托和咨询专业的信息决策方面的专家和机构。

8.2 未来农场经营管理制度建设

建立产权明晰、责任分工明确、经营管理科学完善的农场制度是当前及未来市场经济发展的必然趋势和要求。无论是大型的国有农场还是小型的家庭农场，都将朝着企业化发展，因此，未来农场必须结合自身发展的特点，建立健全经营管理制度。

8.2.1 产权制度

目前我国农场土地实行"三权分置"制度，即坚持集体所有权，稳定农户承包权，放活土地经营权，实现了农民集体、承包农户、新型农业经营主体对土地权利的共享。在这样一个长期稳定的国家政策的背景下，我国农村土地产权关系会随着产权登记制度不断明晰，产权会受到平等的保护，农地权能完整化,土地使用权会市场化流转交易。因此,未来农场的土地产权在我国农地法制化的管理下,对土地的承包、使用、流转会有清晰的产权证、合同和法律保障。

除了土地产权的明晰,农场的法人资产、农场借贷和投资人之间投资的财产权的具体额度内容及归属要清晰,有据可依,有法可依。此外,根据法律规定,注册不同所有权类型的农场应依法对其财产权和债权有相应的权益和责任。

8.2.2 管理结构和制度

未来的国有农场、家庭农场、国有家庭农场都将是自主经营和自负盈亏的企业化经济主体。未来农场将参与市场竞争,科学的企业化管理制度建设才能保障农场的正常运行、农场资源的合理配比和人员的合理分工和激励等。

首先,农场的组织结构要明晰,领导和决策层要明确,有完整的权利、责任、义务分配,能够体现法人、投资人、合伙人权益的决策和监督机制。其次,农场雇佣工人或者临时工要有合同制度,在双方自愿选择的基础上对薪酬、福利、工作内容进行约定,双方同时都受法律保护。再次,农场要根据发展的长远规划制定资产使用和员工管理制度,对固定资产和流动资产的使用有规范的制度和流程,对员工的薪酬、培训和福利有合理的分配和激励制度。最后,农场日常的管理要有成文的工作条例,如生产规范和安全、机械设备使用、环境保护和质量控制、销售管理、办公设备管理、请假制度和流程等。

8.2.3 农场经营文化建设

农场经营文化的建设是未来农场可持续发展的灵魂动力,也是未来农场形象和品牌建设的重要支撑。农场经营文化有导向功能、凝聚功能、激励约束功能和辐射功能。例如,我国北大荒"艰苦奋斗、勇于开拓、顾全大局、无私奉献"的文化在特定的时代、特定的地域是推动垦区开拓和发展的精神力量,是中华民族宝贵的精神财富。

我国目前农场经营文化建设还比较薄弱,甚至是属于空白状态。结合当前情况,未来农场可以从以下几个方面进行经营文化建设。首先是管理理念的树立。农场的经营要遵循科学的管理办法,有效使用资源,按照计划有步骤地实施,一定要有固定的、成文的规章制度,契约关系一定要依法签订。目前很多中小规模的农场基本都是粗放式的管理,甚至是家庭成员间口头上的管理。其次是农场要有发展愿景、长远目标和规划。农场的愿景要有前瞻性、符合时代发展规律、体现我国农耕文化精神，长远目标和规划的制定要遵循市场规律、提高经济效益、寻求竞争优势和可持续发展。最后，农场经营文化建设要以人为本，创建创新精神、团队精神和勤劳进取的价值观念，发扬中华文化的传统美德，为未来打造和谐的农场社区打下坚实的基础。

8.3 未来农场经营管理内容

农场经营管理的过程是将人力、资金、土地、技术、生产资料等资源有效地使用在产前、产中、销售和售后的一系列环节，发挥农场资源整体配置功效，提高效益，为消费者提供安全、有品质的农产品。未来农场的生产管理、资产管理、人力资源管理和销售与流通管理等环节有以下发展趋势和特点。

8.3.1 生产管理

随着 GIS、GPS 等信息技术及生物技术的应用，整个生产过程的管理也会发生变化，未来农场将实现生产的智能化与精准化，农民只要有互联网、计算机、手机，就可以对土壤、湿度、气候、动物的喂食和健康情况等实施观测，控制整个生产过程，并根据信息系统积累的数据，对生产规模和产量做出准确的判断和决策。

从整个农业产业来看，生产的机械化和智能化会使生产过程的分工更加专业化，加长整个产业链条，会有专业的合作社和公司提供各种专业化的服务和技术咨询，如育种、播种、施肥、无人机喷洒农药、收割等。农场和这些机构会有购买、合作关系，甚至是入股成为合伙人。这种更细致的分工合作会提高生产率，促进整个产业的现代化发展。

新技术的采用会使生产率大大提高，但是这并不等同于盈利能力和经济效益的提升。任何一种新技术的使用都要考虑投入和产出的比例，不能盲目进行决策。未来要避免出现生产率提高带来的成本提高，盈利能力下降，生产出来的产品价格偏高，在市场上没有竞争力。

案例 8.1　希腊 FutureFarm 项目示范农场的信息化管理

FutureFarm 项目是 2009 年欧盟资助的为期 3 年的项目，由 10 个欧盟国家的 15 个合作伙伴共同完成，旨在提高对精准农业的认知，以及验证生产和信息技术的采用效果。Markinos农场是此项目选定的示范农场之一，建于20世纪70年代中期，位于希腊中部喀迪察县（色萨利）马基诺斯。该农场有3名家庭农场成员，1名永久雇员和5名季节性雇用工人。近20年，该农场主要经营棉花作物种植，该作物是希腊主要的可灌溉耕种作物。2008年，该农场开始引入精准农业信息技术。由于该农场土壤的多样性程度较高，农场同色萨利大学机械化实验室合作，进行精准耕作技术的研究和实践。农场使用基于GIS技术的田地记录保存软件，记录和管理田间操作信息。农场逐渐转向使用自我指导系统进行无人化的田间作业。所有新投资的设备配备了精确作业的硬件系统。2008年，该农场加入了欧盟环境保护项目，开始尝试生产生物燃料作物。该农场采用精准农业技术的主要目标是降低生产成本并提高管理效率，实现农场自动化生产和信息化管理。

8.3.2 资产管理

未来农场融资的主要途径是外部的银行，还有供应商、加工商或经销商，或是合伙人或内部成员的投资。随着未来金融体系建设的不断完善，普惠金融政策在农村的实施，未来农场所有的收入和支出都将使用电子支付，银行除了对农村固定资产的评估，还可以通过所有的交易记录来评估信誉和贷款能力，简化程序和手续。未来农场还可以同其他农场联合借贷，增加贷款额度。

土地是农场发展最重要的资产。2020年中央一号文件提出，重点保障乡村产业发展用地，农业种植养殖有自己的配套设施建设用地，保证了乡村产业的健康发展。在国家政策的基础上，本着区位特点、循环共生、可持续发展和景观美学等原则，农场经营者要对承包和流转的土地进行合理规划、建设和使用，提高生产投入产出率，合理布局配套设施。

未来农场应开展专业化的财务管理。未来农场选择培养或雇佣专门的人员还是委托专业的机构来进行财务管理，需要根据农场规模等实际情况来决定。无论是大型的国有农垦集团还是家庭农场，都可以聘任财务人员、会计和出纳，或委托专业的会计师事务所按照国家的法律法规进行财务和税务各类事项的管理，并建立农场的财务档案。不论选择哪种方式，农场的经营者需要能读懂和分析财务报表中的基本信息。

8.3.3 人力资源管理

随着我国乡村振兴战略的逐步实施及城乡一体化的发展，未来农村的人口可以到城市就业,城市的人口也可以到农村经营管理农场或在农场工作,返乡的农民也可以选择创业或在农场工作。农场的收入不一定是农民唯一的经济来源,也可以是和农场有关的产业,如食品加工、餐饮业、旅游业等。农场劳动力短缺的问题会得到缓解,农场将逐渐吸引到人才,提升整体管理水平。

未来农场的人力资源要实现企业化管理,除了基本工资,还要有保险等福利。员工培训、激励和评估都要有相应的机制。如果使用化学品和操作机械,对员工的生产安全要有专门的培训和保障。农场会有不同业务外包和合作,对员工的协调能力和团队合作能力方面的培养尤为重要,农场经营者要根据员工的个人背景和特征进行任务的分配,并定期进行多种形式的培训,提升业务能力。

8.3.4 销售与流通

未来农场的销售正从传统的中间商收购转向订单农业。订单销售将会有两种形式,一种是同公司或合作社签订订单,公司可以是销售商、加工商;另一种是同附近的农户和农场签订合同,例如,玉米种植农场可以为附近的养牛农场提供定制的玉米饲料。

案例8.2 直播带货助力新农场销售

直播带货是我国2020年的热门话题,直播带货缓解了农产品滞销的问题,推动了农村电子商务的发展。2020年7月17日,上海市农业农村委员会在上海农业展览馆主办了直播带货比赛。上海九个涉农区的青年农场主们共组建了11支参赛队伍。青年农场主是上海农业发展的新动力,他们在赛前都接受了上海市农业广播电视学校的专业培训,通过比赛,不仅尝试通过新的营销模式来提高销售额,也为提升上海优质农产品市场知名度,探索农业品牌化、都市绿色现代农业的发展途径。

案例8.3 淘宝村为促进农场发展提供综合服务大平台

2016年开始,阿里巴巴集团重点改善淘宝村物流体系,打通"最后一公里"和"第一公里",使农村淘宝成为一个综合的农村在线服务体系。阿里巴巴集团与全国20多家地方物流商合作,提供二级分销和仓储服务,同时补贴县级到村庄的供销合作社。截至2018年底,农村淘宝网络在所覆盖的3万多个村庄中实现了60%的货物当天送达,99%的货物在次日之内送达,同时连接农产品的在线销售,促进商品和服务的双向流通。

随着互联网渗透率的快速提升和数字支付平台的普及使用，农产品电子商务未来将会成为非常重要的销售方式。农产品电子商务加速了农产品流通，促进实现国内循环，也推动了农业产业的发展，助力乡村振兴、实现共同富裕。农产品电子商务同时也促进了物流等相关产业的发展，为农村人口创造了更多的就业岗位，如"互联网+物流""互联网+金融"等，尤其是农村的女性群体、年轻群体将会有更多的就业选择。此外，农产品电子商务会有多元化的销售方式，如网店、微店、直播带货、委托平台代售、社区团购等，中间环节的减少使农户和消费者实现双赢。同时，农产品电子商务使农村直接连接全国市场，参与到价值链中，能够有公平的竞争和利益共享。农场的经营者可以直接获取消费者的反馈，对市场变化做出快速反应，更好地满足消费需求。

8.4 未来农场经营的风险控制

未来农场经营的不确定性因素很多，如果没有风险防范意识和控制措施，会带来不可预估的风险损失和风险报酬。如图 8-3 所示，未来农场的经营风险管理的基本流程主要包括风险识别、风险评估、风险处置和风险监控。风险识别是对农场内外部经营环境进行客观评价，并对企业面临和潜在的风险进行归类并分析成因。风险评估是对静态风险和动态风险发生的概率进行估计，通常使用大数法则和标准离差率来进行估计，并结合历史资料进行分析。风险处置是应对风险所采取的措施，一般包括回避风险、承担风险、降低风险和转嫁风险，农场采用的方法要与其承受能力相适应。风险监控是监控农场的整体经营过程和管理活动，动态地反映风险管理的情况。

本节将对未来农场经营的风险进行整体分析。总体来看，未来农场的外部经营风险主要来自气候、新技术的采用、消费市场、替代行业、政策、贸易等。

8.4.1 自然环境

农业生产过程是自然与经济再生产过程的结合，因此农场的生产受自然环境的影响程度很大，自然环境带来的风险概率也比较高。近年来，全球动物疫情、蝗虫、干旱、水涝等自然灾害的频繁发生，对农业生产的影响和损害巨大。未来，全球气候的改变会增加各地全年气温、降水变化的多样性和不确定性，农作物生产的主要产区可能会发生变化。农场要做好风险管理和控制，采用更

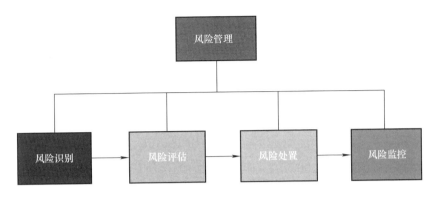

图 8-3　经营风险管理基本流程

改经营项目、使用新技术等策略来应对风险。过度的碳排量也会给农场带来碳汇和碳信用等新型业务。这些变化也会导致未来农产品市场和农业政策发生改变。

由于农产品的特殊属性，除了生产过程，自然环境给销售带来的风险也比较大，尤其是鲜活农产品，在仓储、物流、运输等流通过程中都会遇到地域气候、温度所带来的困难和问题。随着我国农产品物流体系的完善和冷链基础设施的建设，农产品销售环节的风险概率会大大降低。

8.4.2　经济与政策

消费的升级和人口结构的变化会带来消费市场需求的不断变化。低脂肪、高蛋白、有机、绿色、安全将是未来农产品消费主要参考的标签。新生代年轻人的饮食习惯也会发生变化，他们将会更多选择订外卖、在餐馆就餐，而不只是在家里烹饪。这些变化会给特色农产品、有机农产品、休闲农庄带来发展机遇，但是也会带来农产品质量保障方面的挑战。

环境保护和绿色发展是高质量农业发展的重中之重。我国已经出台了一系列的政策法规，未来会不断推行和完善环境保护和应对自然灾害的税费减免、税收和保险政策，如畜牧业生产碳排放税、资源环境生产保护补贴、自然灾害保险、成本价格保险、收入保险等。自 2018 年起，我国已经在内蒙古等 6 个省份开展了完全成本保险和收入保险的试点，开展尝试稻谷、小麦、玉米的完全成本保险和收入保险。生物能源产业的发展给玉米、小麦等作物的生产带来了机遇，但是对于未来农场经营者来讲，在做决策前，要对政策等因素做好调研分析，合理地配比资产投资。

案例8.4　多元化品牌经营抵御风险

38岁的大学毕业生颜停站于2014年注册了吉林省长春市九台区尹家村绿野家源家庭农场，农场主要业务包括水稻、玉米、黄豆等粮食种植，肉鹅、鸡、鸭等畜禽养殖，以及农产品加工与销售。该农场土地面积共860亩，其中粮食生产占用785亩，渔业养殖占用75亩。农场生产经营农副产品60余种，年产大米150t、杂粮50t、豆油10t、肉鹅10000只、鸡1000只、各种禽蛋21万枚、鱼5t、猪20头，探索出"粮食种植—畜禽饲养—渔业养殖—粪肥还田"的循环种养模式。在多元化经营的同时，不局限于依附龙头企业，积极打造了"颜家农场"品牌。该农场2018年实现经营净收入50余万元，有效地抵御了自然、市场双重风险，提高了经济、生态多重效益。

8.4.3　全球竞争

农产品贸易全球化给农场的发展带来机遇的同时，也使农场发展面临诸多挑战。农场可以通过做农产品贸易来发挥产品的绝对优势和相对优势，开拓市场，提高农产品的产销，提升经济效益。但是，各国的农产品贸易保护政策、国与国之间的贸易摩擦会给农产品的贸易带来许多风险，如不同的贸易规则、贸易壁垒、转基因和动植物检疫限制等。

不同规模的农场可以选择不同的国际化途径来开拓市场，如独资、合资、委托中间商等。作为我国农业对外合作的排头兵，国有农垦集团是未来参与全球竞争、保障我国重要农产品有效供给和粮食安全、增强全球农业资源配置能力的中坚力量。国有农垦集团要精准对接国家总体外交大局，积极主动投入"一带一路"建设，统筹利用好国内外两个市场、两种资源，借鉴国际大粮商的做法，进行全球布局，在全球产粮区采购，建设仓储物流设施，争取掌控贸易定价权。

第 9 章

未来农场与绿色发展

9.1 概述

联合国粮食及农业组织预测,到 2050 年,世界人口将达到近 100 亿,全球粮食需求将增长 70%。由于新的农业用地前景不大,减少环境影响的压力越来越大,发展绿色农业势在必行。在现代农场逐步实现自动化的背景下,农业发展造成的污染和自然资源的短缺已成为未来农场发展中的关键问题。未来农场必须满足当代和后代对其产品和服务需求的同时,确保环境健康和食品安全。未来农场必须培育健康的生态系统,支持土地、水等农业资源的可持续发展,建立完整的治理体系,实现具有因地制宜、高效利用、绿色种养、安全健康特征的未来农场。

9.1.1 绿色发展概念

21 世纪以来,科学技术加速推进着农业现代化的发展和进步。然而,水土自然资源日益紧缺,生态系统明显退化,农业生产污染加重,现阶段农业生产模式及地球承载能力的不可持续性已对农业资源和环境构成了重大挑战。除此之外,随着公众对健康安全意识的增强,对高品质健康农产品的需求日益增长,这导致市场供应出现不足，价格波动加剧，进而可能影响该类产品的市场竞争力。资源紧缺、环境污染、安全健康等多重原因导致未来农业生产结构必须做出深刻变革，绿色发展理念是解决农业生产难题和提升农产品品质的关键途径，同时也是满足人民对美好生活需求不断增长的未来农业发展的必然要求。

农业绿色发展是新发展理念在农业农村领域的具体体现，是数字技术、生物技术发展的时代产物，是更加注重资源节约、生态环保、环境友好和产品质量的发展理念，也是以资源环境承载力为基准、以资源利用节约高效为基本特征、以生态保育为根本要求、以环境友好为内在属性、以绿色产品供给有力为重要目标的人与自然和谐共生的新模式。农业绿色发展的本质要求是切实转变农业发展方式，从过去依靠拼资源消耗、拼农资投入、拼生态环境的粗放经营，转到注重提高质量和效益的集约经营上来，确保粮食安全、农产品质量安全、生态安全和农民持续增收。

未来农场的绿色发展是指建立在绿色、环保、可持续的基础上，采用高新农业生产技术、装备和管理理念，重视资源的合理配置和高效利用，依据全面性、协调性及可持续发展的基本原则，构建了一种以绿色为引领、高效运行为特征、协同发展的生态文明型未来农场运行模式。未来农场绿色发展是一项系统性工程，包括布局绿色化、资源绿色化、模式绿色化、农产品绿色化四个方面。深刻理解农业绿色发展的本质，对于未来全面、系统地推进绿色农场实践，维护当前人类资源和确保子孙后代的可持续发展具有至关重要的意义。

农业绿色发展作为一种创新的农业发展模式，综合考虑了农业生产、农业生态与社会经济之间的物质、能量和信息的交流与传递，展现出显著的系统性特征。无论是整个系统还是子系统，只有契合发展条件、遵循特定发展原则，系统稳定才能得到保障。农业绿色发展的推进应遵循因地制宜、分类施策；资源节约、环境友好；产业闭合、绿色主导；营养健康、品质发展四项推进原则。

9.1.2 未来农场对绿色发展的要求

为了进一步完善未来农场的绿色发展，联合国相关机构及我国政府也提出了一系列相关政策意见。联合国粮食及农业组织发布未来农业绿色发展的相关政策指出，各国政府和区域应加强建立基于绿色发展的政策及相关治理机制，以全面综合的方式促进绿色农业发展，同时减少资源退化，保护生物多样性，增强抵御环境突变的能力以应对气候变化的挑战。增强小农户的绿色、可持续农业认识能力，提供技术支持和相关监测平台，建立区域和国家之间的多方利益共进平台，以实现全球农业资源的可持续发展为宗旨，携手共进，共同承担起未来农业绿色发展的重大使命。党的十八届五中全会通过的《中共中央关于制定国民经济和社会发展第十三个五年规划的建议》中提出农业绿色发展理念，强调大力推进农业现代化，走产出高效、产品安全、资源节约、环境友好的农业现代化道路。这也要求未来农场需要建立在农业供给侧结构性改革的基础上。党的十九大报告更是把农业绿色发展上升为国家战略，明确农业绿色发展对保障国家食物安全、资源安全和生态安全的作用。由此可见，绿色发展的理念在我国农业领域不断深化，农场的绿色发展已经成为未来农业农村深化改革的必然趋势。

图 9-1 所示为未来农场绿色发展管理平台。

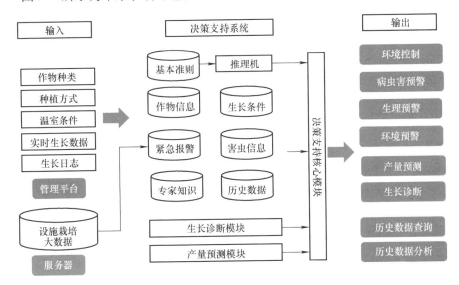

图 9-1　未来农场绿色发展管理平台

未来农业绿色发展的终极目标在于，在转变传统农业生产方式、调整产业结构、提升农业产出效率的同时，确保农业生产与生态环境的和谐共生。同时，在实现未来农场生产全程绿色化的过程中，还必须确保其高质量的发展。未来农场的高质量发展不仅要求农产品品质优良、农业经营效益显著、农村生态环境优美，还要求生产主体素质卓越、农产品具有强大的国际竞争力。为了实现农业高质量发展的要求，必须以持续推动农业产业结构改革为核心，以优化农业产能和增加农民收入为宗旨，坚持质量为先、效益为重，坚持绿色导向、市场导向，走质量兴农的道路，加速推进农场的转型升级，加速推进农业农村的现代化进程。在全球范围内，面对未来农场的绿色发展需求，需要全面制定资源利用策略，改变传统种植与养殖模式，关注农产品的营养与健康，从根本上建立未来农场的绿色发展模式。

9.2 未来农场与资源高效利用

农业资源构成了农业生产的核心物质基础，其合理开发与利用对于农业的可持续发展及长期稳定具有至关重要的意义。我国农业长期以来面临着高投入、高消耗、资源过度开发等问题。未来农场的发展，必须坚守"绿水青山就是金山银山"的理念，依托科技创新和劳动者素质提升，提高土地生产率、水土资源利用率和劳动生产率。应将传统农场的"资源—产品—废弃物"线性物质流动模式转变为"资源—产品—废弃物—再生资源"循环流动模式，并由简单的自然种养模式转向规模化科学种养模式。通过这种方式，将粪便、秸秆、生活垃圾等农业废弃物转化为肥料、饲料和燃料，实现资源的最优配置，有效利用农场废弃物，减少环境污染，从而达到节约成本、提高效率和增加收益的目标。

9.2.1 绿色能源开发

绿色能源的开发和利用可以在一定程度上减少农场生产投入，农场在能源方面可变得更加自给自足。绿色能源不仅可以帮助农民节省开销，还可以减少全球变暖带来的影响。从现阶段农场的实际生产情况来看，生物质能、地热能、水能、太阳能和风能均可产生电能，并用于供热、照明及农场的燃料。这些能源不仅低碳环保，还可以为农场降低能源成本，为农民、农场主和农村企业提供额外的收入。不仅如此，开发利用绿色能源还可以减少对进口能源的依赖，进一步发展成独立自主的未来农场。

对于太阳能、风能、水能的利用，主要是将这类能量存储为电能，从而为农场中的系统装备提供电能和动能。生物质作为农场中特有的一种绿色、可再生能源，是投资应用最广泛的可再生能源形式，可以由农场中种植的农作物制成。例如，向日葵这类植物油料作物可以作为生物质原料和生物柴油。在将种子压碎提取油之后，其副产品的市场价值要比油本身更高。除了植物油燃料，农场中的生物消化池可将动物粪便中的甲烷排放物转化为清洁燃料，其实质就是通过收集和燃烧粪便中的甲烷，减少农场中的甲烷排放量，而剩下的粪便还可以作为农作物的肥料。未来农场通过安装生物质能系统完成生物质能利用，也可以将系统改造为现有畜舍或温室。

图 9-2 所示为绿色能源在农场中的应用。

图 9-2　绿色能源在农场中的应用

未来农场在利用这些绿色能源时还需要充分考虑一些实际情况：一是建立某一种类型的绿色能源系统所需的占地面积。例如，在大型太阳能系统中，不仅需要空间来放置太阳能电池板，还需要额外的空间架设配套设备，以及在两排太阳能电池板之间留出足够大的空隙以方便维修和保养。二是确定完成一个绿色能源系统需要的时间。根据绿色能源系统的规模和工作人员数量，在农场内完成建设大致需要几个月的时间不等，但从农场选址到项目获批则可能需要 3~5 年的时间。三是绿色能源系统可带来的经济效益，这是所有农场主最关心的问题，农场工作人员除了计算设备成本，还需考虑土地资金的投入，从而合理计划每年的产能，避免入不敷出。表 9-1 列出了未来农场综合利用绿色能源时的步骤和注意事项。

表 9-1　未来农场综合利用绿色能源时的步骤和注意事项

阶段	关键步骤	涉及人员/程序	注意事项
前期准备	建立初步的技术及经济可行性，进行案例分析	顾问或相关专家	燃料选择，了解热量需求，确定是否可以选择区域供热网络

(续)

阶段	关键步骤	涉及人员/程序	注意事项
全面可行性分析	热力系统的运行情况,当前能源需求,未来能源需求,现在和将来的燃油价格,设计系统大小和外形,时间表,预算费用,总体投资情况	资料及专家指导人员	了解效率,规划许可和当地空气质量标准,费用表
详细设计	系统规模燃油接收和处理系统,土木和建筑设计,燃烧系统和锅炉规格,热量分配系统控制与整合	合同执行人员	注意合同附加条件,了解系统运行效率
许可证	查找现有或新修改的规划许可政策	客户端及生物质安装程序	许可与规定
施工与安装	现场施工	安装工人	
试运行	设备的调试,达到绩效标准,符合排放标准,操作人员培训	安装工人	设备的调试
系统维护	创建并执行计划性和预防性维护时间表	燃料供应商和生物质安装商	维护和故障排除

9.2.2 水资源高效利用

水资源作为最宝贵、最紧缺的农业资源,在现代农业快速发展的进程中常常被忽略。水资源的绿色利用,是指在保障水域和耕地生态系统健康环保的前提下,满足农业领域对水资源的需求,而高效利用则是指由水资源创造的实物形态价值和经济形态价值。现阶段,大田种植用水来灌溉农作物是一种低效且高污染的手段。因此,在未来的农场中应考虑诸如可控环境农业(CEA)和水培法等作物种植方案。水培法可使植物的根部与营养液和生长介质充分接触,与土壤耕作方法相比,水培法可以更有效地传输水分,明显减少由于蒸发和吸收而浪费的水量。水培法所消耗的水量不到土壤耕作方法的1%。究其根本,传统灌溉方法低效率的原因是农作物处于不受控制的土壤环境中,现阶段农业中的灌溉系统通常没有优化和升级,无法确保农作物实际吸收大部分用水。

除了改变作物种植方案,还可以从改变农作物的灌溉方法上提高水资源的利用率。可行的农业节水策略涵盖了农田水分管理与雨养旱作技术、农田用水效率的监测、农田雨水收集与保水利用、多水源的高效调控、雨水补充灌溉以及机械化灌溉排水系统等。以上方法并不适合所有的农场类型，还需要根据当地的自然资源环境制定合适的节水方案。例如，对于我国西北等干旱地区，可采用滴灌的方式将水直接输送到植物的根部，从而减少喷水灌溉时发生的蒸发，在未来农场中满足农作物的需水量。美国加利福尼亚州的农场中已开始尝试用滴灌的方法替代传统灌溉，该农场滴灌作业的结果表明，正确进行滴灌可以比传统灌溉节省80%的水，甚至可以提高农作物的产量。除此之外，还可以在农场中建立蓄水池收集和储存雨水，以供全年使用，最大限度地减少对周围流域的影响。对于一些水资源较充足的地区，如江浙地带，为避免大田中水位过高，农民要认真关注天气预报并监测土壤和植物的水分，随时依据当前水分条件调整灌溉计划。例如，可用洪水对果园进行灌溉，并在夜间浇水以减慢蒸发速度，使水更好地渗入土壤内，补充地下含水量。

以上两种方法都是直接减少农场中水资源的流失，还可以从根本上改变土壤的蓄水能力，但该过程较漫长，也是未来农场面临的一个巨大挑战。可增加农场中牲畜的活动，从而促进草场的再生。合理的放牧安排可以增加大田的吸水率，减少水的流失，使土壤更加耐旱。已有研究发现，堆肥或分解的有机物用作肥料，可以改善土壤结构，提高其持水能力。稻草等有机材料可分解成堆肥，进一步提高土壤的保水能力。堆肥和覆盖物可帮助干旱季节的农场在土壤中保留更多的水分。农民还可以使用黑色塑料覆盖土壤，以抑制杂草，减少水分蒸发。

9.2.3 土地资源高效利用

不同地域的气候对农作物的种类和种植方式都会产生一定的影响。光照时长、温度、降水量及季节更迭的规律，均以直接或间接的方式对植物生长的关键因素产生影响。气候可在最短时间和最小空间尺度上影响植物的周围环境，直接影响农作物的生长过程，而固定区域内长期的气候可影响物种的分布和群落组成，并决定实际农业生态系统中最适合的农作物。预计到2050年，气候变化可使全球农业生产力降低17%，由此可见，合理的土地资源布局是对现阶段农场主体功能的优化和调整，更是未来农场实现绿色发展的前提。土地资源高效利用是以永久性基本农田建设为基础，创建特色农产品和高效农场优势区域，构建一系列品种多样、集群化发展、绿色环保的特色农产品生产基地，以缓解优势区域农业发展的压力。在未来的农场中需要根据不同地区、不同物种的生产实际和需要，加强分类指导，分阶段、分区域、因地制宜地制定禁止和限制发展产业目录，明确种植业与养殖业发展的方向和开发强度，强化准入管控和底线约束，推进重点地区资源保护和严重污染地区治理。

未来农场在制定合理的土地资源利用和保护方案时，需要提前掌握农田中的土地资源数据，包括土壤、气候、农作物，甚至是地貌特征。在分析相关数据的基础上，需要充分考虑地域性差异，坚持因地制宜的原则。我国土地辽阔，生态种类多样，各省市农业资源条件、发展水平等均存在较大差异，造成不同地区农场内绿色发展水平的明显差异。因此，未来农场将采取本地化生产与就近供应的策略，以高效利用资源为核心，构建能够反映市场供需关系及资源稀缺性的农业生产力布局。在未来农场的经营中，将优先考虑环境保护，选择具有地方资源优势的农产品作为主要种植对象。遵循"因地制宜，宜农则农、宜牧则牧、宜渔则渔、宜林则林"的原则，将各地的生态环境优势转化为经济优势，推广绿色生产方式，并确立农业基本功能的保持与多功能性培育并重的理念。

9.3 未来农场与绿色种养模式

现阶段，世界上大多数农民所采用的耕作方法对土地管理、资源、环境都产生了严重的负面影响。全球已有约30%的土地由于管理不善或养分不足而逐渐退化，这类土地正在迅速失去为当地和遥远人口提供充足食物的能力。同时，部分由农场产生的温室气体推动的气候变化加剧了土壤破坏，并使全世界的农业系统更加脆弱。因此，为了在维护环境资源和生态平衡的前提下满足全球人口日益增长的食品及营养需求，未来的农业生产必须转变当前的农业种植与养殖模式，逐步采纳无污染的调控及防治手段来管理未来的农田。在一项为期30年的农场系统试验中，美国罗代尔研究所发现，有机土地中种植的玉米比传统土地中种植的玉米产量高出30%。将现阶段农业生产方式变为绿色种养模式才是未来农场稳定可持续发展的重中之重。

9.3.1 生态调控

在农场中实施生态调控，旨在维护并促进农场生态系统的平衡性，推动其向更高层次的有序和稳定状态发展。通过综合运用政策、科技、经济及规划等手段，对农场生态系统的结构和功能进行调节和控制，以实现系统新的稳定与平衡状态。农业生态系统是一个人工管理的生态系统，既有自然生态系统的属性，又有人工管理系统的属性。一方面，它从自然界继承了自我调节能力，保持一定的稳定性。另一方面，它在很大程度上受到人类各种技术手段的调节。农业生态系统的调控机制包括自然调控、人工直接调控和社会间接调控。充分认识这些调控机制和调节途径，有助于建立高效、稳定、整体功能良好的农业生态系统，是保护农业资源、实现未来农场绿色发展的基础。

自然调控是农业生态系统的第一层调控机制，通过农业生态系统内生物与生物、生物与环境的相互作用，以及生物本身的遗传、生理、生化机制来实现。自然调控包括个体、种群和系统三个水平的调控机制。例如，光温对农作物生长发育的调节作用，昼夜变化规律对家禽家畜行为的调节作用，反馈、多元重复补偿等调节方法。自然调控更加经济、可靠和有效，更是人工直接调控和社会间接调控的基础。未来农场要深刻掌握自然调控的方法和规律，这样才能更有效地调节农场内部的生态结构，从根本上建立绿色种养模式的未来农场。

人工直接调控是指农业生态系统在自然调控的基础上，受人工的调节与控制，人工直接调控遵循农业生态系统的自然属性，是第二层生态调控机制，利用一定的农业技术和生产资料加强系统输入，改变农业生态环境和生态系统的组成成分和结构，包括对农业环境的改造、生物的调控、生态系统结构调控、系统输入输出的调控。对环境调控的具体方法包括气候因子调节、土壤调节和水分调节。例如，利用塑料大棚、地膜覆盖、局部改变近地和土壤温湿度；通过轮作豆科作物、绿肥作物及秸秆还田等丰富土壤氮元素和有机质。未来农场中还可以通过推广抗病虫品种，培育健康种苗，并结合农田生态工程、果园生草覆盖、作物间作套种、天敌诱集带等生物多样性调控方法，改造病虫害发生源头及滋生环境，人为增强自然控害能力和作物抗病虫能力。农业生态系统结构调控是利用综合技术与管理措施，协调农业内部各产业生产间的关系，确定农场中大田、果园、温室、牧场、鱼塘的比例和配置，用不同种群合理组合，建成新的复合群体，使系统各组成成分间的结构与机能更加协调，能量流动和循环更趋合理。人工调节系统输入包括改变辅助能和物质的种类、数量和投入结构的比例。输出调控包括调控系统的储备能力，使输出的各类农产品更有计划。

农民在计划和实施直接调控时，除了考虑农场中的自然状况，还必须考虑财政金融、科学技术、政法管理等相关社会机制。作为第三层生态调控机制，社会和国家的政策导向、法律法规、市场信息等也会间接影响农场的产量和经济效益。鉴于农民与农场主在农业领域的认识存在局限性，若未来农场发展缺乏社会调节机制，个人基于非程序化经验的决策将不可避免地受到这些局限性的影响，导致决策失误。在农场社会调节机制的框架下，国家政府将现行的农业政策提升至法律层面，确保这些政策在未来具备法律约束力，从而通过法律手段促进和保障农业政策目标的实现。因此，通过社会间接调控手段引导农户、消费者和经营者的经济行为，确保公平交易、合理竞争及农业市场的正常秩序，从而实现农业资源的最优配置和农民收入的最大化。

9.3.2 生物防治

生物防治是指利用一种生物对付另外一种生物的方法，因为所有昆虫物种、杂草及植物病害都会受到自然存在的生物和环境因素的抑制，不需要人工干预。因此，生物防治的实质是利用天敌减少害虫数量。农场中的生物防治方法大致可以分为天敌防治、抗性作物防治和耕作防治三类。这类方法利用生物物种间的相互关系降低农场中杂草等有害生物种群的密度。例如，可用寄生虫、捕食者、病原体、拮抗剂或竞争者来抑制有害生物种群，该方法最大的优点就是可以在不造成环境污染的情况下减少生产成本，同时还可以为农产品生产提供长期的经济效益。当前，美国加利福尼亚州有 90%～95% 的草莓种植者采纳了捕食性螨虫作为控制害虫的手段。不过，将此类生物防治方法普及至全球范围仍需经历漫长的过程。一旦构建起平衡的生物防治体系，农场内的生物多样性及数量便能保持在相对稳定的水平。诸如瑞士先正达集团、德国拜耳公司及德国巴斯夫股份公司等全球性大型生物技术企业，正致力于开发环保型生物技术，以期更好地适应未来环境保护和绿色发展的需求。未来农场在充分掌握现阶段生物防治水平的基础上，还要更好地理解和选择农作物遗传过程的天敌。评估农场内农作物当前遗传性状和变异情况，从而使具有特定生物防治的特征得到改善。在农场内应用以虫治虫、以螨治螨、以菌治虫、以菌治菌等生物防治关键措施，加大赤眼蜂、捕食螨、绿僵菌、白僵菌、微孢子虫、苏云金杆菌、枯草芽孢杆菌、核型多角体病毒、牧鸡牧鸭、稻鸭共育等成熟产品和技术的示范推广力度。

9.3.3 科学用药

2021年1月17日,农业农村部官方网站发布消息称,截至2020年底,我国在化肥和农药减量增效方面已成功达成既定目标,具体表现为化肥和农药的使用量大幅降低,同时,化肥和农药的利用率得到显著提升,这为种植业的高质量发展带来了积极影响。展望未来,农业领域将致力于推广高效、低毒性、低残留、环境友好的农药产品,涵盖除草剂、杀菌剂、杀虫剂等多种类型。同时,将优化农药的轮换、交替、精准及安全使用技术,强化对农药抗药性的监测与管理,并普及规范使用农药的知识,严格执行农药安全使用间隔期。通过科学合理地使用农药,力求最大限度地减少农药使用可能带来的不良影响。

农药、除草剂和肥料的使用可渗入地下水中,从而污染饮用水或最终进入地表水中。含有这些化学物质的雨水可间接破坏自然生态系统的水系统。过量的肥料进入水中后,刺激杂草和藻类等植物和微生物的生长,植物过度生长会阻塞缓慢流动的水域,吸收鱼类和其他水生生物所需的氧气,并释放对鱼类有毒的氨气,破坏自然生物群落,这种状况也被称为富营养化,从而在很大程度上改变农场的生态系统。施用过量的肥料不仅浪费金钱,而且浪费大量的肥料。因此,未来农场在施用肥料之前,应先对土壤进行测试,以确定必须添加哪些养分,做出相对科学合理的施药规划。例如,生长正常的农作物不需要每年施肥,如果作物看起来不健康,也有可能是由于土壤、昆虫、疾病或当前的天气状况引起的。只有明确判断出农作物是因缺少营养造成生长障碍后,才应进行施肥。还需注意施药的时间和地点,避免在水渠和雨天使用农药,将农场药剂的使用作为常识性知识在农民中广泛科普。

除了尽量减少化肥农药的使用、科学合理安排药剂喷洒,未来农场还将选用绿色药剂替换现有的化学农药。绿色药剂主要是指生物药剂,包括微生物农药、生化杀虫剂(包括植物源杀虫剂和其他影响昆虫行为的天然物质)、植物结合保护剂。生物药剂是从自然存在的有机体(如细菌、真菌、线虫、植物)中提取物质,或者直接使用这些有机体而生产出的农业用药。这种由植物产生的活性成分对环境或人类健康几乎没有威胁。不过,使用这种天然化合物构成的生物药剂也存在一定的弊端,例如,它们缺乏持久性,对较大的咀嚼昆虫(如毛虫和甲虫)的效力有限。

9.3.4 农业病虫害绿色防控

农业病虫害绿色防控是指依据农场生产需求、市场及环境利益与影响的效益分析，单独或综合地选用和实施害虫防治策略，协调形成相关的治理战略。其特点包括允许害虫种群数量在经济损害水平以下时继续存在，充分利用自然控制因素，强调防治措施间的相互协调和综合，以农场生态系统为管理单位，强调害虫综合体系的动态性。可采用的防控措施有机械、物理、生物和化学控制。农场病虫害绿色防治依赖常识性知识和信息技术的结合，用最少的成本来控制害虫破坏，并且对人类、环境的危害最小，从而使农场中病虫害的治理更加绿色化。防控过程包括监测和识别、设置阈值、实施控制。

图 9-3 所示为绿色防控流程图。

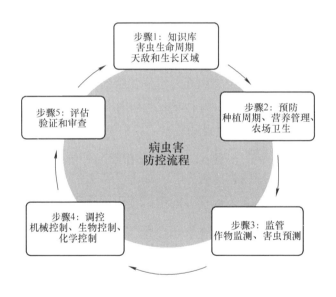

图 9-3 绿色防控流程图

为了防止农场中的病虫害造成大量的经济损失，未来农场要加强对土壤、种植介质的肥力和水质、酸碱值（pH）、碱度、所含矿物质和氧气等影响农作物整体健康状况的因素，以及对害虫的抵抗能力进行实时监测。实现对病虫害的充分掌握，还可以了解其生命周期，从而提供最佳的干预时间点。例如，可以在农作物发芽前使用除草剂防止上一年的杂草生长。但是，并非所有的昆虫、杂草都需要控制，农场中有许多生物是无害的，甚至是有益的。病虫害绿色防控首先要确定有害生物并准确识别它们,以便结合所确定的阈值做出适当的控制决策。实时的监视和识别减少了不需要农药时使用农药或使用错误种类农药的可能性。

在正式采取任何有害生物控制措施之前,还需要设置一个行动阈值。超过所设置的阈值条件,有害生物种群或环境条件表明须采取病虫害防控措施。若只是监测和识别到了单一害虫,并不意味着要立即采取行动,只有当害虫数量众多或迅速增加时才能采取行动,大豆之类的耐害虫作物甚至是不值得干预的。只有当病虫害造成一定的经济威胁时,也就是有害生物的预期破坏成本超过控制成本,防控才是必要的。

当监测和识别到达防治阈值,表明需要采取防治措施时,先对病虫害造成的风险等级进行评估,选择适用的有效防治方法。针对风险较小的害虫破坏,可采用针对性强的化学物质(如信息素)来破坏害虫的交配;或者选择机械控制措施,如葡萄园中的围网可阻挡鸟类和其他啮齿类动物的进入。如果在进一步监测和识别中,发现当前采用的初级防控措施已不起作用,则将采用其他生物和化学控制方法,如定向喷洒农药、增加天敌等。其中,天敌防护是病虫害防治中比较常用的方法,其保护通常简单且经济高效,只需相对较少的成本投入,就可以得到较大的效果反馈。天敌可以降低虫害的种群增长率,从而延迟或防止害虫破坏农场生态和经济平衡。美国的一些农场早已开始尝试引进外来天敌对农场进行病虫害防治。例如,美国加利福尼亚州的柑橘园在19世纪初被一种害虫席卷,在充分研究了其天敌习性后,从澳大利亚引进了一种吠陀甲虫和寄生蜂等掠食性昆虫。之后的几年中,被引入的天敌完全控制了柑橘园中的害虫。美国牧场曾被苜蓿象鼻虫严重侵蚀当地的牧草和种植业,在引入了其天敌约20年后,美国东北部恢复种植面积75%左右。现阶段已完成的试验数据显示,大田间作物中的赤眼蜂建议每周释放速率为5000~200000只/英亩,具体取决于害虫的侵占程度。病原线虫以每英亩数百万甚至数十亿美元的规模释放,可控制某些生活在土壤中的害虫。尽管这种防治方法不会造成任何污染,但引入天敌的病虫害防治方法的效果显现速度通常较慢,通常需要几年甚至十几年的农场内生态平衡稳定才可达到预期效果。因此,未来农场在引入天敌进行防控时,要加强防治规划和预测方面的投入,尽量缩短防治周期。图9-4所示为未来农场病虫害管理模式。

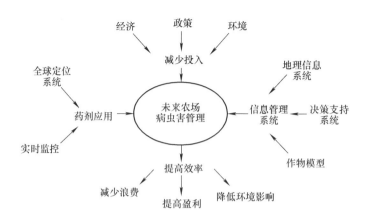

图 9-4 未来农场病虫害管理模式

9.4 未来农场与营养健康

随着生产系统之间的联系越来越紧密,以及气候变化,食源性、媒介传播和可传播的人畜共患病的威胁增加,世界各地饮食结构的变化对公共卫生和农业绿色发展有着不可忽略的影响。营养不良不仅会影响个人的身体健康,还会给家庭、社区和国家带来沉重的负担。同时,食品安全逐渐成为现代社会关注的焦点,因为低劣食品依旧是引发疾病与死亡的主要因素。因此,确保粮食安全与改善营养状况,是未来农业可持续发展的关键所在。

9.4.1 农产品质量监管

不安全的食物仍然是导致疾病和死亡的主要原因,导致食源性疾病暴发的因素包括食品清洁和加工用水不安全、生产过程和存储不善及监管标准执行力差。食源性疾病是由细菌、病毒及寄生虫等微生物引发的,如黄曲霉毒素、花生过敏源,二噁英和氰化物等化学物质也可导致此类疾病。这类细菌和病毒不仅会引起食物中毒,还会降低人体吸收营养的能力,从而导致营养不良。未来农场将采取集约化畜牧业的方式实现农产品产量最大化。畜禽群中病原体的传播及食源性疾病的发病率将是未来农场在食品安全上面临的最大问题之一。农产品供应链具有链条长、生产分散、信息多源异构等特点,极易造成供应链上下游信息断链和不透明。现阶段追溯数据存储于各节点中,在供应链上下游数据传递过程中存在协作信任度低、真实性差等问题,造成消费者对供应链信息的真实性产生信任危机。因此,未来的农业产业须加强农产品品质与安全的即时无损检测技术、食品全程清洁化生产流程、畜禽肉品的计算机视觉辅助分割技术、非传统主食产品及其原料的绿色高效营养加工技术及薯类营养强化系列食品的绿色制造工艺。同时,应利用区块链追溯系统构建一个多方参与、共同维护的分布式数据库,并通过密码学及共识机制确立信任体系。将区块链技术与物联网、人工智能、大数据等新一代信息技术深度整合,推动农产品供应链追溯体系迈入新的发展阶段。进而实现农产品数据的不可篡改性、共享的高可信度等质量监管系统优势,确保在生产、加工到运输的全过程中,农产品市场的质量安全得到保障。

农产品质量检测是确保农产品安全的关键步骤,利用计算机视觉和机器学习等方法开发可对新鲜农产品或加工食品进行实时、无接触的监测和质量检查的技术。例如,高光谱成像、太赫兹成像这类光谱学质量测试技术可将错误率降低到1%以下。这样,农场中的农产品将在进入仓库前用照相机和红外扫描仪进行质量测试。基于测试的图谱可快速分析出农产品质量,减少高风险病原体的传播。未来农产品在经过层层质量检测后可获得高度可靠的食品保证证书,并受到国家食品质量机构的严格安全保障。如有问题出现,可在追溯系统自动触发警告和召回命令,大大降低受污染农产品引起大规模疾病暴发的概率。

未来农场还将采用区块链的食品质量监管方案,该方案使消费者能够通过贸易编号或通用产品代码随时访问每一个农产品的区块链数据,如农产品的实时位置及其质量、安全性和产地的相关证明,及时跟踪和了解农产品的新鲜度,确保消费者安全,并且可以在全国范围内立即追踪和召回可能产生任何形式污染或疾病的农产品。近年来,基本物联网传感器的成本降低了一半,每个传感器的单价已从2010年的0.8美元降低到2020年的0.4美元。2017—2020年,云计算的成本平均每年净下降58%,而其计算能力和内存却在增加。因此,在未来农场中,数据的传输和存储已不再是农场的负担,物联网和云计算变得越来越便宜和快速。这也代表着未来农场区块链的建立将会带来更大的经济效益。

9.4.2 农产品营养与健康

营养不良、微量元素不足、肥胖是全世界面临的三种不同形式的营养健康问题,这些问题间接反映了食品生产和加工中的弊端。畜禽肉类能够提供诸多难以从蔬菜中获取的高质量蛋白质及多种微量元素,如铁、维生素A、碘和锌。

然而，过度食用肉类也可能增加心脏病和糖尿病的发病率。在过去的50年中，发达国家民众每天蛋白质摄入量的增长以肉、蛋、奶和奶制品为主。自20世纪80年代起，人类对动物性蛋白质的消费量基本保持稳定。根据联合国粮食及农业组织的预测，到2030年及2050年，发达国家人均每日蛋白质摄入量预计将分别达到54g和57g。1961—2011年，发展中国家人均每日动物肉类蛋白质摄入量从9g增加到20g，增长了122%。发展中国家人均每日动物蛋白质摄入量到2030年将达到22g，到2050年将达到25g。在农场逐步统一化的同时，农作物多样性也在逐渐减少。现阶段15种主流农作物为人类提供了90%的能量摄入，最主要的为小麦、大米和玉米。稻米内富含β-胡萝卜素及铁质，这对于因维生素A缺乏导致失明的2.5亿儿童及因铁质不足而患有贫血症的14亿妇女，具有潜在的健康益处。在人类对营养健康要求逐步提高的同时，除了保证粮食的充足需求，还要确保其可被充分利用。过度的粮食生产会造成过多的温室气体排放，增强耐药性并引起更多的污染。营养与健康一直被认为是公共卫生的专业领域。然而，农产品作为营养的主要提供者，确保农产品的营养与健康是实现未来农产品安全在内的绿色农业发展的重要前提。为了满足未来农产品的营养与健康发展，农场主应在深刻了解人类对营养摄入需求变化的基础上，合理更改种植方案，满足市场需求。落实在实际生产中，未来农场可基于以下几个方面从根本上提高农作物富含的营养量。

首先，未来农场要克服盲目追求无差别农业增长的目标。相反，应该通过更多地了解农业可持续发展的不同模式对健康和营养的影响，促进绿色农场的建成。传播此类知识能够最大限度地提升从生产到消费整个价值链中的营养与健康效益。通过对可改善营养不良和肥胖症的营养食品进行价格补贴，以及制定相关政策的方法让更多的人认识和了解农产品中的营养与健康，并利用由此产生的经济效益再次促进农场生产和消费多样化，如豆类、蔬菜、水果和乳制品。

其次，采用富含微量元素的化肥能够有效提升土壤的营养水平。通过生物强化种植技术，推广富含维生素A、锌和铁的农作物，有助于改善营养缺乏地区居民的维生素及矿物质摄取状况。还可以通过更改种植农作物的种类改善营养元素的供给，例如，种植黄色玉米、富含维生素A玉米代替白玉米，或用橙色木薯代替常规木薯。

再次，改变农产品加工方法，合理的运输和保存方法可以帮助确保食品保持营养价值，延长食品安全性和保质期，并在不同季节保持健康食品的可用性。采用针对粮油、果蔬和畜禽水产品的低碳低耗、先进适用加工技术，综合利用稻壳米糠、麦麸胚芽、果皮果渣、菜叶菜帮、皮毛骨血等副产物开发各类产品。制定未来农场农产品加工国家标准和行业标准，建立适宜的农产品及其加工制品评判标准体系。开展加工技术创新和加工装备创制，研发减损实用技术和先进加工技术，降低农产品加工物耗能耗。

最后，制定相关指标和管理工具，为影响农产品系统变化的外部因素指定监管程序。尽管现阶段已经获取了有关农产品系统某些方面的大量信息，但还有一部分领域的数据很匮乏，数据资源通常是分散且无法获取的。农产品信息系统使农场主和农民能够对农产品的应用价值进行更合理的判断，分析消费者的喜爱偏好和营养需求，并根据这些数据分析制定下一阶段的计划，及时更新农产品需求信息。各地的未来农场所建立的农产品信息系统是有一定差异性的，要以当地居民的营养健康数据为基础，合理调配农贸市场供需关系，充分利用信息化技术建立具有当地特色的农产品信息系统。

第3篇　国际篇——他山之石

我国农业现代化发展处于从基本实现到全面实现的过渡阶段。加快发展资源节约型、环境友好型和生态保育型农业是我国未来农业可持续发展的主要目标。目前，我国人口众多，耕地面积相对有限，2021年我国人均耕地面积约为1.36亩，不足世界人均耕地面积的40%。未来，在保障面积的基础上，我国要实现粮食产量增加，提高单产是关键。加强良田良种、良机良法的集成推广将是粮食增产的重心。

由于资源禀赋、经济基础和社会结构的差异，我国东部地区的农业现代化水平较高，而西部地区的增长速度较快。农林牧畜渔生产布局也在持续调整，农业种养结构协调性增强。根据产权制度和产权特征，目前我国农业经营主要有五种基本模式，即小农经营模式、家庭农场经营模式、合作经营模式、公司经营模式和集体经营模式。农业经营整体主要面临着农业生产区域性差异较大、土地管理不规范，以及农业劳动力素质不高和老龄化等问题。

随着互联网的普及和农业智能化、信息化新科技的应用，我国正从农业2.0阶段过渡到农业3.0阶段，在应对提高粮食产量、区域差异和劳动力效率较低等挑战时，要不断加强政策导向、市场驱动、科技支撑及城乡融合。世界农业由于自然环境和经济、社会、政治等形态不同，形成了不同的发展模式。本篇基于美欧亚三类发展模式，通过分析美国等资源富裕型国家、荷兰等资源集约型国家和日本等资源紧缺型国家的三类农场发展模式的鲜明特征，对先进的典型案例进行展示，为我国农场的生态化可持续发展提供借鉴。

第10章

资源富裕型国家农场

以美国、加拿大、澳大利亚等为代表的大农场农业，整体上看，历史上就是外来殖民者作为农场主，靠大规模减少原住民人口而形成的大规模农业。目前，这些国家依然保持着"人少地多"的资源禀赋特征，农业生产经营现代化程度高。通过对其农场特征分析和典型案例介绍，为我国东北平原和华北平原，尤其是占全国耕地面积64%的黑龙江、内蒙古、河南、吉林和山东等土地规模大和机械化程度较高地区的农场发展提供借鉴。

10.1 资源富裕型国家的农场特征

以美国为代表的资源富裕型国家的农场呈现以下特征。

（1）生产规模化和专业化 土地资源、水资源、气候资源和生物资源是确定一个国家的农业自然资源是否富裕的决定性条件。农业规模、劳动力的质量和数量、农业技术装备及农业收入确定一个国家农业经济的走向趋势。资源富裕型国家不仅具有大量的土地面积和丰富的自然资源，其农业经济在国民经济结构中的趋势已经走向平稳。美国农场数量不断减少，但是经营农场的规模不断扩大，经营约809hm^2及以上面积的农场占到了58%。加拿大的农场主要以家庭经营为主，总数约为25.4万个，平均规模超过300hm^2。土地规模大和机械化程度高决定了农场专业化和市场化导向农产品的生产。美国的农业倾向于单一化种植、专门化生产、区域化布局，农产品收获量大，产品面向市场，大量出口。加拿大的农业专业化生产一方面是区域布局的专业化，另一方面是家庭农场产业分工的专业化。例如，谷物生产主要集中在阿尔伯塔、萨斯喀彻温和曼尼托巴"阜原三省"，而中部地区的安大略和魁北克两省则以奶牛、肉牛、鸡、猪等畜牧业和蔬菜、水果、马铃薯等精细农业为主。

（2）机械化和智能化程度高　资源富裕型国家的人均农业资源占比较大，农业生产已经实现规模化和机械化，甚至已经实现高度信息化、自动化。农场通常采用大型机械、卫星定位系统、生物技术等，使得农业生产率很高。不过，机械化也带来了大田管理粗放和高投入、高消耗。规模化、机械化农业必然需要大量物质资源的投入，其中最重要的是需要农药与化肥等大量投入作为支撑，这会导致生态资源破坏及行业的垄断。

（3）社会化服务和市场化程度高　规模化生产使农场需要在生产过程中获得指导，或在产前、产后得到信息服务。农业社会化服务的功能范围不断扩充，运营模式日益专业化，为家庭农场经济发展提供了有力的辅助。由政府在农业领域中的教育、科研和推广，农场主合作社组成的合作农业服务系统，旨在提供辅助生产的服务，维护市场销售环境，社会商业机构组成的私营农业服务提供农用物资、专用信贷、技术培训。同时，政府对各种农产品进行政府财政补贴、商品补贴和保护补贴，农民的人均收入已经在全国人均收入中等水平以上。

10.2　美国的玉米和大豆农场

美国不仅工业高度发达，农业的先进程度在世界范围内也是领先的。从1870年开始，美国的城市人口首次超过农村人口，之后，随着城市化进程的加快，农业从业人口不断减少，截至2022年，占比不足2%。虽然农业从业人口数量不断减少，农业却不仅没有萎缩，反而继续逐步发展，美国拥有190万个农场，不仅实现了农业生产的自给，还是世界最大的粮食净出口国，玉米和大豆便是其主要的出口农产品。依据农场纳税人性质的不同，美国农场可以分为家庭或个人农场、合伙农场、公司农场，以及其他的合作、信托农场等。2022年，美国家庭或个人农场占农场总数量的比例为84.2%，是美国农场的主体。

美国农业之所以如此发达，主要有以下四方面原因。

（1）美国农业高度机械化、设施化、现代化　美国拥有广袤的平原，在其约 963 万 km^2 的国土面积中，平原占比近 1/2，约有 482 万 km^2。美国的耕地面积约占国土总面积的 20%，人均耕地面积接近 $0.6hm^2$。如此广袤的平原面积为美国实现高度机械化及自动化的大田农业提供了硬件基础。

（2）家庭经营和规模经营相结合　美国农业普遍实行家庭农场制度，经营主体是家庭，适合农业生产的特点，便于调动经营积极性。家庭农场实行规模经营，每个家庭农场平均经营耕种约 $133hm^2$，完全使用农业机械耕作，科学种田。家庭经营和规模经营相结合，使经营主体、经营形式和经营规模达到最佳结合，从而保证美国职业农民们可以从中获得可观的经济收益，进而使美国农业得以持续发展。

（3）法律保护农业耕地面积，保证优质土地耕作　美国陆续出台了耕地保护法，以防止城市化进程加快而导致优质耕地流失。1935 年至今，美国的农场面积一直维持在 60 亿亩左右，保证了农业发展的需要。

（4）政府对农业和农场主的补贴　农业带来的收益并不能一直维持稳定，会随着供需、气候及其他因素而有较大波动，因此，政府补贴也是美国政府给当地农民们的兜底保障。

下面将以具体的农场来展示美国的典型农场现状。

金伯利农场位于美国艾奥瓦州首府得梅因附近，建于 1850 年，农场的耕地面积从原来的 1800 亩扩大到了如今的 3 万亩，主要生产玉米和大豆。金伯利农场是美国高度现代化农场的典型代表，获得了"拉动粮食生产的火车头"荣誉称号。

农场玉米和大豆的大规模播种、收割、运输等过程由专门的大型农机完成，主要配套的农机有拖拉机、精播机、复式整地机、收获机、农用运输车等，至于其他不常用到的农机，如喷药机、专用液体肥施肥机、翻地犁、镇压器等，则外包给专门的服务公司完成，这不但提升了生产率，同时也降低了农场的生产成本。此外，这些大型农机上还配备了高科技的智能操作系统，能更大限度地减轻人的劳作，更进一步向农业生产全自动化靠近。例如，拖拉机都是采用自动换挡技术，配备自动驾驶系统，作业尺寸规范一致。

在金伯利农场，种地基本能够采用变量智能控制，具体操作为：每 $1.2hm^2$ 地取样一次土壤，这是由专业公司完成的，在测试土壤环节，也是由另一家专业公司完成，每间隔几年就会重复一次。然后，根据土壤取样分析，制定施肥方案。在播种和施肥环节，根据GPS定位可以实现变量施肥和变量播种，使农作物产量达到最高。为了保证土壤有机质在合理的范围，农场全部采用秸秆直接还田的方法，具体做法是：收获机械将秸秆打碎抛洒，大型拖拉机带着切草深松机械实现土地的耕整，能够起到蓄水保墒的作用。目前，在该农场里，玉米的产量可以达到1.2万kg/hm^2，大豆的产量可以达到4200kg/hm^2。

粮食储存环节也使用智能化装备。进入农场，非常引人注目的就是9个三四层楼高的金属粮仓，这些粮仓采用先进的储存技术，能够实现烘干和储存一体化。这套装置避免了传统农业会受到气候影响的弊端，无论什么样的天气，粮食都能及时烘干并得到妥善保存。粮仓外面安装有一套电子控制系统，在收获的粮食放进粮仓后，可以通过手机上对应的控制软件设定储存需要的适宜温度和湿度，从而控制粮仓内的实际温湿度。

在现代机械手段和智能装备的辅助下，占地3万亩的金伯利农场内只有4人工作，金伯利夫妇2人、全职员工1人，外加农忙时的临时工1人。金伯利农场这种保持低人力成本的高效运营，除了与大型农业机械装备、信息管理系统等先进的技术和设备分不开，还与具备种植、农机、金融、销售等方面知识的现代农场管理和运作需要的复合型人才分不开。

农场主的儿子格兰特在大学本科时期选修农业，研究生选择修读工商管理专业，他认为，现代农场主具备销售、金融、管理等方面的知识是非常有必要的。例如，谷物大部分要提前两年通过期货市场预售，从而预估市场实际的需求量，避免生产过量，造成不必要的浪费，或者生产过少，造成市场供应不足。

农场的经营和运作离不开各种各样的技术支持，金伯利农场由农机公司提供需要的农机装备，同时与艾奥瓦州立大学有良好的合作关系，并得到大学的免费技术支持，此外，种子公司与农业协会也会给农场提供相应的技术支持和培训。因此，可以说，金伯利农场有了解多方面知识的复合型人才，还有专业扎实的技术支持后台，而所有这些农业生产链各分支的完善都确保了金伯利农场能够应对各种风险挑战，并获取可观收益的能力。

10.3 加拿大的小麦农场

加拿大是一个农业强国，是世界第七大粮食生产国，其农业及与农业相关的食品业占据加拿大经济的重要地位，而在农业生产总值中，种植业产值约占

62%，畜牧业约占 38%。加拿大加约有 19 万个农场，农业用地约 6220 万 hm^2，占国土面积的 6.2%。农牧业机械化程度高，农牧业从业人数近 25 万人，占全国劳动人口的 1.5%。2022 年，加拿大农牧业产值为 362 亿加元，占国内生产总值的 1.8%。加拿大农产品贸易规模持续增长，作为最大的农产品出口国之一，加拿大的出口产品包括小麦、大麦、燕麦和豆类。其中，小麦是加拿大种植面积最大、出口量最多的农作物。加拿大是全球五大小麦出口国之一，75% 的小麦用于出口，加拿大同时也是高蛋白硬红春麦面粉的最大生产国。

在分工上，加拿大农场主要分为畜牧农场、谷物农场、农牧业混合农场和特种作物农场 4 类，其中，畜牧农场和谷物农场贡献尤为突出。畜牧农场以饲养牲口为主，谷物农场基本上种植小麦、大麦和燕麦等大田作物，混合农场既种植大田作物，也兼养牲畜，特种作物农场主要从事水果、蔬菜和烟草等的耕作。为了提高运作效率，减少中间环节，满足消费者需求，加拿大在农业和农业食品领域实施了各种不同的"供应链协调方式"。这种方式能够使农场到加工、分销、零售/批发和餐饮服务各个供应链环节的主体相互协调，每个环节都有统一标准，以保证产品质量。

加拿大农业的发达与其农场的现代化、专业化水平分不开。加拿大农业科技发达，注重可持续农业发展。加拿大农业部对科研机构进行改革，调整研究的方向和布局，例如，在作物研究领域，每年研究 15～20 个抗性小麦新品种。政府注重提高农业科技的转化和应用，鼓励科研单位申请专利，并尽快投入市场进行生产。

典型的加拿大小麦农场具有以下特征：大规模农场，平均面积为 $224hm^2$，允许休耕。小麦农场的面积从东部约 $100hm^2$ 到西部超过 $200hm^2$ 不等，形状呈矩形，便于机械化作业。所有权归属通常由在草原上扎根的家庭农场。主要劳动力来自家庭成员，在繁忙时期可能聘请部分兼职工人（如 10～15 人）。高度机械化，大多数工作由机器完成，如播种机、收割机、拖拉机等。数字信息技术也在农场中使用，农民可以通过智能手机上 Farmers Edge 公司开发的 App 获取气象数据、田地的网格地图等数据，实现精准农药喷洒和施肥。App 还会协助安排农场工人的日程，追踪农场的财务状况等。

10.4　澳大利亚的畜牧农场

澳大利亚的人均农业资源在全球位居前列，被人们称为"骑在羊背上的国家""矿车上的国家"。澳大利亚的农业以种植业和畜牧业为主，农业用地约占澳大利亚国土面积的60%，其中绝大部分的农业用地为牧场和林场。地广人稀及优越的自然条件为澳大利亚发展大型农业提供了优势，大规模与高产量是农业高水平发展的趋势，经历上百年的发展，澳大利亚在农业规模、专业化水平和生产率方面已经处于世界领先水平。该国农业正在由机械化、电气化向智能化和数字化发展。

作为世界上畜牧业最发达的国家之一，澳大利亚的羊毛产量能够达到110万t，远销国外。奶牛和肉牛的养殖规模很庞大，全国大约有2600多万头牛，其中60%为奶牛，每年可以生产200多万t牛肉和60亿L牛奶。家禽和渔业养殖也占了重要的一部分，其中禽肉年产量高达73.2万t，渔业年产达35万t。澳大利亚小麦是澳大利亚种植面积最大的谷物，在世界范围内以高质量和高出口量而著称。在过去的几十年内，一系列的因素使得年收入超过100万美元的农场人口增加了12%左右。在优越的自然环境、完善的农业制度、经济和技术的影响下，澳大利亚农业的发展已经形成了自己的特色。

下面将以具体的农场来展示澳大利亚的典型农场现状。

澳大利亚大陆被南回归线分割，形成了"北热、南寒"的气候，在北方非常适合牛种的生长。在昆士兰州和维多利亚州之间的Texas存在着全澳最大的牛场，Whyalla农场面积达5316hm^2。该农场1988年的养殖规模为50000头牛。经过多年的扩展，最大存栏量达75000头牛，常年存栏量达50000头，Whyalla育肥场是南半球最大、技术最先进的育肥场之一。该农场虽是全澳最大的牛场，但农场常态化的管理员只有72人，最多时也只有98人。由于澳大利亚的南北差异，北方牛的数量比较多，而南方牛的肉质比较好。Texas地跨南回归线，南北的牛种都可以养殖。Whyalla农场的牛种有南方的黑安格斯、红安格斯、海福特、西门塔尔等，北方的以印度牛种Brahman等居多。

肉质的关键在于饲料，而澳大利亚的大麦品质是世界范围内非常好的。在Whyalla农场附近有条河流，可以为农场的大麦、小麦、甘草和玉米等饲料种植提供灌溉水源。农场利用水流原理建立了蓄水塔，以水的自然流动为各个牛棚供水。独立的第三方权威检测机构定期对农场的水质进行检测，以检测水质中是否含有农药和重金属等有害物质，保证牛棚和饲料种植的水质无污染。牛大约在6个月内就可以育肥，农场能够控制肉质并提高生长率。随着牛的生长，饲料组合需要调整，饲料蛋白能量的高低根据不同饲养阶段和牛的吸收率进行调整，通过提供适当成分的饲料，让牛充分吸收利用。牛粪可以进行半年左右的堆肥发酵处理，可以为饲料施肥。牛的尿液也可以作为有机肥使用，以防止环境的污染。

Whyalla 农场对牛进行了精细化饲料管理和智能化监控。该农场有 242 个牛栏，牛栏里的每头牛有 15m^2 的活动范围，牛栏的顶部设有庇荫所，工作人员每个月会清洗一次牛栏。农场采用从原材料到牛肉出栏的追溯系统，在农场里还架设有供巡视的瞭望塔，每天有 6 名专业牛仔骑马检测牛栏。在农场内配置 5 台 10t 的饲料专用车，专业人员每天提供 2 次饲料。在出栏前的监测点可以对牛进行检测，以便于了解育肥期间牛的体重、永久齿数目（牛龄）和健康状态。检测记录会被输入计算机系统，以便于产品的追溯跟踪。Whyalla 农场还使用了穿戴式传感器，该传感器能够检测到牛的饮水、进食、休息、生育、温度等活动或体征，并且基于传感器，经过手机或计算机及早地发现问题，如检测消化不良或出现可能的疾病。

第 11 章

资源集约型国家农场

集约农业被定义为农业中的一种经营方式,与粗放农业相比,集约农业是把劳动力和生产资料集中投入较少的土地上,通过应用先进的农业技术措施来增加农业品产量,采用集约经营方式进行生产的农业。最典型的资源集约型国家包括荷兰、德国、挪威和比利时等欧洲国家。

11.1 资源集约型国家的农场特征

(1) 以中小型规模经营为主　欧洲历来以中小型家庭农场为主,家庭农业对粮食生产、粮食安全、可持续粮食系统做出重大贡献。集约农业型国家就是资源集约型国家。欧洲各地推崇的是城乡融合与绿色发展,小型农场可通过改善组织、进行集约化可持续生产、纳入农业食品链,实现高生产率、高收入。这种集约化不仅考虑提高农业实践的可持续性,还考虑社会经济因素,如农民采用创新的耕作方式及消费者需求对经济可行性的影响。在欧洲,34%的耕地上实现了可持续集约化的提升,这表明不同措施的组合可以同时改善粮食安全和可持续性。

(2) 技术创新、资源高效利用　农业科技高度发达,生产机械化水平世界领先,科研和技术推广投入大,尤其是新品种培育、农业基础设施建设、病虫害防治、生物新技术产品、食品加工等方面，取得良好成效，在生产、加工、运输、销售等环节都有严格的监控，农产品品质高。农业生产有着较高的数字化水平和领先世界的农业生产技术设备，同时有专业农业教育的高素质人才作为发展内驱力。例如，荷兰农业的主要特色是提高土地单位面积产量和种植高附加值农产品。荷兰政府以节约土地、提高土地生产率为目标调整农业结构和生产布局，使农业生产向产业化、集约化和机械化发展。荷兰的设施农业是欧洲现代农业的一个典范。荷兰目前已是全球第三大农产品出口国，其中蔬菜、花卉的出口量位居世界第一。

（3）政府、市场和社会的协同机制　资源集约型的核心是运用价格机制对各类资源进行有效配置，发挥市场机制的作用。在农业可持续发展中，欧盟政府、市场和社会各主体通过协同机制共同促进农业可持续发展。政府通过法律法规等顶层设计弥补市场失灵，市场通过价格机制进行有效资源配置，同时政府高额补贴保障农民的高收入。政府尊重经营主体的自主权，并在不妨碍自主经营的条件下，对市场经济进行适当干预和控制，以发挥恰当的调节作用。社会主体（如行业协会和消费者群体等农业合作组织）发展成熟，有信用合作社、供应合作社、农产品加工合作社、销售合作社、服务合作社等多种类型，代表生产者和消费者群体的利益。

（4）注重环境保护和可持续发展　欧洲资源集约型国家农场面临的挑战包括粮食不安全和全球环境变化，因此需要可持续的农业集约化，平衡粮食安全、环境保护和经济可行性之间的关系。在集约化发展过程中，不仅要考虑提高农业实践的可持续性，还要考虑社会经济因素。欧盟通过"地平线2020"计划和欧洲农业生产力和可持续创新合作伙伴关系（EIP-AGRI）等途径，推动可持续发展的科技创新。荷兰政府出台并实施了严格的生态环境保护制度，限制化肥、农药的使用，防止水土污染。欧洲农业的发展还受到消费者需求和环保意识的推动。消费者对有机农产品的强烈需求和环境保护意识的不断提升，引导生产主体重视生态多样性和资源永续利用。

11.2　荷兰的温室农场

荷兰的设施农业是欧洲现代农业的一个典范。其中，温室设施农业是荷兰最具特色的农业产业，居世界领先地位。目前荷兰温室建筑面积达到11亿 m^2，约占全世界玻璃温室面积的25%，主要种植鲜花和蔬菜，自动化程度和生产水平高，可实现集约化、规模化、专业化生产，市场经营规范有序。

Lans集团是一家温室园艺企业，已有近50年的历史，现已成长为活跃在三个地区的知名大型种植者。该公司在韦斯特兰/马斯兰拥有32hm^2的温室农场，在丁特洛尔德和泽兰分别有20.5hm^2和20hm^2的温室农场，大约80%的温室表面都装有生长灯，该公司专门从事各种番茄的常年栽培。

Lans Tomato公司的岩棉基质栽培番茄工厂位于荷兰西南部，专业生产番茄，采用岩棉栽培和多头生长模式，如图11-1所示。温室设施采用文洛型结构，脊高达7.5m以上，空间开阔，配备先进的自动化控制系统，能够调控温室内的环境因子，作物上下空气流动顺畅。进入温室后，最震撼的是温室上方无数的高压钠灯，柔和的淡黄色光线把温室内部照得通亮，非常壮观。因为当地冬天弱光的原因，为保证高产量，需要在每年11月至次年2月期间的0:00~6:00进行补光。输入岩棉中的营养液配方主要补充两种复合肥料，并注意肥料的反应产生沉淀，避免降低肥料效果。营养液配方可根据水质分析、番茄生长阶段、回液反馈进行调节。水肥利用率高，一般生产1kg番茄的需水量为15L或者更少。

据了解，该工厂实现了自动化管理，作业机械化程度高。种植过程中除绕蔓（包括打叉、疏花等）、落蔓、打叶、采收需人工，其余操作都实现了机械化。该公司60hm^2的温室通常有10个生产管理人员，冬季采收时临时用工200人，夏季临时用工300人，配置多个温室劳动管理系统，有温室操作者分析劳动成本，提高管理水平。每年樱桃番茄的产量可达45kg/m^2，是我国日光温室的3~4倍。所有的番茄都生长在基质上（见图11-1）。这意味着植物在土地上没有根，而是被种植在排水沟的基质中。基材由含有岩棉的垫子组成。每年轮作期间都要更换垫子，旧垫子被回收。与在土地上生长相比，在基质上生长的好处是可以更好地调节"根系气候"。

图11-1 岩棉基质栽培番茄

使用岩棉基质有很多好处。由于制造过程受控，该生长培养基具有恒定的高质量。在极高的温度下进行无菌生产可确保清洁且不含污染物。园艺家可以有针对性地施用水和养分，以获得最佳的农作物效果，减少浪费。由于水和养分的有效利用，单位面积的产量很高，而每单位产量的能源消耗却很低。该材料质量也很轻，很容易操作，岩棉也可以轻松回收。

除了光和热，水对于番茄及温室内外的许多其他农作物的良好生长也至关重要。因此，对作物可用水的良好管理非常重要。水也是管理植物所需肥料的资源。每棵植物都有自己的滴水装置，含有肥料的水通过水系统（专业术语的底物区域）被输送到滴水中。

该工厂每年的灌溉用水量可达 15000 ~ 20000m^3/hm^2。如果灌溉系统提供的水没有被植物完全吸收，则部分存储在底垫中，如果底垫中的水饱和，则水将泄漏到再循环水槽中，多余的水被收集起来并带到脏水筒仓中。水将通过该筒仓的紫外线过滤器实现净化，净化后的循环水将进入净水筒仓。这些水可以再次用于温室的新灌溉。该系统的优点在于，再循环使得所有肥料得以保留。

该工厂可以通过以下三种方式获得水：一是雨水，落在温室屋顶上的所有雨水都收集在雨水盆中，它们通常是在温室旁边创建的，大小为 1000 ~ 3500m^3/hm^2；二是反渗透过程中抽取并过滤地下水，干净的淡水可用于农作物，并被泵入雨水盆，而地下水含盐，渗透过程会带回土壤残留的盐水；三是自来水，如果雨水不足，并且渗透过程中没有足够的水，或者无法进行反渗透，公司将购买并使用自来水。

基质垫的使用实现了肥料的最佳利用。将肥料直接添加到灌溉水中，取样并分析基质垫中存在的水，以确定肥料的值，根据这些值添加新的肥料。番茄植株需要正确混合肥料，并且不浪费肥料。如果由于灌溉而使过多的水进入排水沟，那么这些水将被排放到脏水筒仓中。来自脏水筒仓的水被净化并带回净水筒仓，水从筒仓中抽出，再用于番茄作物，这样可以确保肥料不与土壤接触。

该工厂可保护作物免受病虫害的侵害。从种子发芽开始，工厂已经部署了作物保护措施。种植者将"好"病毒计量输送给植物，以防御在生长季节中的"坏"病毒。如果植物以新的形式进入温室，则悬挂黄色黏性陷阱，以防止害虫粉虱。来自天敌的卵也立即悬浮在植物之间，从而在温室中建立了昆虫方面的良好平衡。这意味着可以将化学农作物保护产品的使用限制在最低限度。

番茄植物的花需要授粉才能生产番茄。在自然环境中，风和各种昆虫会传播番茄植物的花粉。在温室中，此过程通过晃动番茄植株或使用大黄蜂来实现。大黄蜂被安置在温室中的商业大黄蜂蜂箱中。由于番茄花不含花蜜，商业大黄蜂蜂箱中会提供糖水状的食物。种植者密切监视是否生长出足够的番茄，如果不够，则会部署其他大黄蜂。

园艺能源是重要的生产要素。对于使用生长光的种植者来说，这个因素更重要。能源不仅仅用于加热温室，还可以增加生长光。该工厂拥有14个热电联产（CHP）系统，每小时的发电功率总共可以达到约35MW，以确保能够尽可能高效地处理能源。CHP系统是带有发电机的大型电动机，该发电机将天然气转化为电能，在此过程中释放的热量用于加热温室，净化后的温室使用释放出的二氧化碳，可以大大促进番茄的自然生长和生产。电力用于温室中的生长灯，如果不需要生长灯，则将其返回到电网。

荷兰的许多种植者都拥有用于加热温室的CHP系统，温室园艺已成为电力市场上的参与者。与发电厂相比，CHP系统的气体使用效率更高。毕竟，CHP系统的冷却水完全用于加热温室，不会像发电厂那样被浪费。

光已成为荷兰温室园艺产业的一个领域。继生长光用于花卉和植物之后，在21世纪初，温室蔬菜栽培领域也开始使用生长光。在番茄种植中使用生长光的最大好处是可以确保全年都可以生产番茄，确保了消费者始终可以享受稳定的番茄供应和质量。

全年生产的另一个重要好处是一年中可以分配更多的工作，因此需要使用的季节性工人更少。该工厂使用高压钠蒸气灯获得生长光，未来也许可以使用LED照明。通过使用LED照明，可以更多地利用不同的光谱，Lans集团正在积极参与相关的研究。当耕种结束时，将温室"倒空"，这意味着将叶子、植物和岩棉垫取出。叶子和茎被拿去堆肥，岩棉垫被回收利用（如用作砖的原料）。温室清洗后准备用于下一个农作物，并使用新的农作物岩棉垫。

11.3　德国的猪场

德国51.1%的土地面积作为农业用地，其畜牧业也有相当高的发展水平，猪场更是占其中的18%（约300万hm^2），这无疑为德国成为养猪强国提供了客观条件。猪场主要集中在德国的萨克森州的西南部地区、北莱因-威斯特法伦州的北部地区，以及巴伐利亚州和巴登-符腾堡州的东北部地区，其中萨克森州的养猪户占全德国的三分之一。

猪场大部分以家庭农场为单位的适度规模化生产和较大规模的工厂化的形

式饲养。根据德国联邦统计局公布的数据，2020年德国的猪存栏数量相比于2010年下降了4%，达到2660万头，但是德国的猪场数量却下降了47%，达到32100个。另外，2020年猪场的平均存栏数量由2010年的459头增长到827头，德国猪场大型化的趋势愈加明显。规模化、自动化的生产和健全的育种、繁育体系让德国的猪场拥有较高的生产率与品质管控。德国猪场利用规模化的生产和经营来获得较高的规模效益。德国猪场的区域布局以州为单位，在单个州内，为提升猪场的专业化生产和资源的高效利用水平，猪场之间有明确的分工协作和专业化生产，形成了种猪场、商品猪场和自繁自养场等不同结构层次的产业化发展。

结合地理和气候特点，德国在猪场建设、环境控制、猪场管理方面充分考虑了降低污染、节约成本、动物福利和资源利用。猪场的选址按照猪场建设要求远离闹市和居民区，回避农业用地，选择在相对较偏僻的地域，既考虑了环境污染问题，也兼顾了疾病防疫和动物福利。在建筑结构上，德国猪场结合其地域气候特点，猪舍建设采用了全封闭式结构，栋与栋之间、不同阶段猪群之间、猪场与外界都形成相对独立、隔离的空间，不仅方便管理，更有利于防疫，降低了病原菌通过空气扩散传播的可能性。

猪舍的墙体采用实砖结构，具有良好的隔热、保温效果。猪舍外屋顶盖瓦，有利于阻遏内外热量的传导，能够使猪舍内达到冬暖夏凉的效果。每间猪舍内都装备有取暖散热片，结合宽墙体、增厚门、窗材料，以及小单元、吊平顶等，冬季猪舍内外热交换损失很小，取得了很好的冬季保暖效果。猪舍内不可避免会因猪的排泄、水蒸发等引起舍内湿度加大、空气质量降低的问题。德国猪场建设也充分考虑了此类实际问题并给予完善解决。猪舍各小单元建造有独立烟道式排气囱通向室外屋顶，可以通过自然通风方式改善猪舍内的空气质量。通过一系列系统的建设，德国猪舍很好地克服了舍内的温度、湿度和空气质量问题，为猪群创造了一个相对舒适的生活生长环境。为了降低对空气的污染，德国猪场采用水泡清粪的措施。猪舍都采用了全漏缝地板，漏缝地板的下面是一个封闭的水泥池，可以暂时储备一定量的粪水混合物，池里注有适宜深度的水，以接纳掉落的粪污，使其浸泡变软，并杜绝裸露粪尿的蒸发，最大限度地降低空气中的氨浓度。每个水泥池下面的下泄出口与外部的大型贮粪池通过地下管道相连。贮粪池中的粪污最终会被污水泵泵入罐车运出，用于农作物灌溉、施肥。

德国猪场的绝大多数工序是通过自动控制系统实现的,利用现代设施和技术,实现了饲喂自动化,根据不同生长期和生产性能对猪进行定时、定量喂养。饲料采用液态料自动投喂系统,前期粉碎好的饲料通过自动设备输入料塔。饲养管理也运用了自动监控系统,每个猪栏内都安装有与计算机相连的监控器和探头,通过计算机显示器就可以适时观测猪只行为活动、猪舍内温湿度和空气质量等状况,据此进行远程控制。这些先进的饲养管理设备和措施使劳动生产率大幅度提高。

优质的种猪是猪生产的基础,农场主会精确地估计每一头种猪的繁殖力,进而挑选出繁殖力最高的种猪,90%以上的母猪采用人工授精。500头基础群的猪场仅需一个人就可以完成全部日常管理、操作任务,主要负责转群、配种、乳猪添加片状料、猪群异动数据输入计算机、清洗消毒猪舍及用具等。

政府兽医部门建立了疫病的整体防控和养猪场的疫病控制系统,政府制定疫病报告制度,以及应急计划、疑似病例处置、应急演习、监测方案等制度。目前,德国基本消灭了危害猪业健康发展的传染性疾病。德国还非常重视和关注猪的福利化养殖和生产,一方面大力支持欧盟的动物福利标准,另一方面开展群饲母猪栏和屠宰加工福利化养猪的实践。

德国养猪业发达,有一整套完善且稳固的体系,分工明确,其产业链是由种猪育种公司、采精中心、种猪农场、育肥猪农场、屠宰场、深加工企业及超市构成,如图11-2所示。而在我国,规模化养殖场生猪存栏量仅占全国47%,以温氏集团、正大集团、正邦集团为代表的猪生产企业几乎涉及生猪生产的所有环节,包括公猪育种、种猪生产、妊娠、育肥、屠宰、深加工。农村散养户

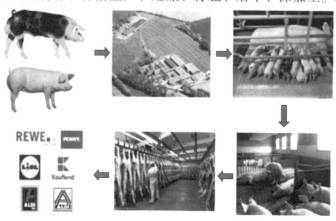

图11-2　德国猪场生态链

生猪存栏量占全国53%，农村散养的优势是激发农户的参与度，但同时也伴随疫病流行、药物滥用、生产率低及环境污染等一系列问题。德国猪场以"种养结合"为主，对环境影响较小。猪产生的粪便用于生产沼气或堆肥，沼气用于发电，可出售给附近的工厂、公司、政府或自用，沼渣用于种植农作物，作物可用于生产饲料，饲喂生猪。

总的来说，德国猪场从设计、生产管理到饲养方式等环节都值得我国养猪业学习。特别在细节上，德国的猪场既体现出节约成本、与环境协调发展、良好的动物福利策略理念，又使生产率与效果得到充分发挥。

11.4 挪威的渔场

挪威位于北欧地区，是一个高度发达的国家，也是当今世界上最富有的国家之一。挪威有三分之一的国土位于北极圈内，沿海岛屿很多，所以被称为"万岛之国"。挪威海岸线蜿蜒曲折，长达83281km（包括峡湾和岛屿），构成了挪威特有的峡湾景色，其可供水产捕捞和养殖的区域为挪威陆地面积的6倍，渔业资源非常丰富。挪威的地理位置和渔业的高度发展水平孕育了世界一流的挪威渔业。挪威也是世界著名的渔业大国，为世界上很多国家提供着优质的渔业资源。

挪威海产养殖业已取代捕捞业，成为挪威渔业的支柱。挪威的渔业研究仍涵盖了水产养殖、海洋渔业、渔业资源、渔业机械、渔业经济及生物技术等多个领域。挪威的研究机构对大西洋鲑的整个生命周期进行养殖新方法、新技术的研究，以循环水养殖结合离岸养殖为主，在繁殖、育种、饵料研制、养殖方式、养殖基地选址、网箱设计、水质监测和加工等方面都有涉及并提供技术支撑。

挪威的陆基循环水养殖模式主要进行大西洋鲑的孵化、育苗和小规格苗种养殖，以及银化后的大规格苗种养殖，通常分为室内循环水养殖车间和室外陆基养殖基地。孵化、育苗及小规格苗种通常在室内循环水养殖车间进行，而银化后的大规格苗种一般移至沿海室外陆基养殖基地。

以LERØY公司的室内循环水养殖车间为例。LERØY公司现在是世界上第二大的大西洋鲑养殖公司，该公司位于Kyrksæterøra岛的室内循环水养殖基地，以大西洋鲑的孵化、育苗及小规格苗种养殖为主，养殖车间总占地面积约

12000m², 分为开口苗区、生长区、幼苗区和鱼苗区 4 个区域。鱼苗开口后即进入开口苗区，该区域养殖周期为 9 周，鱼重从 0.5g/尾生长到 5g/尾，此区域须严格控制投饲、水质和水流等参数；当大西洋鲑鱼苗生长到 4g/尾时，即可转移至生长区，该区域的养殖周期为 8~10 周，鱼体规格从 4g/尾生长至 20g/尾，需要配套灯光模拟北极夏天极昼阳光情况；当鱼体重超过 20g/尾时，需要转移到幼苗区，该区域的大西洋鲑可在 6 周从 20g/尾生长到 50g/尾，需要注意的是，此区域须根据鱼的大小进行分级，以便使每个鱼池中的鱼大小统一，同时模拟冬季的环境使大西洋鲑从淡水鱼转为海水鱼，该过程称为银化；当鱼体重超过 50g/尾时，即可转移至鱼苗区，该区域的鱼可在 6 周从 50g/尾生长到 90g/尾，此区域须模拟夏季情况完成银化过程，在这个过程中，鲑鱼外观会发生变化，黑色的幼鲑变成银色的身体，呈现黑色的鳍和更瘦的体形。

因具备良好的自然环境，网箱养殖是挪威进行大西洋鲑成鱼培养的主要方式，网箱通常布置在岛屿周围或峡湾中，这些区域水质良好且可提高躲避自然灾害的能力。挪威具备强大的网箱研发能力，近年来使用的 Midgard 海洋养殖网箱具备先进的设计理念和极高的可靠性，在挪威北部、冰岛和法罗群岛等地有超过 1000 套系统在使用，在恶劣寒冷的养殖环境及不同的波浪、水流海况下均取得了良好的使用效果。

以位于 Frøya 岛海域的网箱养殖场为例，该养殖场拥有 1 个大型浮式水泥平台和 8 个养殖网箱，大型浮式水泥平台主要用于网箱的日常管理，配置自动投饲机及各种自动监测系统，也用于工作人员的日常工作和生活。养殖网箱直径约 42m，表面积为 1350m²，单个养殖水体近 20000m³，每个网箱里有约 15 万尾鱼苗，每个网箱的空间配比都遵守 2.5% 鱼苗与 97.5% 海水的比例。在大西洋鲑的网箱养殖中，海虱的大量滋生是最大威胁之一，这种小型虱子寄生在鲑鱼身上，严重时会导致鱼死亡或影响肉质。挪威的网箱养殖采用混养"清洁鱼"（圆鳍鱼）的方式进行海虱控制，"清洁鱼"可以直接从大西洋鲑的皮肤中剔除海虱，且不会对寄生虫宿主造成伤害。在养殖网箱中，"清洁鱼"的放养比例占大西洋鲑养殖总量的 5%~10%，大约每 100 尾大西洋鲑配备 1~2 尾"清洁鱼"即可取得良好的控制海虱的效果。

在大西洋鲑的养殖方面，无论是陆基循环水养殖模式还是海水网箱养殖模式，挪威均走在世界前列，在挪威各种类型的大西洋鲑养殖场及加工厂中，随处可见配套完善的机械设备，如图 11-3 所示。从大西洋鲑的孵化装置、养成配套装置、水质自动监测装置、自动投饲装置、曝气增氧装置,到起捕装置、分级装置,再到加工装置、包装装置,几乎全部采用自动化机械设备,极少有工作人员直接参与生产,更多的时候人工只是作为辅助,机械化程度极高,大大提高了整体工作效率,也极大地刺激了挪威相关渔业企业的研发热情,形成了全国范围内的良性竞争,为挪威渔业尤其是大西洋鲑养殖业的持续稳定发展奠定了坚实的基础。

图 11-3　大西洋鲑处理的机械设备

挪威水产行业的发展无论在欧洲还是世界范围内都处于领先地位,是整个国家主要的经济支柱之一,挪威作为世界上数字化程度最高的国家之一,众多公司争先开发智能装备、传感器、摄像机、水下机器人等,自主研发速度快且知识成果转化及时。这也是挪威不需要大量进口设备,减少生产成本的主要原因之一。无论是信息技术手段的开发和利用,还是国家层面的政策支持和调控,都值得我国借鉴。挪威水产行业创造的巨大价值绝不仅仅是地理优势带来的领先,更是这个国家重视科技进步和研发,充分认识到了新一代信息技术手段为水产养殖行业带来的机遇和挑战。我国应开发自主创新的技术成果,打破"买得来设备,买不来技术"的发展瓶颈;以实际问题为科研基础,开发出真正符合我国水质特点的技术装备,全面布局水产养殖集约化、规模化、装备化、设施化、数字化和自动化等关键技术的研发,全面注重成果转化和创新。

11.5　比利时的生态农场

比利时的主要农作物和农产品有甜菜、小麦、蔬菜、家畜、肉类和奶制品,食品加工业在国民经济中占据主要位置。比利时政府注重发展生态农业,建立生态农场。随着欧盟出台了扶持生态农业的具体政策,比利时出台了促进生态农业发展的各项措施,大力发展生态农场,注重农业产出效益、社会效益和循环效益,比利时从事农业的人口仅2%,农业主要由大型农场实现产销一体化,比利时农业支柱主要是畜牧业,以及肉类和奶制品加工。

比利时政府大力发展生态农场,因为生态农场是家庭农场的一个发展出路。首先,比利时生态农业生产者的收入普遍高于普通农业生产者,而且收入相对稳定，有三个原因：一是生态农场的生产成本低；二是生态农场的产品售价高；三是欧盟和比利时政府对生态农场给予补贴。其次，生态农场有益于环境保护。生态农场的基本原则就是产品来源于自然，重归于自然，维护自然生态平衡，实现可持续发展。最后，生态农场的产品营养丰富。据质量检测报告证实，生态农场的产品营养明显高于普通农业产品，而且没有残留农药及添加剂等污染，有利于消费者健康。为推动发展生态农场，比利时政府采取措施，扶持有利于生态农场的技术研究，并在农民中推广新技术和新经验。政府还加强对生态农场的监督，保证产品质量，并赢得消费者信任。

比利时通过政府、组织和农民三位一体相结合的模式，共同促进生态农场的发展。主要有以下三个举措：

1）自发的社会环保意识引导生态农场发展。比利时生态农场的建设没有政府出台的政策要求和市场化引导，主要是通过不断提高农民注重产品质量和实现可持续发展的意识，政府为他们积极创造条件从事生态农业，发展生态农场。

比利时绝大多数生态农场收入普遍高于普通农场，而且收入相对稳定。一方面，生态农场的循环利用使得生产成本较低。例如，在一个较大的农场中，既种植甜菜又养殖奶牛，农场主可以利用甜菜进行加工转化为饲料，而奶牛排泄物制成农家肥施用，节省了大笔化学农药的费用，达到保护环境和降低种养成本的目的。另一方面，生态农场的农业产品售价高。即使"生态农业"标签的产品价格均明显高于普通农产品，生态农场的农业产品仍有其固定的消费群，并不受国际市场价格影响。

2）科研机构、农业协会的技术服务推进生态农场的发展。比利时农业科研机构注重生态农业进步方面的研究，同时肩负着农业科研推广工作。研究机构、院校和种植业者都有着十分紧密的联系，讨论交流如何通过科学和技术进步不断改善种植和饲养方式，发展生态农业，并在实践中推广，给予农民种植技术指导。

为促进技术推广，农业研究机构还帮助农场通过土地种植规划获得最大补贴效益和经济效益。农业协会主要帮助生态农业提高市场的知名度，使生态产品得到消费者的认可。为培养和建立生态农业市场，除农业协会成员每年缴纳会费，政府也为农业协会的日常运转提供一定数量的经费，鼓励农民自发联合，积极开拓市场。

3）政府实施多种补贴政策促进生态农场的发展。比利时生态农业补贴政策支持来源于欧盟、比利时联邦农业部、地区级农业部和省级农业部门。根据欧盟和比利时制定的鼓励生态农业政策，从事生态农业的农民每年可以根据耕地面积和饲养占地面积领取一定数量的生态农业补贴，部分弥补由于放弃使用化肥、农药及添加饲料等造成产量降低的损失。欧盟签订《罗马条约》后，为保护环境，政府鼓励农民减少生产，开始对农民实施各类补贴，而这些补贴基本能占到农民年收入的50%左右。例如，政府规定每公顷草地饲养奶牛数不得超过2头，饲养肉猪不得超过14头，饲养蛋鸡不得超过230只，饲养肉鸡不得超过580只等，以保证动物的健康及动物制品的质量。农场主冬天在土地上每种植1公顷草地就可得到100欧元的补贴，以防止土地风化和亚硝酸沉积土地而破坏土壤。农场主在农作物和森林保护区之间种植草地可得到900欧元补贴，承包野外小池塘还可得到50欧元补贴等。可见，欧盟政府对环境保护的用心和决心。

第 12 章

资源紧缺型国家农场

资源紧缺型国家主要是指农业自然资源较为匮乏的国家，特点包括人均土地资源短缺、水资源短缺、气候恶劣而不利于农业生产、生物资源较少等。世界上较为典型的资源紧缺型国家有以色列、日本、韩国等。我国农业耕地种类多样，区域发展不均衡，西北地区面临着耕地面积有限和水资源不足的难题。这与以色列、日本和韩国等资源紧缺型国家的农业发展情况相似。由此，我国可以借鉴这些国家的现代农业理念和技术，进行智慧化生产经营，提高农业现代化水平。

12.1 资源紧缺型国家的农场特征

（1）小规模、高效率的现代化农业　日本、韩国、以色列等国人多地少，农业资源极度匮乏，土地高度紧张，农户的经营面积较小。家庭农场以生物技术和小型机械化精耕细作为主，强调有机农业和绿色农业。日本农户户均耕地经营面积1.57hm^2，绝大多数农户仍属于2hm^{2}以下的小农户范畴。不过，日本现代化精细农业不仅大大降低了劳动强度、缩短了劳动时间，还使得其农业生产的单位人效达到了最大化，不到200万的农业人口养活了近1.27亿的人口，平均一个农业人口可以养活60个人。韩国控制土地出售和转让的规定严格，最大农场规模不得超过 3hm², 主要农业地域类型是季风水田农业, 主要是小农经营, 单产较高。

(2) 高度机械化和信息化　日本的家庭农场已经实现了高度机械化、信息化和品牌化, 成为全球家庭农场经济发展的典型。在农田宜机化改造的基础上, 重点开发了适宜山地丘陵作业的小型农机, 农业机械的智能化水平处于世界领先地位, 载有 ICT、AI 等技术的农业机械设备运用于农业生产经营已经成为大趋势。日本已基本实现农业生产全过程的机械化和农机现代化, 水稻栽插和收获的机械化普及率分别达到 98% 和 99%。以色列采用了先进的节水技术和灌溉系统, 如滴灌和微喷灌, 确保水资源的充分利用和最小浪费。以色列田间地头到处都采用了滴灌、微喷灌等灌溉技术, 农业用水量远低于世界平均水平。

(3) 创新和技术驱动　以色列在农业技术上处于领先地位, 发展了精准农业和设施农业, 主要种植耗水少、附加值高的园艺作物。此外, 以色列还拥有先进的种子、育苗、栽培、灌溉、施肥等环节的技术。韩国通过科技创新和精细化管理, 实现了农业的高效和高价值。网络、大数据、智能化装备要求农业生产者具备学习能力和理解能力, 以便快速掌握新技能。数字技术在日本农业中已经实现了深度使用, 推动了日本"第六产业"发展, 即农村一二三产业融合发展, 延长产业链与价值链, 推动产业体系现代化, 这种精致农业发展模式使日本农业更注重品牌发展, 农户能充分聚焦特色农作物, 开发食品加工和旅游等产业, 实现绿色循环发展。

12.2　以色列的节水农场

以色列位于亚洲西部, 地处沙漠地区边缘, 全国 67% 的国土都属于沙漠地区, 降水稀少, 水资源严重匮乏, 务农人口短缺, 农业生产的自然条件较差。以色列的水域面积仅占以色列总面积的 2.1%, 人均水资源降水量仅为 270m³, 只占世界人均水资源占有量 (8800m³) 的 3%, 被列为全球人均水资源最贫乏的国家之一。以色列的耕地面积约 35.1 万 hm², 农业人口 17.2 万人, 人均 30 多亩地, 但务农人口不足其总人口的 5%, 农业经济资源较为紧缺。这样水资源极度紧缺、务农人口不足的国情促使以色列形成了其以滴灌设计、水肥一体化、废水循环闻名, 以高效率、数字化、低用水量为特色的节水农场, 这种颇具特色的节水农业不仅保证了农产品的质量和产量, 还提高了农业生产全过程的机械化、集约化、规模化程度。滴灌技术提高了节水效率,能够节水30%~50%,并且精准地将水分送到植物根部,避免了过度灌溉和水的浪费。

以色列的"节水农场"是指根据气候、土壤、地形、水源和植物生长特点设计的节水灌溉系统,主要采用局部滴灌技术。这种农场通过高效的灌溉技术,如滴灌和微灌,将水直接输送到作物根部,从而减少水分蒸发和流失,提高水资源的利用率。以色列的滴灌技术已经取得了数百项专利,并且在全球范围内广泛应用,其水资源利用率可达95%以上。以色列的节水农业不仅依赖于先进的灌溉技术,还结合了物联网和精准农业技术,通过实时监测土壤湿度和作物需水量来优化灌溉计划。此外,以色列还利用再生水和地下微咸水作为主要水源,进一步提高了水资源的利用率。

具体应用:在蔬菜种植区域,水肥浇灌可以由智能化设备来自动控制,水量控制、水肥和农药的配置比例均由终端自动控制系统负责;在粮食种植区域,从犁地到收割一体化工作都可以通过配备在拖拉机上的计算机和自动装置完成,以此达到降低燃料消耗,提高操作速度的目的。

图12-1所示为典型滴灌系统示意图。总的来说,节水灌溉的滴灌技术主要有低流量、水肥一体化、压力补偿等特点。以Netafim公司为例,该公司的滴灌技术能够实现精确到约0.45L/h的流量控制,这样能够大大提高水资源的利用率;同时采用智能可控的水肥一体化技术,可以有效控制化肥施用量,提高产量,减少污染,并节省人工成本;压力补偿技术则使得即便是在地面不平整且

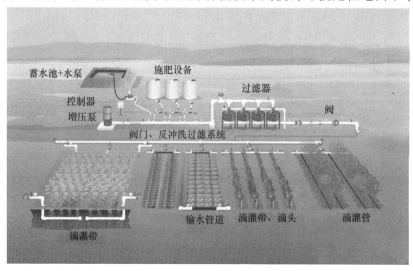

图12-1 典型滴灌系统示意图

垄长较长的地块，也可确保灌管内的水压和水肥滴出量均匀一致，同时也可以节省铺设田间的材料用量，降低单位面积成本。目前，以色列80%的农场都在使用适合其农场环境及发展的节水灌溉系统。

当然，节水农场的效益是惊人的。使用这种根据作物种类及土壤类型设置的节水灌溉系统，不仅能使得田间用水效率显著提高，还能使作物单位面积产量大大提高，增产达到 $2.32kg/m^3$。数据表明，在大范围推广运用管道滴灌技术后，以色列的农业用水总量一直保持在稳定的13亿 m^3，但农业产出却翻了5番。与此同时，全国灌溉面积从16.5亿 m^3 增加到22亿~25亿 m^3，耕地从16.5亿 m^3 增加到44亿 m^3。而在将水肥一体化技术运用到农作物栽培方面后，更是极大地提高了水肥利用率，水的利用率可以提高40%~60%，肥料利用率可以提高30%~50%。

以下对典型的以色列伊旦节水农场进行介绍。

以色列阿瓦拉的伊旦节水农场主要依靠种植枣树维持生计和盈利，这片农庄建立于1980年，农场主叫穆迪·阿尔能。整个农场共计3000多棵椰枣树，每年都会生产大量甘甜的椰枣，主要出口至欧洲、俄罗斯和印度。在伊旦农场，一亩地可以种植大约12棵椰枣树，而一棵椰枣树平均每年产250kg椰枣，按照市场上34.2元/kg的平均售价粗略计算下来，一棵椰枣树一年能给农场主带来8550元收入，一亩地就能收入10.26万元，整个农场统计盈利2565万元。由于灌溉用水和化肥都是滴灌技术控制的，因此，农场主称每年的种植成本他都能精确控制，丝毫没有浪费。在技术的保障下，农场主和其他村中农民每年的纯收入都在10万元左右。农场主表示，未来他们将改造村子另一边的沙漠，新开发的土地还可以再种上300多棵椰枣树，4~6年后那些土地就可以顺利盈利了，如果椰枣价格不出现大幅波动，届时，他与其他村民的收入至少还会增加近24万元。

其实在伊旦节水农场建立之初，由于气候恶劣，这里只有无尽的沙漠，土地高度盐碱化，荒凉贫瘠，夏季气温高达40℃以上，全年降水量只有25mm，几千年来从没有过农业种植的记录，被地质学家认为是自然环境最恶劣的地方之一。但后来，农场主尝试引入了滴灌技术、水肥一体化技术及土壤改造技术，才使得这片沙漠种出了庄稼，并有了不菲的效益。他们首先在盐碱地铺上一层适合植物生长的厚厚土壤，在把椰枣树种下去后，科技人员在此放置滴灌设施以解决农业灌溉用水的问题。每一棵椰枣树下，都能看到滴灌灌溉口，细细的滴头不间断地浇灌椰枣树，水直接灌溉椰枣树的树根，没有一滴浪费。椰枣树需要的肥料也是通过滴灌设备直接滴灌在树的根部，做到了精准施肥。农场主称如果没有土壤改造和滴灌技术，阿瓦拉这片沙漠是无论如何也种不出庄稼的。以色列90%以上的农田、100%的果园、绿化区和蔬菜种植区均采用滴灌技术进行灌溉，整个国家的节水灌溉率达到90%以上，水资源利用率达到98%，位居世界首位。滴灌技术不仅能够帮助节水，而且在发展高效农业方面发挥了较为重要的作用。

这种先进滴灌技术的具体方法是在农田内铺设塑料管线，把灌溉用水输送到农作物根部，通过调节水压使水从管线中的小出水孔一滴一滴地流出，持续缓慢地为作物供水，如图12-2所示。与常规灌溉技术相比，滴灌技术可将水直接输送到作物根系，降低了水分蒸发和渗透，提高了水分利用率；同时，滴灌技术还可以溶解肥料，有利于作物对肥料的吸收，也节省了肥料的使用，抑制了植株间杂草的生长；滴灌工作可使用计算机进行控制，减轻了农民的田间管理工作。

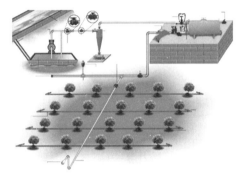

图12-2　节水灌溉系统示意图

滴灌技术可以使用微咸水进行灌溉，一方面由于微咸水不直接接触植物叶片，避免了叶片灼伤；另一方面，在盐碱地使用微咸水灌溉，能够冲淡作物根部的盐度，避免盐分积累。因此，以色列的这种滴灌技术既能节约农业水资源，又能提高农业产出率。

同时，在灌溉的过程中，水和肥料是一起施放的，这就是水肥一体化技术，如图12-3所示。以色列的农业灌溉90%以上使用水肥一体化技术。以色列在20世纪60年代就在全国范围内建成了用于灌溉施肥的输水系统，到了20世纪80年代，其国内灌溉系统已经实现了自动化、机械化，且存在多种施肥模式。水肥一体化技术是灌溉、施肥等技术的融合，把肥料溶入灌溉水中，注入输水管道，使肥料随水分精准、均匀地注入作物根部，根据作物不同生长周期需水需肥的特点适时、适量地进行供给，确保作物高效、快速地吸收养分和水分，实现了水肥同步管理和高效利用，具有节水、节肥、省工的显著效果。水肥一体化技术因其节水、节肥的优点和对环境保护的积极作用,在全球多个地区广泛普及。由于我国长期采用粗放式的传统施肥灌溉模式,造成了土壤板结酸化、养分比例失调、有机质含量减少、肥力降低,对作物质量和产量都造成了不同程度的影响。如果采用水肥一体化技术,就可以改变传统农业管理模式、发展绿色农业。水肥一体化技术广泛应用于温室大棚,使用水肥一体化技术可增产增收、提高水肥利用率、改善农田生态环境,是促进我国农业发展的积极措施。

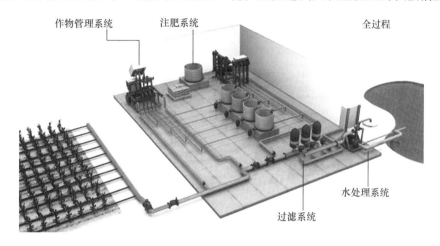

图 12-3　水肥一体化系统示意图

12.3　日本的智慧农场

日本是个岛国,国土面积狭小,耕地总量少,土地瘠薄细碎且极其分散,农业劳动力短缺且老龄化严重,粮食自给率水平较低,农业经济资源较为匮乏,是典型的农产品进口国。日本的农业劳动力较为短缺且老龄化非常严重,务农人数仅占总人口的3%,其中一半都是65岁以上高龄的老农民,39岁以下的年轻人不足7%。同时,2018年,日本农业用地总面积达4.47万 km^2,占国土总面积的11.83%。可耕地面积达4.14万 km^2,占比仅为10.95%。山地和丘陵则占据了可耕地总面积的80%,地形不利于农业耕作。然而,日本正是围绕这一特殊国情,开发出了各种实用性强、智能化程度高的农业机械,开展了一种独特的小规模精细化模式,形成了以微耕技术、精致农业为特色的精细农场。

日本的精细农业,也被称为精致农业或精密农业,是一种高度精细化和生态化的农业生产模式。这种模式强调通过细致的管理和先进的技术手段,生产出高品质、高附加值的农产品。这种农场强调精心包装、优质品种、细致管理及先进的生产管理模式，强调"大而专"，而非"大而全"。在这里，所有出品的农产品都是精心整理包装的，无泥无枯叶，而且包装箱上都印有产品名称、产地、生产者姓名等。无论种植何种作物都十分精细，一些地区实行无土栽培、温室大棚种植的草莓、番茄，其培育管理比花圃、苗圃还要精细，如同花卉盆景展示园一般。

精细农场拥有一整套相当成熟的种植规范，只要按照严格的流程进行种植，即使是毫无种植基础的小农户，也能种出高品质的农产品。这种精细化的生态种植，形成了其精致农业的特色与招牌，不仅重视质量品质，同时也节省了大量的人力物力，非常适合日本以小型家庭农场为主的种植模式。例如，在日本，一般农户全家只有 2~3 个劳动力，但是拥有 50~70 亩土地，多的甚至达到 200 多亩。每个农户拥有所需的农机具，如收割机、喷药施肥机，以及土地起垄机、产品清洗包装机等，这些农业机械设备并不大，山地和丘陵都非常适用，而且作业灵活、使用便利。在精细农场中种植蔬菜时，从育苗、移栽到最后收获，一个人用一台微型机械就能完成，非常高效。

以下是日本大地之滴牧场现代化发展的具体介绍。

大地之滴牧场位于日本北海道别海町，这个牧场拥有大概 600 头牛，在安装挤奶机器人之前，大约有 250 头泌乳牛，平均挤奶 200 头，年产牛奶 2500t。在安装挤奶机器人后，牛奶产量翻了一倍，同时挤奶的时间大量减少，农户可以将精力花在别的地方，从而完成之前无法完成的一些任务，在犊牛出生前后进行更多的饲养和管理工作。如今通过机器人给 330 头奶牛挤奶只需要 3 个工人，机器人牛舍中的常规工作只需要 2~2.5h 就能做完，且牛奶总产量较之前翻了一倍，牛奶应激水平也有所下降。安装挤奶机器人后，每天每头牛的产量大约为 37kg，日总产量在 13t 左右，年产量达 5000t。

该牧场主要使用的挤奶机器人是 Lely-Astronaut，即莱力"宇航"系列。此机器人拥有世界上最先进的追踪记录系统，考虑到了奶牛运动和使用时的很多实际问题，如奶牛如何进入机器人工作区，如何穿过机器人并出去等，并给出了切实可用的解决措施，便于牧场使用。例如，机器人会在相应区域释放精料，奶牛嗅到气味后进入机器人工作区，然后利用机械臂自动完成前期清洁和刺激、挤奶及后药浴流程。奶牛在挤奶完成后自行离开机器人，避免了人为驱赶、影响奶牛所造成的应激现象。

由于奶牛是一头接一头的进入机器人工作区，因此机器人在每次挤奶时对奶牛挤奶的数据，以及采食等各项数据进行独立精确地采集。整个系统能够准确监控的指标如下：奶牛体重、奶牛在机器人中的补充饲喂量、奶牛采食/反刍时间、预期奶牛本次挤奶量、4个乳区挤奶时间和实际奶量、每头奶牛日产量、每头奶牛每日挤奶次数、牛奶每天的总产量、4个乳区的电导率、奶流速、牛奶颜色（判断血乳、乳腺炎等）、牛奶温度、因故（质量问题、初乳等原因）所有分离奶的数据、平均出奶速度、最大出奶速度及奶牛活动量。

牧场的工作人员根据系统中精准采集的数据，可以获取奶牛的健康状态等较难获取的数据，这些数据都可以在系统中被高亮标记，有助于减少人力、提高牧场的效率及产量。通过机械臂中的 MQC2 传感器精确检测牛奶的乳脂肪和乳蛋白，以及奶流量、颜色和电导率，从而提前预判奶牛是否有临床或非临床乳腺炎的症状。与机器人配套使用的项圈可以收集采食等各项数据，可对奶牛发情时间、配种时间、妊检时间等繁殖管理做出指导，并对奶牛早期流产及屡配不孕等繁殖疾病进行监测。机器人底部还配有称重板监控奶牛的体重。配合牛奶数据和项圈数据，根据奶牛体重、活动量、采食/反刍时间和产奶量数据采集，可及早预测奶牛疾病，包括乳腺炎、产后代谢病、消化道疾病和繁殖障碍等疾病，并做出相应防治措施。

牧场中还建立了一整套农场管理系统——T4C 管理系统，如图 12-4 所示。此系统主要有奶牛档案管理、机器人行为分群设置、大数据分析评估及报警、数据报告迁移和导出等功能。通过每头奶牛上的项圈，该系统会给每一头奶牛生成档案，持续追踪其生产状态、产量、发情、配种和健康情况等，为牛场的管理决策提供数据参

图 12-4　T4C 管理系统

考；同时，用户可以根据实际需求将奶牛分为不同的群组，设置机器人针对不同群组采取不同的策略，如药浴、上杯挤奶和精料补充饲喂等，做到牧场精细化管理。该系统每隔 24h 都会自动统计所有奶牛的各项数据并汇总生产报表及曲线，使用不同的颜色来进行评分、预警，使得工作人员轻松获知目前农场中存在的隐患及当前数据。

以大地之滴牧场为代表的智慧农场生产率高、自动化程度高，不仅提高了农业生产率，节省了劳动力成本，而且为精细化农业提供了一个发展先例。究其原因，主要是其将多项现代技术融合至农业生产活动中，并通过这些先进技术实现了节约劳动力和高品质生产的目标。

12.4　韩国的地铁农场

韩国山地面积占国土面积的 70%、多山少地、人口稠密、矿产资源贫瘠，同时三面环海，水产资源丰富。这里一年四季气候变化分明，中部地区年平均降雨量为 1300mm，南部地区为 1500mm，适合种植水稻。韩国统计厅《2023 年农林渔业调查》结果显示，农业人口数量为 208.9 万人，约占总人口的 4.2%，同比减少 3.7%，韩国农户数量为 99.9 万户，同比减少 2.3%，耕地面积为 152.8 万 hm^2，是世界人均耕地面积最少的国家之一，农业产值（含渔业和林业）占国内生产总值的 1.8%。随着城市化和工业化的发展，韩国的耕地面积持续减少，粮食自给率也在下降。韩国农业以小规模家庭农场为主，农地分散且面积较小。由于韩国农业人口逐年减少、韩国耕地越来越多地被城市和工业用地占用，因此提高农业空间利用率、自动化程度高的智能农场成了近年来韩国农业发展的趋势。

首尔的上道地铁站是韩国首个以可持续发展为目标建成的城市地下垂直农场，占地面积约 $400m^2$，分为种植区域和其他区域，种植区域包括玻璃围墙围合的垂直农场、集装箱式智能农场，其他区域包括儿童教育设施和部分特色外售店，如图 12-5 所示。

图 12-5　韩国地铁农场

该地铁农场以蔬菜种植为主,共种植了 30 余种蔬菜,包括生菜、罗勒和食用花卉。在种植过程中,地铁农场利用无土技术和 LED 技术,为蔬菜生长提供必要的环境条件,即使用含有藻类、水和营养物质的营养液代替土壤为植物生长提供营养,用 LED 灯代替太阳为植物提供光合作用的光线。此外,集装箱式智能农场中还使用了大量的信息感知设备,用于监测农产品的生长状况、二氧化碳浓度及温湿度等信息。

该地铁农场还设置了严格的消毒程序,以避免作物生长受到细菌等微生物的影响。当农场工作人员进入垂直农场时,需要在消毒室内进行严格的消毒程序,以保证作物生长环境的无菌性,进而完全杜绝了除草剂和杀虫剂等用品的使用。农场内还配置了水耕栽培盘和自动化技术网络,能够严格控制地下生态系统的温度、湿度及二氧化碳平衡,极大地减少了农场工作人员的劳动强度和工作范围。

地铁农场内综合应用了无土栽培技术、LED 技术、自动化技术,还设置了严格的无菌消毒程序,使得无菌环境中生长的作物每天可以产出 30~40kg 的蔬菜,效率相较传统农业高出了 40 倍。

这种城市智能农场是有效利用闲置空间并开展城市活动的一种方式,它可以使用信息和通信技术控制农场环境,因此农场工作人员可以很容易地借助自动设备调整农场内种植的外来蔬菜品种的生长环境,农场控制系统管理温度、湿度、酸度,并为作物提供光照、氮磷等微量元素。此外,农场部分区域还可以让游客参观,人们呼出的二氧化碳也会被植物光合作用利用,而人们可以吸入植物产生的氧气。

在地铁农场中,整个种植和作物加工处理过程都由机器人全程管理,蔬果成熟后会被直接运送至隔壁的一家咖啡厅,这家咖啡厅将会用这些蔬菜来制作沙拉和果汁。据悉,每天有多达 1000 名客人购买地铁农场中蔬菜制成的食品,蔬菜汁、果汁的价格分别为 5900 韩元(约 29 元人民币)和 3000 韩元(约 15 元人民币)。咖啡厅旁还给儿童提供了一个学习农业知识的空间,让儿童接受农业实践教育。

除了上道站,Samana 站中也开设了地铁农场,并且韩国目前计划将在其他三个大地铁站陆续开设此类智慧农场。智慧农场的推广使得人们能够以较低的价格享用农作物,在提高人们生活质量的同时也促进了智慧农场的发展。

第4篇　应用篇

第 13 章

未来大田农场

13.1 概述

13.1.1 未来大田农场的定义

未来大田农场是指在大数据、物联网、人工智能等高新技术的支撑下，实现大田业务的自主作业、农业市场信息与农场生产信息的实时传递，形成高度数字化、无人化生产作业，社会化、专业化的农场组织经营，标准化、绿色化的农业生产加工，逐步打造农产品的价值化和品牌化，最终形成集约化和一体化的农场。

未来大田农场在农田的管理上，不仅可以实现数字化、无人化的生产作业，如大规模耕、种、收、水肥等大田的无人作业，更能衍生出一系列社会化和专业化的农场服务，在注重作业标准化的同时，坚持绿色发展，结合农业市场、农业管理现状，实现与大田农场信息的透明化、无障碍交流，相互协作。经营者仅需输入问题及要求，系统便可以自动生成最佳生产管理方案（如品种选择、精确管理分区图、农事操作时间）。管理方案涉及产前、产中、产后全过程，根据土壤、气象、病虫害等数据进行动态调整，从而实现未来大田农场运营。

13.1.2　未来大田农场的组成与功能

未来大田农场主要有农场主、硬件设备和软件系统的集成。这三大组成部分在未来大田农场中各司其职、缺一不可，通过三大组成部分的相互协同作业，实现对未来大田农场的智能管理。三大组成部分在未来大田农场作业过程中承担了不同的作用和功能。

农场主是未来大田农场的拥有者和管理者，负责对农场与农业市场经济的整体宏观调控。在面对未来大田农场时要求农场主具有经营未来大田农场的能力，这就需要农场主了解未来大田农场的生产、加工、销售等一系列的农场工作机制，掌握未来大田农场生产的必备技术。因此，未来大田农场主是一个懂管理、会经营、有技术的职业。

硬件设备是未来大田农场一切农场作业的基础，主要包括了大田基础设施系统、生产作业装备系统、加工销售装备系统。大田基础设施系统，包括了大田农场中的车道（主干道、田间支路）、电力设施（电线桩、输配线路、充电桩等）、水利设施（堤坝、沟渠、机井等）、车库（充电、加油、停放）、粮仓（通风、除湿装备）、料仓、仓库（农业器具、杂物）等基础设施；生产作业装备系统，包括了大田布置的检测装置和作业装备，在大田安装各种传感器载体、气象站、灌溉设施、视频监控、防虫装置等可以为农业生产提供保障，此外作业装备主要是用于大田生产作业的无人耕整机械、无人播种机、无人植保机、测产无人机、无人收获机、运输机等装备，辅以云平台系统，实现未来大田农场的生产作业。加工销售装备系统是一种集成了加工和销售功能的管理系统，旨在提高企业的生产率和销售管理水平。这种系统通常包括以下模块：①客户管理模块，用于管理和维护客户信息，包括客户的基本资料、交易记录、需求和反馈等；②销售管理模块，涉及销售计划的制定、销售订单的处理、销售业绩的统计等方面，通过自动化销售流程，减少错误，提高销售团队的效率；③采购管理模块，用于供应商管理、采购订单的处理、库存管理和物流跟踪等方面，通过与供应商建立长期合作关系，保证原材料供应的稳定性和质量；④财务管理模块，用于财务管理和成本控制，包括财务报表的编制、财务数据的分析和预测等，通过自动化的财务处理和数据分析，提高财务工作的准确性和效率；⑤库存管理模块，用于库存物品的跟踪和管理，包括库存盘点、物品进销存等，通过实时监控库存情况，及时调整进货和销售策略，避免库存积压和缺货现象的发生；⑥加工管理模块，用于生产计划和生产进度的管理，包括生产计划的制定、生产进度的跟踪和调整等，通过优化生产流程和计划排产，提高生产率和质量，降低生产成本。

软件系统是无人大田农场的眼睛和大脑，包括测控软件、云管控软件、市场监控软件。测控软件则是利用测控装备监控大田农场的作物生长情况、环境信息等大田生产中常见的问题；市场监控软件则是及时分析收集到的农业市场数据，实现市场透明化，减少中间流通，降低成本，避免市场的通货膨胀，实现市场需求与大田农场种植作物相契合，由云管控软件统一管理，根据市场需求及时对种植作物进行调整，并依据测控软件所监测到的大田作物、环境信息，实现对大田农场的精准管理。

13.1.3 未来大田农场的类型

未来大田农场以生产型大田农场、水田农场为主，此外还有其他特色型农场，如特色梯田农场、休闲型家庭农场、特色产品型农场等。普通生产型大田农场即满足国家、人民生活生产需求的大田农场，主要种植作物为小麦、水稻、玉米、大豆作物。特色梯田农场则是依据丘陵地势构筑梯田，着重于旅游业的发展；休闲型家庭农场则是在城市周边，提供观赏、采摘、餐饮、住宿等服务的农场；特色产品型农场则是依据特色的种养方向，种植一些精品的农产品。

13.2 未来大田农场生产的数字化与无人化

未来大田农场生产的数字化和无人化主要包括了生产过程的数字化和无人化、销售过程的数字化与无人化及溯源的数字化和无人化。未来大田农场的无人化生产管理，可以使大田环境信息、农作物生长信息、市场需求信息等相关信息相互融合、互联互通，保证了农业市场与大田农场及时调整，实现大田农场数字化管理和无人化自主智能决策，从而实现未来大田农场的万物互联。

（1）生产过程的数字化与无人化　生产过程的数字化与无人化包括耕整系统、播种系统、水肥系统、植保系统、仓储系统、收获系统的数字化与无人化。

1）耕整系统包括无人拖拉机、深松机械、激光打浆平地机及其他特殊机械，实现土地灭茬、深耕、耙整地等自主作业。根据作业目的和土壤质地采用不同的耕整机构，调整深松深度、碎土大小、土层翻耕等作业，有效保护和改善大田土地平整情况,为大田作物生长提供良好的土壤环境。

2)播种系统包括无人动力机械、播种系统、漏播检测系统、补播系统等组成,实现无人化自主播种,根据不同作业需求调整播种方案,如播种间距、生长深度、种子数量等。确保播种的质量和效率,为作物生长提供良好环境。

3)水肥系统由旱田的移动式灌溉机和固定式灌溉机,以及水田的无人施肥机和同步侧深施肥机组成。该系统可通过农田感知(见图13-1)实现定量、定时、精准施肥,对大田作物施加水肥,无人化、数字化的精准施肥可以有效减少化肥的流失,将化肥对环境的影响降到最低,有效降低农业成本,提高化肥利用率和作物产量。

图13-1 农田感知

4)植保系统包括除草装备(机械除草、火焰除草、电击除草、激光除草)和喷雾装备(病虫害识别系统和控制系统),结合图像处理系统、定位系统,实现对杂草、疾病的精准定位和专业分析,实现自主除草和除虫,喷雾装备可以依据杂草、害虫的种类和数量精准喷洒农药,有效提高农药利用率,实现自主、高效、精准的农药喷洒工作。

5)仓储系统包括粮食仓库、作物种子肥料仓库、农机具、报警系统、粮情检测系统、环境信息系统等,保障了未来大田农场对生产资料的需求,粮情检测系统可以自动获取粮情数据(控温效果、储粮稳定性),保障粮食的储存环境。

6)收获系统包括无人驾驶收获机和无人驾驶运粮车,可实现未来大田农场测产、收获、搬运、存储、产后预测等作业,根据大田实际情况进行选择性收获、智能规划回仓路线,完成粮食的运送作业,实现从出车、收获到存储的无人化作业。

(2)销售过程的数字化与无人化 销售过程的数字化与无人化可实现自主打包销售、市场透明化。

1)自主打包销售可以实现产品的去中间化,缩短流通环节带来的农产品损耗,降低物品流通所带来的成本,建立直供体系,直接对收获的农产品进行打包销售,更有利于农产品品牌的塑造。

2)市场透明化包括农产品生产过程的透明化和农业市场的透明化。农产品的耕种收播等信息均是透明化的,消费者可以依据个人需求购买农产品。此外,农场主可以实时获取全球农作物生产状况的信息,以及这些信息与市场、农场层面的反馈;可以实时查看当时市场的可视化图像,并依此对农场的生产情况进行调整。市场透明化可以有效规避市场生产过剩和供不应求的风险,实现产业和消费者信息共享、资源共用、互惠互利的动态平衡。

(3)溯源的数字化与无人化　溯源的数字化与无人化包括农产品的选种与播种、浇水施肥、生长环境、防虫防害、采摘质检、装箱发货、销售等多个环节。图13-2所示为农产品质量追溯实现流程。

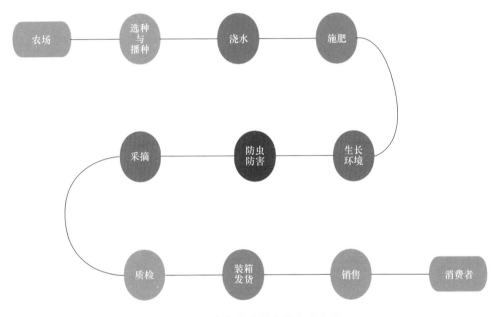

图13-2　农产品质量追溯实现流程

1)生产主要是指生产环节所种农作物的信息、生产管理信息、农业投入（化肥、农药等),生成对应的射频识别(RFID)数据标签。

2)储运包括农作物的存储信息,如物流企业信息、运输信息、采集管理等信息。

3)销售包括分销商的企业信息、交易信息、农产品的存储信息等。

4)加工主要是指加工者的资质信息、检测项目、投入品信息、包装信息等。

13.3　未来大田农场生产的社会化与专业化

未来大田农场生产的社会化与专业化主要体现在大田农场的产前、产中和产后环节。

（1）产前环节　产前环节的社会化和专业化，主要体现在农资专门供应（种子、农药、化肥）、农机车辆等产前服务。依靠物联网、卫星遥感设备来获取大田的作物、环境信息，更好地进行品种选育、分装、种子库、农药、化肥等大田农资，各司其职，各个生产过程都趋于专业化，由专门的公司进行品种选育工作，衍生出一系列社会化的附加公司，为未来大田农场服务。

（2）产中环节　产中环节的社会化和专业化，主要体现在种植过程衍生的产业，如无人机植保、水肥施加、精准喷药、农作物产量预测等一系列专门从事产中植保的专业化公司。在产中环节，企业通过大数据对农田及农作物的植保时间、次数，水肥的施加类型、灌溉次数、肥料类型等作业内容进行分析决策，有效实现农作物生产过程的透明化，实现农业生产与社会服务的实时反馈，实现农业生产的专业化。

（3）产后环节　产后环节的社会化和专业化，主要体现在农产品的加工流通、生鲜电商、直供式营销等。结合大数据、人工智能等高新技术，实现农产品市场和农场信息的共享。农产品的每个流通环节都通过二维码来实现农产品市场的数据共建，通过溯源技术、区块链技术来保障这些商品数据的唯一性和安全性。消费者在扫码后得到更多有关农产品施肥、灌溉、质检、包装、运输等信息，企业也可以通过这些数据为农产品的生命周期提供决策支撑。通过大数据和人工智能技术对农产品市场做出价格预测、分析、预警，为市场和农户提供准确信息，实现农产品市场的智慧监管。

13.4　未来大田农场生产的标准化与绿色化

未来大田农场是农业的根本，经济作物、粮食作物从生产到产品加工实施要实现标准化与绿色化，主要包括农业生产环境标准化与绿色化、农业生产全过程标准化与绿色化、农产品质量标准化与绿色化。

（1）农业生产环境标准化与绿色化　注重农业生产环境绿色化，保证农场基础设施整体的标准化，围绕农业基本环境建设中各类工程的勘察、规划、设计、施工、安装、验收，以及农业工程构件等方面需要协调统一的事项制订标准。鉴于有机农业在环保、健康及可持续发展上的重要性，未来农场应按照农业环保法规的有关规定实行绿色发展，农业生产中减少化学肥料及药品的使用，倡导利用生物制剂、生物农药、生物肥料等技术材料代替传统农场中污染危害大、残留严重的化学肥料、农药，国家鼓励科研机构、企业大力发展生物防治技术，促进未来农场向精准、绿色、可持续农业方向发展，为社会提供更加丰富的无污染、安全、优质的绿色健康食品。

（2）农业生产全过程标准化与绿色化　标准须贯穿生产、加工、流通全过程，将农业生产的各环节都纳入相关食品安全检查和质量保证标准管理，即基于种子选育、育苗培土、肥料使用、农药施用和农产品加工过程中车间的卫生条件、加工设备的状况、包装材料、储运时间、温度及储存时长等因素，针对农产品中的农药残留及其他重金属等有害物质残留量许可值制定严格标准。

（3）农产品质量标准化与绿色化　农产品生产全过程标准化主要侧重于产前、产中的标准化管理，而农产品质量标准化则更关注产后标准，对农产品生产全过程的各个环节及相关管理事宜制定统一规范，如农产品质量监督检验办法、质量标准的分级管理办法等。发达国家均已制定农产品质量标准，并实施相应严格的管控措施。例如，在推行《动植物卫生检疫措施协议》等有关农产品质量国际标准的基础上，欧美等国政府还依据本国实践，颁布各自农产品质量标准化的法规和政策，如欧盟统一标准（HACCP）、国家标准（BRC）和美国的农产品生产加工操作规程等，确保农产品的加工生产符合安全与质量标准规范。未来农场将构建一套完备的绿色质量标准体系，同时有可靠的执法监督体系作为支撑，不断提高农产品质量标准，并力推农产品质量识别标志体系。

13.5　未来大田农场生产和营销的价值化与品牌化

农业及农产品的生产逐渐渐入佳境，但随着农产品的逐渐增多，许多农产品产地都会经常发生农产品的滞销问题。政府的推广和帮助只能够暂时解决这一问题，但农产品销售本质上是市场行为，终究要靠市场的方式来解决产销中出现的各种问题。未来大田农场的生产和营销要追求价值化与品牌化，随着消费需求的不断升级，绿色、有机、无公害农产品的市场需求不断扩大，推动传统农业生产方式向精细化、精品化发展转变，农产品品牌化发展趋势越发明显。对于农场来说，做好农产品的品牌化工作其实就是做好品牌定位的建立，有了品牌的支撑，才能挖掘农产品的价值和市场潜力。

农产品品牌化发展的一个关键环节是渠道发展。

1）建立多元化的销售渠道，包括传统的批发市场、超市、农贸市场及新兴的电商平台等，以覆盖更广泛的消费者群体。

2）渠道的数字化转型，利用互联网技术，如电子商务平台、社交媒体等，实现农产品的线上销售，提高供应链效率。

3）品牌故事的传播，通过渠道传播品牌故事，加深消费者对农产品品牌的认知和情感联结。

4）渠道合作伙伴的选择，与有实力的经销商、零售商建立合作关系，共同推广品牌农产品。

5）渠道管理与优化，对现有渠道进行管理和优化，确保渠道的畅通和效率，减少中间环节的损耗。

农业与电商平台结合的方式逐渐兴起，这是未来农场品牌化发展的重要途径，通过网络平台进行销售已成为农产品销售的新方向。电商平台推动着农业产业链的发展，让农业与互联网有了更多融合，使农场与消费者有了更紧密的交集。它推动了农业产业链的发展和变革，能洞察消费者痛点、注重大众的口碑，打造更贴合消费者心理的优质品牌农产品，站在产品及品质的立场上打动消费者。事实证明，许多农产品滞销的原因并非农产品本身不受欢迎，主要是缺少农产品自身品牌的知名度。未来大田农场应努力培育多元化农产品电子商务市场主体，大力发展农产品电子商务；依托当地农产品电商平台、农产品商城等农产品电子商务平台和企业，加快打造"互联网+"的农业经济新业态、新模式。

未来大田农场的农产品溯源系统可以为消费者提供农产品质量与安全的相关信息，消费者只需要扫描农场提供的二维码，就可有效甄别该产品的生产过程是否安全、绿色，从而有效保障消费者的知情权，增强消费者的信任。通过专业的仪器对农产品赋予唯一的标识作为"身份证"，实现"一物一码"，可对产品的生产、仓储、分销、物流运输、市场稽查、销售终端等各个环节采集数据并追踪，通过"一物一码"技术追溯产品流通过程，一旦产品出现质量问题，可快速、精准召回，减少企业损失。农产品生产的全程溯源一方面增加了消费者对于产品质量的信赖，另一方面在溯源系统中会对农场的环境、生产过程、价值理念进行传播，可以更广泛且有效地打造农产品品牌的价值化。产品溯源二维码的使用可以保护农产品品牌不被冒充，杜绝了农产品质优价不优、以次充好、冒充本农场产品的现象，实现了"源头可溯、去向可查"，解决了消费者维权难、退货难、产品责任追溯难等问题。

未来大田农场生产的价值化与品牌化建设要加强以下几个营销策略的选择。

1）品牌农业的发展：首先在产地就能很好地解决农产品的商品化，包括农产品的采收、加工、包装，实现农产品的产业化发展，标准化生产加工和品牌化。

2）促进农产品的优质：随着国民整体生活水平的提高，消费者越来越重视食品的特色、营养成分，消费的品牌化、优质化成为趋势。优质农产品成了大多数人的追求，这是促进未来农产品品牌化建设的基础。

3）农产品分级、差异化销售：消费者的消费水平存在差异，因此在保证农产品统一高质量的前提下，应当完善农产品分级标准，实现农产品分级销售。这种营销模式使得农场产品既能满足普通消费者的生活必需，又可以满足高消费人群的追求。目前我国对于蔬菜、水果、畜禽产品等都有了一定的分级标准，但是对于大田农产品的分级销售还需要进一步完善，发达国家无论是农产品质量标准的制定还是所采取的措施，都是非常严格的，未来农场应当采用这样的品牌营销、建设策略。

加强农产品区域化品牌建设，利用特定的地方区域优势、特定的区域文脉、特定的自然与社会环境，借助产地名形成"地域+产品名"的形式，促进农产品的品牌建设。挖掘地域特色，以优势、特色农产品为基础，发展区域品牌。例如，五常大米、赣南脐橙、烟台苹果等都是地域与产品名结合并相互促进的典型，这也是未来大田农场建设的必由之路，形成农场特色、区域特色。

13.6 未来大田农场科学技术的集约化

未来大田农场科学技术集约化是提高农业产量和效益的重要途径，既坚持了以农户为主的农业生产经营特性，又扩大了经营规模，解决了家庭经营"低、小、散"问题。发达国家农业经营主体规模大，一般都以家庭农场、农民专业合作社等集约经营方式为主。德国一般家庭农场经营面积为$2\sim100hm^2$，加拿大家庭农场平均经营面积为$300hm^2$。农场技术集约化主要表现在作物良种筛选、育种、良种示范田工程，统一测土配方、统一供种、统一施肥、统一植保和统一收购进行管理，耕种保收。目前，美国的遗传工程、生物技术、计算机科学技术、遥感与遥测研究和自动化技术等高新技术发展迅速，并且与应用技术紧密结合，及时转化到农业生产领域，对农业增收起到了巨大的促进作用。例如，拖拉机通过安装遥测遥感系统，能随时根据土质情况确定配肥，有效节省农业成本；能通过遥感测控，根据地力和作物生长情况自动判断浇水、施肥的合适时间；能不断培育和推广一批又一批优质高产的农作物优良品种，实现经济效益的极大提升。

深入开展耕地质量保护与提升工作，大力开展土壤改良与培肥工作，提高耕地质量和耕地产出能力。连片的大面积规模化土地，是农业机械化耕作的基础。美国在农业科技方面一直处于世界领先地位。农场机械化设备种类繁多，配套齐全，目前已实现了农业生产、加工、销售、服务各环节的全面机械化，未来大田农场的规模化是农业科学技术、农机技术应用、先进农艺技术推广的关键问题。此外，大力推进良种科研联合攻关，培育和推广适应机械化生产、优质高产的新品种。

聚焦生产薄弱环节和关键技术瓶颈，加强联合协作攻关，促进良种良法配套和农机农艺融合，大力推广先进栽培技术和测土配方施肥等主推技术，提高粮食单产。

（1）良种良法配套　选用适宜当地生态条件的优良品种，并结合先进的栽培管理技术，以达到提高作物产量和质量的目的。

（2）农机农艺融合　将农业机械化技术与农艺技术相结合，通过机械化手段实现农艺技术的精准应用，提高农业生产率。

（3）新型肥料研发　新型肥料研发涉及高效配方施肥技术、有机养分替代化肥技术、高效快速安全堆肥技术等。这些技术旨在减少化肥的使用，提高肥料的利用效率，同时减少对环境的污染。

（4）农业废弃物循环利用　农业废弃物循环利用主要包括秸秆肥料化、饲料化、燃料化、原料化、基料化，高效利用工程化技术及生产工艺，畜禽粪污二次污染防控健全利用技术等。这些技术的应用有助于农业可持续发展，减少农业面源污染。

计算机技术的应用使美国农业出现了精准农业的概念，播种机在播种时通过计算机联网，可以了解到上一年度哪一深度的土地种出的粮食收获最多，而依据这些数据，播种机会决定播种深度和施肥量。现代化的联合收割机驾驶室犹如飞机的驾驶舱或工厂的控制室。在收割时，驾驶室中的屏幕可以告诉收割者单位土地可以收获多少粮食，也可以显示收割上来的粮食湿度，还能让收割者知道尚有多少亩的粮食需要收割。联合收割机带有智能导航的功能，收割机可以依据农作物的密度加速或减速收割，以保证在收割中不浪费粮食，新科技和机械化为提高农业生产率提供了条件。

13.7 未来大田农场的规划与构建

未来大田农场的构建结合了农学、生态学和高新技术相关的所有最佳系统。借鉴有机农业和主流农业的专业知识和实践，创建了以可持续发展为核心的商业模式，极大地提高了农田的利用率，将农场主和农业市场有机结合，实现大田农场高效、高产、可持续的产业模式。未来大田农场的构建主要由农场主、硬件系统和软件系统构成。

（1）农场主　农场主在未来大田农场构建中扮演着关键角色，负责农场的整体运营和管理，他们需要具备以下能力。

1）农业知识和技能：了解农作物生长规律、土壤肥力管理、病虫害防治等农业基础知识，并掌握先进的农业技术和管理知识，以适应未来农场的运作需求。

2）技术应用能力：能够熟练运用各种农业技术设备，如智能农机装备、自动化种植系统等，实现精准高效的农业生产。

3）数据分析能力：具备一定的数据分析能力，通过分析农场生产过程中的各类数据，如土壤湿度、气象信息、作物生长数据等，制定科学合理的生产计划和决策。

4）市场意识：了解农产品市场动态，掌握市场推广策略，加强与供应商和零售商的合作，提高农产品的品质和包装，促进农产品的销售和消费。

（2）硬件系统　硬件系统是未来大田农场的重要组成部分，主要包括的几类设备见表13-1。

表13-1　未来大田农场硬件系统中的设备构成

设备类型	功能描述	实例
智能农机装备	基于北斗导航的自动驾驶农机，可进行整地、播种、喷药、施肥、收割等作业，提高生产率和精准度	无人驾驶拖拉机、植保无人机等
农业物联网设备	包括气象传感器、土壤传感器等，用于实时监测农田环境信息，如温度、湿度、光照、土壤肥力等	土壤湿度传感器、气象站等

(续)

设备类型	功能描述	实例
农业遥感设备	卫星遥感、无人机遥感等设备，用于大面积监测作物生长状况、病虫害情况等	卫星遥感影像、植保无人机遥感监测
自动化种植设备	包括智能精量播种机、智能嫁接机器人等，用于实现育种、育苗、嫁接等自动化操作，提高生产率和精度	智能精量播种机、智能嫁接机器人
水肥一体化设备	包括滴灌、喷灌系统以及水肥一体化智能管控系统，实现精准灌溉和施肥，提高水资源和肥料利用率	滴灌系统、喷灌系统、水肥一体化智能管控系统
环境调控设备	包括温室大棚、遮阳网、通风设备等，用于调节作物生长环境，实现反季节种植和提高作物品质	智能温室大棚、遮阳网、通风设备

（3）软件系统　软件系统在未来大田农场中起到"大脑"的作用，主要包括的类型见表13-2。

表13-2　未来大田农场软件系统构成

软件系统类型	功能描述	实例
智慧管理系统	提供智慧决策支持，根据输入的参数和要求，自动生成最佳生产管理方案，覆盖产前、产中、产后全过程，并可根据实时数据进行调整	农场管理软件、农业生产管理系统
数字化操作平台	基于地理信息系统技术、作物模型与农田模型可视化技术，将作物—土壤—环境信息进行数字化，实现信息管理和动态模拟预测，并开发出智慧农作手机App，提供技术指导、智能控制等功能	智慧农作手机App、GIS平台
农业大数据分析平台	收集、整合、分析农场生产过程中的各类数据，如土壤数据、气象数据、作物生长数据等，为生产决策提供数据支持	农业大数据分析平台、云计算平台
农产品溯源系统	利用区块链技术，实现农产品从生产到销售全过程的信息追溯，保障农产品质量安全	农产品溯源系统、区块链平台
农业电子商务平台	提供农产品在线销售渠道，连接农场和消费者，促进农产品销售	农产品电商平台、农村电商服务站

第 14 章

未来果园农场

14.1 概述

14.1.1 未来果园农场的定义

未来果园农场是指智能感知、智能分析、智能作业和智能装备技术在果园生产中的集成应用,通过除草机器人、剪枝机器人、植保无人机、套袋机器人、无人运输车、仓储搬运机器人等设备实现果园的日常无人作业,结合社会化和专业化的农场组织经营、标准化和绿色化的农业生产加工、价值化和品牌化的农业生产营销,最终形成集约化和一体化的农场。

14.1.2 未来果园农场的组成与功能

未来果园农场主要包括基础设施、作业装备、测控装备和云平台,这些系统的集成保证了未来果园农场的正常运转。未来果园农场的特点是用自动化设备代替人的决策和劳动。通过果园内不同系统之间的协调与配合,最终实现果园的无人化、数字化管理。

14.2 未来果园农场生产的数字化与无人化

未来果园农场的特点是数字化与无人化,即用自动化设备代替人的决策和劳动。具体来说,由果园内的传感器等设备采集信息,云平台通过机器视觉、数据分析等技术对采集的信息进行分析,将果树生长过程监测、病虫害预警、采摘管理等各个系统连接起来,再把指令发送给果园内的无人作业装备。通过果园内不同系统之间的协调与配合,最终实现果园的无人化、数字化管理。

未来果园农场作业装备是指在果园生产作业过程中使用的机具与装备。这些装备主要用于果园中的耕作、施肥、灌溉、植保、自然灾害防护、整形修剪及采收等作业。无人果园就是将这些装备数字化、无人化,通过云平台实现装备的精准自主作业。未来果园农场的作业装备主要由固定装备和移动装备组成。移动装备主要是各类自动运输车、作业机器人和无人机等。移动装备上都需要装备测距传感器和定位系统。通过定位系统采集各个作业机械的位置,云平台可通过移动设备定位,为果园内的机械调度提供最优化的路径。果实套袋机器可以通过机械臂前端的数据和图像采集装置,拍摄、采集果实信息,包括果实位置、大小等信息。这些信息传输到云平台,通过控制中心对采集的信息进行处理,发送指令调节机械臂,指导机器进行套袋操作;无人机主要用于果园内的农药喷洒,无人机配有摄像头并搭载喷洒装置完成打药作业,通过采集果树的定位信息并发送到云平台,云平台自动规划路径并输入控制系统中,可实现自动调节无人机高度,使药剂均匀喷洒到植物靠近土壤部分及茎叶背面,植保无人车和植保无人机也可完成喷药作业,如图14-1所示;采摘机器人通过摄像头采集果实信息,通过云平台处理,识别出成熟度较好的果实进行采摘作业;剪枝作业装备通过移动车搭载机械臂配备传感器、摄像头等采集树枝信息,剪

图14-1 植保无人车和植保无人机

刀特别设计为可360°自由旋转的结构，通过云平台数据分析建立分析模型，分析采集对象的生长状态，选出最合适的修剪方案，调节机械臂高度、位置等。

未来果园农场内的固定装备主要包括果园监控设备、水肥一体化装备、果实分级装备和仓库内的一些固定设施等，不需要移动位置即可完成工作。果园分级装备主要是对果实进行分拣和分装。在分装的过程中可以利用传感器检测果实的质量，根据不同的质量将果实分到不同的收藏系统。质量分级后，可以利用图像采集摄像头对果实进行图像采集，利用图像分析技术，将不同色泽的果实进行分类。通过一系列的分拣操作，按照颜色、大小、受伤程度和质量信息等综合分析，将果实进行等级分级。图14-2所示为果品分级流程图。

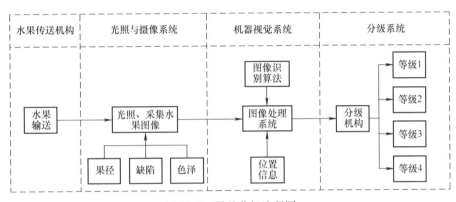

图14-2　果品分级流程图

基于可变采集指标项的果树生长和果园环境信息的采集数据标准，为多地多点采集数据的一体化管理提供了支撑，可为上层应用程序提供一致的、机器可读的数据接口。在果园主要环境参数时空分布特性研究和2.4GHz无线信号果园传播特性研究的基础上，形成了"果园环境—生长过程—作业过程—果园管理"全链条的数字化采集技术体系，如图14-3所示。研制的果园信息采集设备套件实现了果园环境信息（空气温湿度、降水量、光强、土壤水分、土壤温度）、果园虫害信息、单树产量信息、果农作业信息、投入品等信息的数字化采集和实时传输，为果园数字化管理奠定了数据基础。

未来果园农场的核心是基于模型的云决策系统，针对果树复杂系统的特性，借鉴平行管理理论和自主学习，未来果园农场的果树栽培管理模型框架主要包括实际果树系统和虚拟果树系统（见图14-4），通过二者之间的性能对比与分析，完成对各自未来状况的"借鉴"和"预估"，相应地调节各自的管理与控制方式，达到实施有效解决方案以及学习和培训的目的。

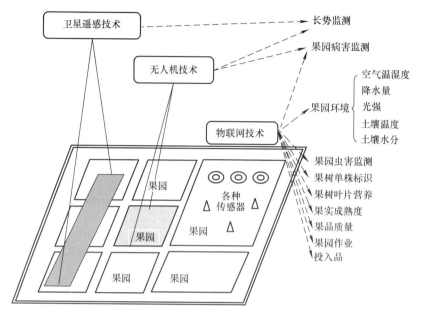

图 14-3 数字果园

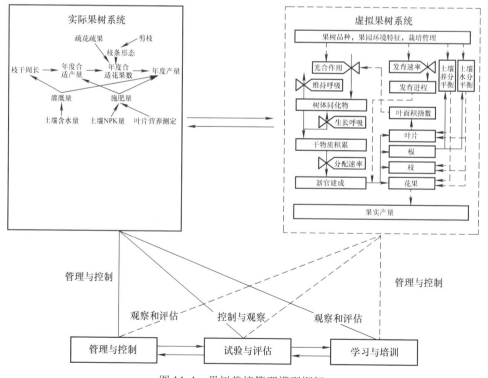

图 14-4 果树栽培管理模型框架

14.3 未来果园农场经营组织的专业化与社会化

农场生产的专业化是指农业生产过程中,各个地区或农业企业从原来从事多种生产项目、生产多种产品转变为专门或主要从事某种或某几种生产项目或产品,甚至只从事农产品生产过程的某一个生产环节的生产活动,包含农业企业专业化、农业地区专业化和农艺过程专业化等不同方式。它不仅有助于提高农业整体效益和竞争力,而且对于促进农民增收、农村繁荣、城乡协调发展都具有深远影响。

农场生产的社会化是指农业由孤立的、封闭的、只给性的生产方式,转变为分工细密、协作广泛、开放型的生产方式和商业性农业的过程,其主要特征包括以下几方面。

1) 社会分工深化:例如,农户可以专注于种植,而将运输、加工、销售等环节交给专业的服务机构。

2) 广泛社会协作:包括政府、企业、合作社等多种主体的参与。这种协作模式能够整合资源,提高农业生产的组织化程度。

3) 农业系统对外开放:农业生产的社会化建立在农业系统对外开放的基础上,通过引入外部资源和技术,促进农业的现代化发展。未来,随着农业现代化的不断推进,农业生产的社会化服务将发挥越发重要的作用,为我国农业的高质量发展注入新的动力。

14.4 未来果园农场生产加工的标准化与绿色化

14.4.1 果园农场生产加工标准

(1) 果园场地标准 未来果园农场的环境是土壤、空气、灌溉水质量符合无公害水果产地环境条件标准的果园,集中连片面积达1000亩以上,功能区布局齐全,有生产资料存放区、生产区、生活区,同时具备采后处理、果实检测等设备。园区内交通便利,水、路设施配套齐全,果园主干道硬化,能通行运输及作业车辆,具备必要的促成、延迟、避雨、防寒、防风等设施。

(2) 栽培管理标准 未来果园农场的果树品种单一,选用了抗逆性强、抗病、抗旱、抗洪、优质、高产、商品性好、适合市场需求的特殊果树品种。根据果树生长情况，采用科学的土壤管理标准、肥水管理标准、花果管理标准、树体管理标准、病虫防护标准、采收标准和清园标准，最大限度地减少成本投入的同时，保证果实的绿色化和高产出。

（3）采后处理标准　果园配备必要的预储间、分级、包装等采后商品化处理场地及配套的设施，同时配备冷链系统，实现运输、加工、销售全程的冷藏保鲜功能。按照水果等级标准，统一进行分等分级，确保同等级的水果质量、规格一致。产品统一包装、标识后方可销售。严格按照规定标明产品的品名、产地、生产日期、采收期、产品质量等级、产品执行标准号等内容。

14.4.2　推行绿色生产方式，建设生态型果园

未来果园农场，以发展"互联网+市场化"的农业服务为中心，是家庭果园农场推行绿色生产、建设生态果园、实现果业现代化的根本出路。这样既实现了规模化、标准化、品牌化农业，又便于推进果园土壤改良、间伐改形、病虫害综合防控和果实品质提升，最终实现优质高效。

未来果园农场充分利用果树枝干，通过粉碎加工处理制作有机肥，对畜禽粪便进行充分腐熟和加工处理，制成优质、价廉、高效、绿色的有机肥或生物菌肥，满足果树生产的基本生长需求。

未来果园农场通过果园种草、自然生草或种植绿肥作物，改良土壤结构，改善果园生态条件和温湿度条件，增加有益微生物种群的数量、种类，增强树势，减少病虫害，减少劳动力和物资投入，减轻农药对果园环境的污染，创造果园绿色生态环境。

绿色防控技术防治林果病虫害。针对未来果园农场的病虫害防治问题，充分融入绿色植保理念，并运用绿色防控技术进行防控。绿色防控技术是通过农业生态及科学用药等综合措施防治林果病虫害的先进技术手段，不仅防治效果较好，而且绿色环保，能够保证林果业持续健康发展，提高果品质量，创造更大的经济效益。绿色防控技术防治果树病虫害过程中，主要的方法措施包括：一是对林果种植布局科学调整，选择病虫害抵抗能力强的优势品种，辅以科学的栽培，普及农药的合理应用，选用高效、残留低、不会对环境造成污染的新型农药，并对农药抗药性进行认真的监测与治理，最大化地控制和减少农药残留造成的不利影响；二是大力使用生物防治技术，充分运用自然界中的生物链

原理，发挥物种相互克制的关系，了解并掌握病虫害天敌，并在果园中进行培养，合理释放，控制并减少病虫害的传播与蔓延。

加强对病虫害的监测预警，及时准确地预测预报，科学指导适时、适量用药；推广精准高效的先进施药机械，减少农药使用量，提高农药利用率。

（1）绿色防控技术的集成应用　未来的病虫害防控将更加强调绿色防控技术的使用，如农业健身栽培、生态调控、免疫诱抗、理化诱控等，这些技术旨在减少化学农药的使用，同时提高防治效果和果品安全性。

（2）智能监控技术的应用　智能虫情测报灯等设备的使用将大幅提升病虫害监测的精确度和效率。这些设备能够全天候监测昆虫活动，并通过人工智能算法进行自动识别与分类，为果园提供精准的病虫害预警和管理建议。

（3）综合管理策略的推广　综合管理策略将结合生物防治、物理防治、化学防治等多种方法，形成一套系统的解决方案。这种方案不仅提高了防治效果，还有助于维持果园生态平衡。

（4）精准施药和长期监测　基于智能监控提供的数据，果园管理者可以实现精准施药，减少农药使用量，同时通过长期监测掌握害虫发生发展的趋势，为制定长期防控策略提供科学依据。

（5）技术的深度融合与创新　未来的果园病虫害防控将不仅仅局限于现有技术的应用，还将涉及基因编辑、纳米技术等前沿科学技术的研究和应用，以开发新的病虫害防治手段。

（6）信息化管理技术的发展　物联网、大数据等技术的应用将实现果园病虫害的智能化管理，提高管理的智能化、精细化水平，为果园的可持续发展提供强有力的技术支持。

14.5　未来果园农场生产和营销的价值化与品牌化

作为世界上最大的水果生产国，我国水果的种植面积和产量多年以来一直稳居世界第一，水果产量约占全球总产量的三分之一。但是我国水果在品种、品质、品牌建设、运输和储存技术、质量和安全等方面面临诸多挑战。未来果园农场的生产和营销正朝着价值化与品牌化的方向发展，将更加注重生态友好、技术驱动、品牌建设、市场开拓和价值创造，以适应现代消费者的需求和市场的国际化趋势。

(1) 品牌建设和营销创新　品牌农业被视为未来果园发展的重要趋势，农业企业越来越注重品牌建设，通过提升产品质量、优化包装设计、加强营销推广等方式，打造具有影响力的农业品牌。

(2) 市场与国际化　国内农产品市场保持稳定增长，对优质、绿色、安全农产品的需求不断增加。在国际化进程中，我国农产品的出口量稳步增长，国际影响力不断提升。

(3) 农业品牌精品培育　政府推动农业品牌标准化建设，引领品牌主体运用先进理念和科学方法开展品牌创建，提升农业品牌建设的标准化和国际化水平。

(4) 价值发现与价值重塑　品牌战略通过价值发现与价值重塑，创造差异化价值，提升品牌的独立价值和市场竞争力。

(5) 农业服务行业兴起　随着农业产业链的完善和农业生产的专业化分工，农业服务行业将迎来快速发展的机遇期，为农业生产提供全方位的支持和服务。

14.6　果园农场科学技术的集约化与一体化

随着科学技术的不断进步和发展，以农业物联网、现代农机装备、现代农业科技为核心的关键技术已经打响农业现代化第一枪。分散经营的小农户农业经济已经难以适应当前农业经济的发展态势，集约化的果园生产模式呼之欲出。集约化托管，引领小农户向现代农业发展。以"龙头企业（合作社）+基层组织+联合体+金融保险机构+果农"的参与模式，对有需求的果农进行果园生产、技术、管理、销售、农资等环节的集约化托管，引领小农户向现代农业发展轨道迈进。通过集约化托管，不但可以解决果农劳动力不足、分散购买农资成本高、管理技术缺乏且落后等问题，还可以直接从厂家批发农资降低生产成本，运用现代科技提高工作效率和经济效益，进行果园连片化管理，为当地农产品树立良好声誉和品牌，打造企业、组织、联合体等自有农产品品牌，增强当地农产品品牌的市场竞争力，建立适应现代农业发展需求的生产经营服务体系。家庭果园是一种以家庭成员为标志的农业经营模式，农村合作社属于互助性质的利民经济组织。用好集约化托管这一全新的现代农业生产经营模式，有利于家庭农场和农业合作社的精细化发展，从而不断增加果农的经济收入。图14-5所示为果园农场集约化管理系统。

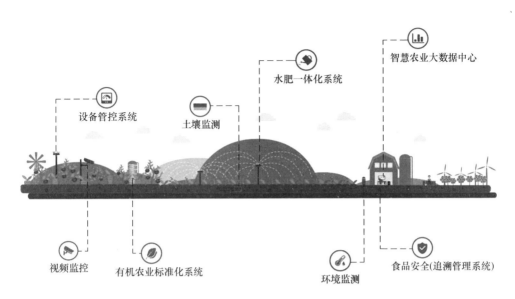

图 14-5　果园农场集约化管理系统

未来果园农场是科学技术集约化与一体化的无人农场，其中，果园生长环境在线监测系统、无线水肥灌溉系统、可视化管理系统、绿色虫控系统、数字果园云平台、大数据管理中心等系统的集约化与一体化为果园农场的生产提供了有力的保障。

（1）果园生长环境在线监测系统　利用传感器实现对果园的空气温湿度、光照强度、二氧化碳浓度、土壤温湿度、电导率（EC）、土壤 pH 等多维度环境在线监测，为科学管理提供数据依据。

（2）无线水肥灌溉系统　根据气象情况，按土壤养分含量和果树种类的需肥规律和特点，针对果树根部对水肥的需求，借助水肥一体机将可溶性固体或液体肥料与水混合，进行适时适量的灌溉施肥，有效节水、节肥，减少投入成本。

（3）可视化管理系统　实现对果园的 360° 全方位布控，方便管理者进行远程管理，大大提高了管理者的管理效率。

（4）绿色虫控系统　在果园中布置太阳能杀虫灯，利用灯光诱捕害虫并以电击形式进行杀灭。同时借助虫情测报灯，精准采集测定果园害虫数量，实现精准用药，降低农药使用量。

（5）数字果园云平台　App 和小程序移动端管理系统，涵盖环境在线监测、远程灌溉控制、视频监控、虫控设备管理、溯源管理、农事作业管理等功能，方便农场管理者实现远程管理、移动办公等功能，促进工作效率的提升。

（6）大数据管理中心　将视频监控、大数据云平台投放到大屏幕，实现多部门协同作业、协同决策，有利于管理部门进行远程管理。

14.7　未来果园农场的空间规划

在空间规划过程中，应坚持生态优先的原则，确保园区的生态平衡和生物多样性。通过合理布局、选择适应当地环境的植物、优化种植结构等措施，构建一道绿色的屏障，为游客提供一个清新、自然的采摘环境。

1. 果园道路系统

果园农场的道路系统包括主路、支路和各种小路。根据运输路线的需要，可以在道路系统上布置轨道，运输车、采摘机器人等无人机械可以各行其道，相互协作，互不打扰作业。

主路要求位置适中，通常宽度为 8～10m，是贯穿整个果园的道路。丘陵地区果园的主路可直上直下，为减少积水，路面中央可设置稍高；山地果园的主路可以呈"之"字形或螺旋形绕山而上，绕山道路上升的坡度不可过高。支路与主路相通。小路的路面宽度通常也要满足方便运输车、机器人等进行田间作业的需求。

2. 果园水利系统

果园农场采用水肥一体化滴灌系统。水利系统规划可以与道路建设相结合，通常需要考虑以周围无污染的河流、水塘、地下水作为水源。为节约用水，防止在滴灌中途产生渗漏和积水，通常会修建防渗渠或用管道进行输水。水肥管道系统的规划也需要与道路建设相结合，通过管道和滴头形成滴灌。

3. 果园电力系统

电力是果园农场运转的动力，也是自动化设备运行的关键。电力供应基础设施包括配电室、电线、电塔、发电机及电力设备等，用于果园农场内的机器、灯光、监控系统的发电、变电、送电，以保障果园的电力供应。

4. 果园建筑系统

（1）作业区　作业区即果树种植收获区。该区域需要完成果树从无人栽种、管理到收获的全过程，需要以自动机器作业为主。作业区的面积需要根据土质、光照等特点的不同进行划分，有利于同一区域的自动化种植调控。

（2）配药室　配药室可实现机器自动化配药，用于病虫防治。配药室宜设在交通方便处，有利于机器人、无人机等及时装灌农药进行喷洒。

（3）果实储藏库　在果园中心可建立仓库，用于果实收集仓储，暂时存放果品等。

（4）作业装备室　在果园一端可以建立大型作业装备室，用于存放果园管理所需的设备，如无人作业农机和无人机等。

（5）包装场　包装场可对果实实行自动筛选、分级、包装，应尽可能设置在果园中心。

（6）指挥室　指挥室内一般包括计算机、监控屏幕等。通过传感器、摄像头等采集果园内的实时信息，监测果园内的情况。基于地图、遥感影像等空间信息，为果园大数据研究与应用提供基础数据支撑，并针对地块进行果园图像和视频、生产决策信息采集。指挥室可处理动态数据，对自动化机器发出作业指令。

5. 采摘观光品尝区

规划采摘观光品尝区时应充分考虑游客的需求和感受，注重提升游客的体验感。通过设置多样化的采摘活动、提供丰富的互动体验项目、打造舒适便捷的游玩环境等方式，让游客在采摘过程中感受到乐趣和成就感。同时，在规划和建设中，应挖掘并融入当地的历史文化、民俗风情等元素，增强园区的文化内涵和地域特色，提升园区的吸引力和竞争力。

第 15 章

未来温室农场

15.1 概述

未来温室农场是一个跨学科的综合性工程，它融合了生物工程、农业工程和环境工程等领域的知识。未来温室农场通过现代信息技术，如人工智能、大数据和区块链，对作物生长的各个阶段所需的环境条件进行精确调控，包括光照、温度、水分、肥料和空气等。这种调控旨在优化植物的生长环境，提升作物的光能利用效率，从而增加产量、改善品质，并延长作物的生长周期。此外，未来温室农场还能使作物在非适宜季节和环境中正常生长，减少对自然条件的依赖。在技术层面，未来温室农场利用物联网技术实现对环境的实时监控和自动调节，确保作物生长所需的最佳条件。智能系统通过先进的成像技术评估植物需求，实现精准的营养输送，优化养分利用，减少浪费。这些技术的应用不仅提高了农业生产的效率，也促进了农业的可持续发展。

综上所述，未来温室农场的发展与可持续农业紧密相连，通过循环利用农业废弃物和就地生产肥料，减少了环境污染，减轻了经济负担。这种循环农业模式将废物转化为资源，符合可持续发展的原则，为应对气候变化和资源短缺提供了有效的解决方案。未来温室农场通过整合多学科知识和现代信息技术，不仅提高了农业生产的效率和可持续性，也为应对全球性的挑战提供了新的思路，相比于我国现有的塑料大棚、日光温室与少量连栋玻璃温室，未来温室农场将具有更大的规模、更加智能化的移动与固定装备、更加科学与专业的组织经营模式、更加绿色与有机的生产加工过程。

15.1.1　未来温室农场的定义

未来温室农场指规模化、组织化、专业化和高度自动化的温室种植产业，主要种植蔬菜、水果和花卉等。未来温室农场将不再使用传统的土壤栽培模式，而是采用基质栽培和水培技术，在封闭且环境可控的空间内进行高密度、专业化的花果蔬种植。在此基础上，未来温室农场结合物联网、大数据、人工智能、5G、机器人等新一代技术，通过温室设施、装备、机械等自动作业或远程控制，完成作物播种、育苗、定植、采收、分拣、包装与销售等完整的产销流程，并实现温室作物生长监测、环境综合调控、水肥智能管理、销售终端监控等过程自动控制的一种全新的产销一体化模式。

15.1.2　未来温室农场的组成与功能

未来温室农场主要由生产系统、经营与管理系统和产业支撑系统三大部分组成（见图 15-1），三个部分相辅相成、相互协作，共同完成整个温室系统的生产与营销过程。生产系统主要是温室农产品整个生产过程的搭建，为农产品生长和收获提供最基础的环境保障。未来温室农场将会具备规模化的经营模式，

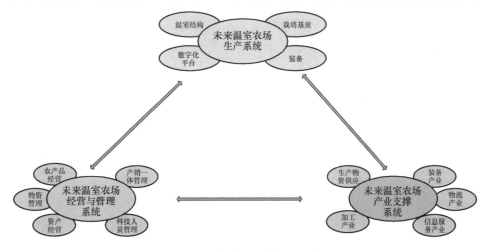

图 15-1　未来温室农场的组成

需要具有专业的经营和管理体系，如有计划地估算温室生产的成本和收益、生产经营过程中所需要的各种物资的存放使用、农场主和工作人员的定期技能培训、温室农场之间互利共赢的良性竞争环境等。产业支撑系统主要为整个温室农场的稳定和高效运营提供有力保障，生产和销售的每一个环节都有专业的企业/组织进行把关，这可以践行术业有专攻的原则，加快未来温室农场的升级。

未来温室农场的生产系统主要是温室农产品生产过程所需的基础设施、硬件装备和测控系统，基础设施主要是指钢铁支架、聚碳酸酯（PC）阳光板、通风除湿设施、装备运行轨道、输电线路、排水管道等；硬件装备主要是指全自动播种机、全自动移栽机、水肥一体化设备、无人运输车、自动化采摘机器人、自动包装分级设备等；测控系统主要包括硬件和软件，主要为摄像头、温度传感器、湿度传感器、二氧化碳传感器、光照传感器和无线通信、数字化可视平台等。

未来温室农场经营与管理系统主要包括温室农产品（花果蔬）经营、物资（种子、栽培基质、生物天敌、授粉蜜蜂、营养液等）管理、资产经营、科技人员（农场主、工作人员、农技专家）管理、产销一体化管理。

未来温室农场产业支撑系统主要包括生产物资供应、装备产业、物流产业、信息服务产业和加工产业。由于未来温室农场属于专业化经营，生产物资包括种子（甚至幼苗）、肥料、栽培基质、营养液等都需要由专门的公司进行研究、生产和提供，温室中不同种类的花卉、水果和蔬菜都需要不同功能和类型的生产设备，这些设备都需要不同的公司进行研究开发和维护。

未来温室农场的农产品将会面向全世界的消费者，为了打开全球消费市场，将需要快速、安全且有保障的物流体系；未来的农产品生产与销售市场离不开信息服务产业的高速发展，成本需求、生长周期、市场状况、产品创新及专业生产技术等信息的及时和有效获取十分重要，所以每个未来温室农场的农场主都需要实时且精确地掌握这些信息；另外，为了增加未来温室农场农产品的销售量和销售渠道，需要对温室初级产品进行深加工，这样农产品可以以多种形式进行售卖，农场主可以获取更高的利润，如玫瑰花除了包装成礼品花束，还可以制成玫瑰酱。

15.2 未来温室农场生产的数字化与无人化

（1）未来温室农场生产的数字化 未来温室农场生产的数字化主要是指基

础设施、装备和环境的数字化以及对象的数字化管控，也就是通过传感器、各种机器人、卫星遥感等方式，结合单片机技术、数字技术与无线通信技术准确测得并收集不同类型的数据（天气、位置、环境、病虫害、水肥、能耗、价格和经济信息等），通过大数据进行分析后，指导温室设施农业生产，减少人工管理带来的损失。简单来说，就是使用一整套数字化、信息化工具，即一套规范化、标准化的管理流程，从根本上打通未来温室农场从采购、生产、销售、物流、售后等全链条的流程，实现信息流、资金流、物流的规范化、数据化。未来温室农场农业的飞跃发展是制胜的法宝，它其实是一种高科技、低成本、商业化的运作方式。图15-2所示为农产品数字化平台简图。

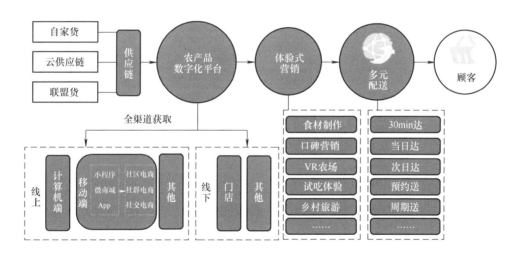

图 15-2　农产品数字化平台简图

未来温室农场生产的数字化主要包括两方面的研究。一方面是在详尽研究作物生理与环境相互协作关系的基础上，形成一套标准的温室作物高效生产管理模型。通过多年温室环境的自动化监测与调控技术，研究作物生理信息与环境、营养之间的定量关系，建立一套量化指标体系和控制模型。这些模型覆盖作物从苗期到成熟期的不同生长阶段，为温室作物的精准管理提供了科学依据。例如，荷兰开发的 Tomsim（针对番茄）和 Hotsim（针对黄瓜）模型，量化了整枝、栽培密度、环境管理、水肥管理以及病虫害防控等关键因素。美国和荷兰共同研发的 Tomgro 番茄管理模型已被广泛应用。日本农业研究中心推出的 Met-Broker 系统，以及山武公司的相关技术，进一步推动了作物数字化模型的发展。这些模型的应用，为温室作物的高效管理和产量提升提供了强有力的支持。另一方面是在详尽研究作物产量、时间、市场需求等方面信息后，形成一个及时可靠的农产品销售模式。通过计算机端、移动端（小程序、微商城、App）、门店等全面掌握地域、时间、价格和个人喜好等因素对农产品需求的影响，建立数字化农产品销售平台。每个温室农场都需要足够的资金和人力来搭建自己的软硬件数字化平台，这些温室农场需要融入一个统一的数字化生态平台，通过融入、借鉴、整合、购入等方式，进而实现国内所有温室农场统一的数字化管控体系。这个过程的成熟应用将需要很长一段时间，并且需要大量的资金、人员投入，将带动一大批新型行业的兴起与发展。

（2）未来温室农场生产的无人化　未来温室农场生产的无人化是指作业和管控的无人化，该系统通过集成多种传感器，如温度、湿度、pH、光照强度和二氧化碳传感器，实时监测温室环境的关键参数。这些数据不仅实时显示，还能作为自动控制系统的输入，实现精准调控。这样的技术应用旨在提高产量、优化品质、调整生长周期，并增强经济效益。通过这些传感器，温室管理者能够精确测量并控制温度、湿度、土壤pH、光照和二氧化碳水平，确保作物生长在最佳条件下。采用无线网络来进行大数据分析，从而测量获得作物生长的最佳条件，保证农作物有一个良好、适宜的生长环境。远程控制可以实现技术人员在办公室通过手机或计算机端对多个温室农场的环境和设备运行状态进行监测控制，最终可以实现所有温室农场的无人化监测和管控。

在20世纪80年代，美国率先将计算机技术应用于温室的控制与管理，开发了智能中央计算机灌溉控制系统。随后，进一步发展出能够根据温室作物的特性和需求进行调控的计算机控制与管理系统。现代温室管理系统可以自动调节光照、温度、水分、空气和肥料等环境因素，并利用差温管理技术来控制花卉和果蔬的开花与成熟期。此外，美国还将全球定位系统、计算机和遥感技术整合应用于温室生产。与此同时，自20世纪80年代起，荷兰全面开发了温室计算机自动控制系统，并不断研发模拟控制软件。到20世纪80年代中期，85%的荷兰温室种植者已采用环境控制计算机，只需购买相应的软件和营养液，即可根据作物特性实现自动控制，满足其生长需求。荷兰拥有1.2万hm^2的现代化自动控制温室，其中大型自动控制温室实现了从基质搅拌到钵体移动的全程机械化，室内环境和作物生长状况均由计算机监控。荷兰在计算机智能化和温室环境调控领域处于全球领先地位。

英国、西班牙和奥地利的智能温室系统成功展示了计算机控制技术在温室管理中的应用。德国则将地理信息系统（GIS）、全球定位系统（GPS）和遥感技术（RS），即"3S"技术应用于温室管理，以提升效率。日本在农业生产中，计算机的普及率高达92%，并建立了全球领先的全封闭植物工厂，这些工厂完全依赖人工光源和计算机控制。此外，日本还开发了远程感知温室环境控制系统，将温度群与计算机中心连接，实现更广泛的自动化管理。

以色列利用其丰富的光热资源和先进的节水灌溉技术，主要生产花卉和高档蔬菜。该国采用大型塑料温室，并在作物附近安装传感器以监测水肥状况。通过中央计算机，办公室能够收集和储存温室内外的温度和湿度数据。系统通过数据分析自动调整灌溉和施肥程序，同时控制卷帘、热屏遮阴系统、加热系统和灌溉区流量，从而实现精确可靠的自动化管理，并节省人力。尽管资源有限，但以色列已成为沙漠中的重要蔬菜出口国。

未来温室农场的无人化是农业生产自动化、标准化和智能化的演进，标志着设施农业的高科技发展水平，体现了农业的先进性和发展方向。这种智能化温室通过充分利用自然环境和生物潜能，实现了高产、优质、高效、安全和均衡的全年生产。它不仅提高了单产，还保证了质量和供应的稳定性，有效拓展了农业生产的新时空，满足了市场对反季节和高端农产品的多样化需求。

15.3　未来温室农场经营组织的专业化与社会化

（1）未来温室农场经营组织的专业化　未来温室农场经营组织的专业化主要是指生产及产品的专业化、生产过程的专业化、人员团队的专业化以及外部服务的专业化，构建专业化的行业体系，创造良好的盈利环境。不同品种的温室作物需要差异化的生长环境，如图15-3所示。单一作物种植让农场能够专注于一种蔬菜，使种植者能够深化技术知识，从而提高产量和蔬菜品质。例如，生产番茄的温室农场只会种植番茄，不会再混合种植黄瓜等其他蔬菜；生产郁金香的温室农场只会种植郁金香，而不会再种植玫瑰、康乃馨和多肉等其他花卉品种；生产草莓的温室农场只会种植草莓，不能种植葡萄等其他水果种类。不同种类的蔬菜或花卉需要的生产环境和销售模式也不同，例如，生产番茄所需的设备和生产黄瓜的设备是不一样的；消费者对于玫瑰和多肉等花卉的需求是不一样的，其销售体系也不一样。因此，品种的专业化会导致设施和销售体系的专业化。

图 15-3 不同品种的温室作物需要差异化的生长环境

未来温室农场为什么要实现品种、设施和销售体系的专业化呢？我国温室普遍采用简易设施，如钢架大棚、简易大棚和日光温室，这些设施技术要求和管理水平与当前农民和农业实际情况相适应，具有成本低、资金回收快和易于管理的优势。然而，这些设施不适合进行高度智能化的环境调控，其环境管理主要依赖于农民的个人经验、技术水平和知识，导致产量和收益相对较低。未来温室农场的规模化生产不再只为满足一个家庭的日常需求，而是为了创造更大的经济效益。单一品种生产有助于实现设施专业化、降低成本、提升产品质量，增加规模效益。这种专业化生产推动了深入研究，为企业的持续发展提供了动力，并帮助企业获得市场份额。专业化的销售体系追求经济效益最大化，通过寻找特色市场，根据市场需求调整生产经营，避免了产业或产品在市场上的过度竞争。这使得各农产品企业能够展现各自的特色，促进市场行为更加规范有序。

第 15 章　未来温室农场

未来温室农场的专业化经营涵盖了从种苗培育、种植、服务、收购、分拣到销售的全过程，每个环节都分工明确且紧密协作，追求在各自领域达到卓越。荷兰由于土地稀缺、人口众多，特别注重提升劳动生产率，因此当地的农业企业普遍采用集约化和规模化生产。无论是蔬菜还是花卉，荷兰农业都倾向于专业化生产和多品种经营。例如，维斯特兰德朗市的番茄种植公司专注于番茄种植，与其他几家企业共同占据了荷兰90%的市场份额；布莱斯维克市的红掌种植公司则从育种到销售环节全面负责红掌花卉的产业链，拥有超过40个品种。

我国温室农场的未来发展趋势是专注于优势领域，打造产业精品。以荷兰为例，荷兰以其花卉产业闻名，被誉为"欧洲花园"和"花卉王国"。尽管全球多国拥有花卉产业和资源，但荷兰成功将花卉业发展成一个大规模产业，年出口额达数十亿美元，并吸引众多游客。在荷兰经济中，花卉产业占据重要地位，约9万农业就业人口中的三分之一从事花卉相关行业。根据荷兰中央统计局的最新数据，截至2023年，荷兰的农场总数约51000个，花卉园艺农场数量约10000个。荷兰中央统计局的数据显示，2007年荷兰农场数量为24853个，2023年为51000个农场，农场总数显著增加；2007年花卉园艺农场为9035个，2023年为10000个，花卉园艺农场数量略有增加。荷兰的成功源于将花卉产业作为核心优势，实施精品化战略。

（2）未来温室农场经营组织的社会化　未来温室农场的社会化经营涉及生产和销售的各个环节，包括育苗、水肥管理、设备维护、技术支持、包装和销售等。这些环节需要专业公司提供种子、幼苗、肥料和设备维护服务，而技术指导、分级标准、包装设计和销售渠道则可由产业协会负责。协会通过网站为农民提供政策、市场、天气和病虫害防治等实时更新的信息。由于协会由农民选举产生，其运作效率和活力较高。

例如，荷兰的农业合作社优化了花卉产业链，实现了从育种到流通的科学分工和高效协作，推动了产业发展。美国则有专门生产农用材料的企业，这些企业不仅提供种子、化肥和杀虫剂，还提供跟踪服务，与农民保持沟通，了解其需求，建立了良好的信誉，使农民在购买生产资料时更加放心。

农用材料由农业企业负责，可以实现精准化，播种量、育苗量、营养液配比和水肥用量等的精准化研究，有利于提高种子发芽率、减少资源浪费，进而减少成本投入，以最少的经济投入获取最大的利润，提高经济效益。设施和装备由公司企业负责，可以实现设备的不断更新，追求更高的工作效率，而公司可以根据平台实时查看所售设备的工作运行状态，出现故障及时维修，可以减少因装备故障停止运行造成的损失。未来温室农场协会可以根据多个温室的数据对某一品种的生产销售技术不断进行研究，维持高产量，致力于开发扩大农民利润的项目；监督各大农场进行资源环境友好型生产；为增强个体农场的市场竞争力并促进农户之间的合作，可以实施以下策略。

1）农业信息共享：建立农场网络项目，提供农业工具信息，如远程感应、GPS 和产量检测仪，帮助农民掌握行业动态和科研成果。

2）增加利润的策略：搜集并分享有助于提升种植者利润的信息，包括试种新品种，以提高经济效益。

3）发展温室协会（合作社）：作为政府与农业企业合作的桥梁，温室协会提供全程服务，包括生产、推广、检测、信贷、市场和信息体系，确保双方互利共赢。

4）发展农业协会（合作社）：在产业发展中，农业协会积极进行科普工作，扮演政府与民众之间的"中间人"角色，促进温室产业的高效发展。通过这些措施，可以强化农户的集体利益联结机制，共同推动农业产业的繁荣。

未来温室农场经营组织的社会化，其优势在发达国家现有的温室农场中已有比较充分的显现。美国农业服务体系为农民提供全面的种植标准、管理要求、市场准入和销售渠道信息，保障市场多样性和农民的知情权。荷兰农业合作组织形式多样，包括信用、供应、加工、销售和服务合作社。荷兰合作社分为简单型和复杂型两种结构：简单型合作社指农户集中产品销售，通过会费支持非营利性质的市场组织；复杂型合作社指由不同地区农户组成，采用董事会和社员代表大会的管理结构。荷兰合作社提供全程服务，包括采购、销售、加工和资金筹备，确保农民在市场中具有统一的产品、利益和地位。这些组织展现了荷兰农业协会的完善结构、市场规范能力和全程服务能力。

荷兰温室产业以其规模面积和技术水平领先全球，其成功得益于以下几方面。

1）专业化分工：温室建造不依赖单一企业，而是通过社会化合作形成专业化市场体系。

2）国际采购：关键材料（如覆盖和保温材料）多从比利时、瑞典等国进口，展现国际化特色。

3）专业工程服务：荷兰拥有 7~8 家具有国际输出能力的国际温室工程公司，提供从设计到施工的一站式服务。

4）全球业务扩展：荷兰的国际温室工程公司已从欧洲向全球，尤其是发展中国家拓展业务。

5）市场主导地位：荷兰温室建造在全球市场占据 80% 的份额。

我国未来温室农场社会化的发展需要吸收国外成熟的经验，国内所有温室农场可以形成一个大的温室协会（温室农业合作社），而生产不同种类或品类作物的温室农场再形成较小型的协会（农业合作社）。种子、肥料、营养液的获取都需要固定的企业完成，另外对于不同功用设备的采买和维护也应有不同的公司或同一公司的不同部门来完成，这些都有协会和企业进行对接协商。政府颁布的政策和要求，或者政府与各温室农场的合作，也由协会（合作社）进行两者之间的协调沟通。协会（合作社）还可以综合每个温室农场中的所有数据信息，对各个温室农场进行技术指导和改进完善，也可以对销售地区、区别量、客户群进行预判，指导农户进行温室作物生产和销售的全程服务。

15.4　未来温室农场生产加工的标准化与绿色化

（1）未来温室农场生产加工的标准化　未来温室农场生产加工的标准化主要是指以工业化的生产模式实现标准化生产、标准化流程及标准化产品的建立，可以促进行业的规范和完善，提高企业的盈利能力。

温室农业的发展极大地丰富了我们的餐桌，从"有啥吃啥"转变为"吃啥有啥"，也成为农民增收的重要途径。温室农业发展和标准化问题主要包括以下几方面。

1）温室农业效益：温室蔬菜生产规模和效益显著，成为农民致富的有效途径。

2）标准化需求：随着温室农业的发展，绿色蔬菜栽培的标准化、规模化、安全化和现代化受到更多关注。

3）建造标准缺失：我国日光温室建造缺乏统一标准，导致种植效益不佳。

4）病虫害防控：温室农场须采用标准化种植模式，以防为主、以治为辅，确保花果蔬绿色安全。

5）技术规程制定：山西省农业科学院制定了 A 级绿色蔬菜生产技术操作规

程，包括墙体更新、缝隙处理、内置膜设计、通风口设计、水肥一体化设备应用和监控仪器布置等，为农民提供了操作标准。

6）质量安全追溯：温室农场生产加工标准化使农产品质量安全追溯成为可能，通过二维溯源码可以查询产品全部信息。

7）农业物联网：利用农业物联网技术，实现24h监控和远程控制，保证质量安全，让消费者更放心。

8）实时溯源监测：山西省农业科学院蔬菜研究所研发的农产品安全可溯源系统，采用RFID和无线数据通信技术，实现3万亩经济作物的实时溯源监测。通过这些措施，温室农场不仅提高了产量和效益，还增强了农产品的安全性和可追溯性，保障了消费者的健康。

（2）未来温室农场生产加工的绿色化　未来温室农场生产加工的绿色化主要是指生产过程、储存过程及其本身节能、节水、低污染、低毒、可回收、可再生的花卉、水果和蔬菜，当然也包括绿色科技应用。目前，温室生物防治、节能、节水等新技术已成为研究的重点。例如，育种、育苗、病虫害防治等过程中不使用农药，不使用合成化学杀虫剂和无机化肥，水肥或栽培基质在可行的情况下循环利用，对于生产过程中的设备进行及时有效的消毒，产品存储以及运输过程中不使用有害的防腐性材料等。未来温室农场在都市美化绿化、环境保护、园艺健康、休闲观光等方面的应用将会得到蓬勃发展。未来温室农场生产加工的绿色化使得产品的市场竞争力越来越强，也将实现有害物质对水和土壤的零排放。绿色产品还能直接促使人们消费观念和生产方式的转变，其主要特点是以市场调节方式来实现环境保护的目标。公众以购买绿色产品为时尚，促进企业以生产绿色产品作为获取经济利益的途径。

发达国家在温室农业领域的发展注重减少化肥和农药的使用，并结合生物技术培育出抗逆性强、抗虫害、耐贮藏、高产的新品种。温室农业发展趋势主要包括以下几方面。

1）生物技术应用：研发新品种，增强作物的抗逆性和抗虫害能力，以减少化学污染。

2）生物制剂推广：使用生物制剂、生物农药和生物肥料，推动生物防治技术的发展。

3）精确农业发展：向精确农业方向发展，提高作物生产率和产品质量。

4）温室结构优化：重视温室的结构设计和新材料开发，优化光能利用和作物生长环境。

5）节水技术研究：研究基于作物需水量信息的自动化灌溉系统，提高水资源利用效率。

6）农业物联网：利用农业物联网技术，实现24h监控和远程控制，提升农业生产的自动化和智能化水平。

国外温室农场园艺蓬勃发展，新材料、新手段、新技术、新模式、新成果不断应用，科技、产量、效益水平不断提高。发达国家温室农场农业的发展，说明了农产品的工厂化生产是发展绿色食品、有机食品，提高农产品在国际市场竞争力的必由之路；是实现农业增产、农民增收的重要措施；是农业和农村经济结构调整的战略选择。发达国家的经验和优秀做法值得我国借鉴，有助于我国从设施农业大国向设施农业强国转型。

美国室内种植初创公司 Plenty 研发了在 LED 灯照环境下利用高科技设备种植有机蔬菜的系统，即在室内的垂直塔中种植蔬菜等植物，水栽系统负责向植物输送营养物质，LED 光照让植物在白天或黑夜都能保持良好长势。同时，封闭式的农场减少了虫害，从而优化了种植环境。与传统农场不同，Plenty 研发的塔状垂直农场高 6m，内部使用 LED 光源替代自然阳光照明。农场内的作物种植于模块化的托盘或架子上，灌溉系统循环作业供给营养液，整个种植过程不需要土壤，不使用农药和杀虫剂。此外，美国、荷兰等发达国家的温室中，对于采用土栽法种植的情况，都先采用蒸汽对土壤进行熏蒸以除去有害物质，但是他们的植物工厂大多可进行植物组织培养和快速繁殖、脱毒，实现无土栽培，不用农药，从而生产无污染的蔬菜。荷兰采用封闭系统，可以收集未被植物吸收的灌溉用水进行循环使用。

15.5 未来温室农场生产和营销的价值化与品牌化

信息化技术在未来温室农场中的应用确实能够极大地提升农业生产的效率和效益。

1）实时市场信息：农场主可以通过全网信息系统实时获取农产品价格、国内外需求和生产量，以便做出生产决策。

2）生产决策优化：依据市场信息，农场主可以决定生产何种作物、数量以及加工和销售策略，以实现效益最大化。

3）种植技术指导：信息系统提供农作物种植技术和天气状况信息，帮助农场主确定种植时机和方法，提升作物产量和品质。

4）精准农业实践：信息化技术使得农场主能够根据具体条件调整种植策略，实现精准农业。

5）提高响应速度和增强竞争力：及时的市场和天气信息使农场主能够快速响应市场变化，减少风险。通过信息化技术，农场主能够更好地把握市场动态，提高竞争力。

6）综合农业生产决策：了解病虫害防治技术、最新农业科技、新型农业机械等信息来决定购买什么设备、搭配什么农药。

众所周知，农业利润薄。如何提高温室农场农业利润，成为未来温室农场发展的关键。方法有3个：降低成本；提高土地面积利用率；多产业协同发展，做精做强。农场主要运用这3个方法，就需要新工具、新方法、新科技。例如，室内农业就是在单位面积里实现多频次生产，1年可以生产4次，而传统农业只能生产一季，室内农业通过提高生产频次来提高利润，未来温室农场农业也是一样，可以通过提高生产频次来提高农业利润；未来从事温室农业的农场主不再只做种植（第一产业），还要加工农产品（第二产业）、销售农产品（深加工）或提供配套服务（第三产业），这样才能获得多环节增值价值。

对于农产品来说，及时的运输和运输前后良好的存储条件也是至关重要的。荷兰良好的交通基础设施、可靠的运输部门及有效的分拨系统为此提供了保证。荷兰高效的拍卖市场使得货物可以在最短的时间内到达出口商手中以备发运；拍卖市场设有能自动控制气候的储存场地，真空预冷设备更可对蔬菜进行快速保鲜处理；拍卖市场的发货中心设有植物检疫站和海关；最佳的后期服务和优良的通信联络保证了产品在24h内运抵大多数欧盟目的地，以最快的速度通过史基辅机场运往美国及远东地区，带有冷藏集装箱和卫星通信装置的特别运输火车每日发往法国和俄罗斯。

现代化温室是荷兰、英国、法国、德国、日本等国家设施农业智能化的主要表现形式，这种温室可以自动控制室内的温度、湿度、灌溉、通风、二氧化碳浓度和光照，每平方米温室一季可产番茄30~50kg或黄瓜40kg，或产月季花180枝左右，相当于露地栽培产量的10倍以上。荷兰、美国采用工厂化生产蘑菇，每年可栽培6.5个周期，每周期只需20天，蘑菇产量可达 $25.27kg/m^2$ 。荷兰育苗企业P. Van Geest将大规模的温室分成了若干区，每个区都在为不同的订单进行生产。所产种苗的品种、大小、特性等都由订单决定,买方会定期前来检查订单的执行情况。在这种情况下,生产者只需承担生产风险,按照订单保质保量完成生产任务,其经济效益因而更加稳定。

未来温室农场将可以让消费者与大自然和谐统一变为现实。在消费升级时代,消费者对健康、安全、营养的农产品需求非常强烈,而且这也是消费者的痛点。因此,未来温室农场需要注重品牌建设,通过改变传统生产方式,生产出消费者期望的产品,把创树名牌作为提升未来温室农场农业智能化水平的重要途径,制定温室农场农业生产技术规程,加强投入品管理,实行全程质量控制,实现经济、社会、生态效益的有机统一。实行"一物一码",消费者可以通过扫描二维码进入平台,查看产品的生长过程信息、营养价值情况信息及产地物流信息等。图 15-4 所示为温室农场的品牌化建设。

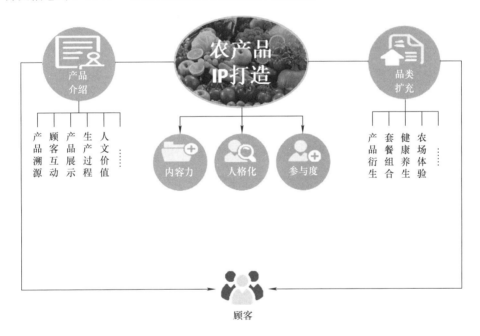

图 15-4　温室农场的品牌化建设

未来温室农场农产品的销售应具备一个完整的体系,规范的市场体系为温室农场农产品快速进入消费领域提供了优质的服务和保障。温室企业生产的产品均标有生产厂家、注册商标和产品品牌,消费者就是通过产品品牌从市场上购买自己满意的农业商品。另外,未来温室农场的产品市场分类须较明确,包括农产品拍卖市场、蔬菜拍卖市场、温室作业机具和专用产品市场等。农产品拍卖市场是当前荷兰农业的一大特点，使得农产品的种植与销售明确分工而又有机结合，种植者专心生产而无须自行销售，都附属于某一个拍卖市场，拍卖市场是一种合作社形式的组织，归种植者所有。该系统高效快捷，使大批量的产品在短时间内售出。截至2024年5月，荷兰拥有11家蔬菜拍卖市场和7家花卉拍卖市场，花卉拍卖市场的总营业额达22亿美元，荷兰鲜切花占世界花卉贸易的59%，观赏植物占48%。荷兰拍卖市场在国际贸易中的主导地位吸引了大量其他国家的园艺产品，目前在花卉拍卖市场上销售的进口花卉已达12%。

荷兰阿斯米尔联合花卉拍卖市场是现今世界最大的花卉拍卖行。生产者首先按有关规定对花卉和植物进行登记进入拍卖市场，按标准进行产品质量检测，随后即刻被送到冷藏库和存放库等待上市拍卖。拍卖成交的产品按客户要求进行包装，然后被送往拍卖行的发货中心。发货中心设有植物检疫站和海关，80%的产品将以最快的速度通过机场空运到美国及远东各国。当天未被售出的花卉和植物会被销毁，用以保证鲜花质量，维护消费者的利益，同时对生产者提出警示。为保护会员个体经济利益，被销毁的鲜花按最低价格的80%~90%给予补偿。

15.6 未来温室农场科学技术的集约化与一体化

本节将描述未来温室农场科学技术的集约化与一体化发展趋势，探讨生物工程技术、农业工程技术、环境工程技术、信息技术和自动化技术在农业生产领域的应用，分析温室农场环境自动控制、专业化栽培技术、农产品周年生产与均衡上市的重要性，讨论植物工厂、植物组织培养、水肥一体化技术以及无土栽培技术在提高农业生产率和质量中的作用。同时，笔者考察了美国和荷兰在温室农业发展中的成功经验，最后提出了未来温室农场技术发展的关键方向。

（1）温室农场科学技术的集约化与一体化　未来温室农场将集成多种科学技术，包括生物工程、农业工程、环境工程、信息技术和自动化技术，以实现作物生长的最适宜生态条件控制和参数控制。通过全网信息系统，农场主能够实时掌握市场信息，优化生产决策，提高作物产量和品质。此外，温室环境调控智能化研究已成为衡量农业科技发展水平的重要标志，通过传感器和计算机智能系统实现温室内环境的自动控制。

（2）植物工厂与组织培养技术　植物工厂作为温室农业的高级形式，通过立体多层无土栽培、人工光照明、智能环境控制和自动化管控技术，实现了作物的高效生产。植物组织培养技术则通过无菌条件下的培养，用于植物育种、种质资源保存和快速繁殖，特别是在植物脱毒和快速繁殖方面显示出巨大潜力。

（3）水肥一体化与无土栽培技术　水肥一体化技术通过将灌溉与施肥结合，实现了按作物需求精准供给水分和养分，是一项节本增效的实用技术。无土栽培技术则通过基质栽培、水培、雾培等方式，提供了一种更有利于作物生长发育的栽培方法，同时节约资源，对节水型农业和旱区农业具有重要意义。

（4）美国与荷兰温室农业发展经验　美国通过农业机械化和生物技术的应用，实现了温室农业的高效率和高品质。荷兰则通过科技创新，特别是在育种、栽培、种植和流通方面的先进技术，推动了温室农业的快速发展。两国的经验表明，科技创新是温室农业发展的关键。

未来温室农场的发展方向将更加注重集约化与一体化技术的研发和应用，关键技术包括环境信息采集、生物生产过程监测、生产技术规范化和标准化、智能化系统硬件平台、控制与管理模型以及产业链信息化管理。这些技术的发展将使温室农场能够实现全年均衡生产，提高市场竞争力和抵御风险的能力，体现未来无人化温室农业的先进水平。

15.7　未来温室农场的构建

15.7.1　生产系统的构建

未来温室农场外围需要由玻璃（阳光板）搭建而成，室内采用先进的支承材料和工艺技术，提高透光率，减轻建筑材料的质量，增强抗风耐压性能。图 15-5 所示为温室农场的内外环境。对于播种、育苗、移栽、运输、采摘、施肥、灌溉等生产过程的各个环节有专业的自动化设备进行作业，各个环节分工明确却又紧密协作。每个环节专注于将负责领域做好，并做到极致，进而提高设备工作效率和生产效益。在生产种植、加工包装、冷链运输、物流仓储等纵向环节提高专业化水平和企业或全行业的市场竞争力；在生产环节，建立农业生产技术操作规范，严格控制化肥、农药施用，实施生物防控技术，降低农业生产对环境的污染；在农产品采收、加工、保鲜等环节建立质量检验检测标准，实现全流程的科学化管理,建立和完善农产品质量安全追溯体系;在农产品冷链运输方面,通过生鲜产品保鲜技术的研发和冷链设备的投入,提高农产品的市场渗透率和产品附加值。

图 15-5　温室农场的内外环境

未来温室农场内的环境控制方面,可实现全部自动化控制,包括光照系统、加温系统、液体肥料灌溉施肥系统、二氧化碳补充装置以及监测系统等。在种植方面,包括基质、作物育种、种子生产、作物保护、机械作业、内外运输以及分级包装等方面,采用的是先进的温室技术、科学的水肥管理、高效的农艺技术等相应的自动化控制系统,保证农作物高效优质。未来温室农场自动化生产装备广泛采用现代工业自动化技术、内部物流技术、电子技术、计算机管理技术、信息技术、生物技术等,工厂化自动作业和计算机信息化管理可以全程调控生产环节,包括供暖、通风、降温、灌溉、施肥、土壤消毒、采摘、监测等,而且还能控制温室中的日射率,当太阳光过于强烈时,遮阳窗帘便会自动放下;当湿度不够时会自动喷雾;在分级和包装系统中,光学传感装置取代了人眼。

由于未来温室农场的整个生产过程都可实现自动化作业和无人化管控,但温室发展的主要问题是能源消耗大、成本高,因此其发展趋向重点研究节能措施,如室内采用保温帘、双层玻璃、多层覆盖和利用太阳能等技术措施。目前,有些国家(如美国、日本、意大利等)开始把温室建在适合喜温作物生长的温暖地区,以减少能源消耗;以色列则研究开发计算机自动调温、调湿、调气、调光的温室,用于鸡、鱼等家禽和水产动物的养殖。

在未来温室农场的发展中,全球视野下的种质资源整合和杂交育种工作至关重要。

(1) 全球种质资源整合 温室农场须以全球为基准,整合优质种质资源,进行广泛的杂交育种工作,以筛选出适应各地气候和土壤条件的优良品种。

(2) 品种选育与编号 对不同品系进行编号,并在资源圃中进行栽培,根据生长发育的各项指标进行优选,确保选出的品种具有优异的性状和性能。

(3) 品种命名与推广 重新命名选出的优质品种,大力推广以实现品种的商业化和获得市场认可。

(4) 市场信息与推广 农场主应重视推广工作,利用信息服务站掌握市场需求信息,提高专业推广和服务的质量,以优化生产过程并提升销售效果。

(5) 学习与经验交流 建立学习小组,在农业推广专家的指导下学习新的种植方法,在农场主之间相互交流经验,共同推动未来温室农场花果蔬产业的发展。

15.7.2 经营管理系统的构建

(1) 重视深加工,发展订单农业 我国未来温室农场可以发展产销一体化,对产品进行深加工,增加产品销售渠道。在深加工方面,可以采用冷藏保鲜技术、气调贮藏法、减压贮藏保鲜技术、辐射处理保鲜技术、生物防治保鲜技术和臭氧处理贮藏保鲜技术等,使农产品保鲜达到60%以上。对温室花果蔬进行深加工后,产品样式、用途与功能多种多样,从而提高市场的果蔬需求量,体现其效益的最大化。订单农业又称为合同农业和契约农业。合同中规定了农产品的数量、质量、最低保护价以及双方的权利、义务。以订单定产量,使农产品在生产之前就已经明确了销路,在一定限度上减弱了资源的浪费,避免了价格波动和市场供求变化所带来的风险,保障了农民群体的收益,减少了价格波动和市场供求变化所带来的风险。签订合同的买方会定期检查生产情况,这就要求农民尽全力保质保量地完成任务。

(2) 依托家庭农场,推动规模经营 家庭农场以追求效益的最大化为目标,使农业由保障功能向盈利功能转变，促进农业经济的发展，推动农业商品化的进程。家庭农场更加注重农产品的质量安全，易于政府监管。家庭农场的生产经营规模较大，它的规模化是市场竞争的结果，因为我国未来温室农场将主要同全世界的农业生产者竞争。由于"优胜劣汰"的机制，农场数量将不断减少，规模将不断扩大，专业化程度不断提高。这也使得未来温室农场的劳动生产率进一步提高、国际竞争力持续增强。为争取定价权和提高竞争力，各个家庭农场之间需要协作，实现良性竞争，形成一个大的合作社。

（3）在流通方面，运用先进的物联网技术进行"荷兰式拍卖" 荷兰温室农产品的销售主要通过集卖市场，它能够提供商品生产信息即产品产量标准，调节市场供求，控制市场进程。规范化的市场体系为荷兰的温室产品快速到达消费者手中提供了优质的服务和保障。消费者根据生产厂家、注册商标和产品品牌购买自己中意的农产品。另外，荷兰温室产品市场分类十分明确，比较集中的有花卉拍卖市场、蔬菜拍卖市场、温室作业机机具和专用产品市场等。"荷兰式拍卖"可以使得产品交易公开透明、公正文明，进一步提高产品标准化水平，缩短农产品流通链条，把利润更多分配给生产者。

（4）国际化的销售模式　未来温室农场要具有强烈的国际导向，要投资建设优质种苗繁育示范园、温室农业科技园、生态休闲农业园、都市农业示范园等独具特色的农业园区，吸引国内外客流。农业物流系统也是农产品国际化的重要一环，可靠的运输部门、有效的分拨系统、完善的配套服务可对此提供保障，可以利用上海、深圳等地的海运优势，加之其机场优势及发达的道路交通基础设施系统和公共运输网络，促使其产品大量快速出口，使我国成为亚洲大陆的农产品分销中心。

第 16 章

未来猪场

16.1 概述

我国的养猪产业经历了多个提速阶段，未来的猪场将从较为传统的养殖模式开始向全面智能的养殖模式发展。基于现阶段数字农业技术创新的大背景，围绕着人工智能、区块链、云计算、大数据和5G等核心技术的数字化猪场即将成为未来养猪产业的新需求，让数字化的未来猪场成为可能。

16.1.1 未来猪场的定义

未来猪场内所有关键的生产场景都将通过不同的软件层，连接生猪养殖过程中的房舍系统、喂料系统、粪污处理系统、环控系统、防疫系统、生产管理系统，以及屠宰、加工、收储、物流、溯源和场区大数据可视化环节，使一切资源数据化、一切数据流程化，创建标准化、精细化的养殖模式，从而大大提高生产和运营效率。未来猪场将深度融合大数据、云计算、物联网、人工智能、地理信息和可视化等先进技术，建立信息模型，实现猪场的数字化和无人化，通过虚实交互映射，提升管理效率和养殖智能化水平。

16.1.2 未来猪场的组成与功能

未来猪场的系统主要由基础设施系统、固定装备系统、移动装备系统、测控装备系统、云管控平台系统五大系统组成。五大系统在无人猪场中各司其职，缺一不可。通过系统之间的协同作业，实现对猪场生产目标的精准管理和养殖过程的数字化操作。五大系统在无人猪场生产作业过程中分别承担了不同的作用与功能，具体如下。

未来猪场的基础设施包括道路设施、仓储设施、供水设施、电力设施、网络设施等。按照养殖目标的不同，基础设施还包括种猪舍、妊娠猪舍、分娩猪舍、保育猪舍、育成育肥舍五个养殖车间。基础设施的构建与设计要为无人猪场稳定、有序的生产运行提供基础的服务和有力的支撑；固定装备承担着猪场内所有养殖车间在生产过程中必不可少的基础业务，其中包括饲喂装备、清粪装备、分群装备、通风降温装备、加热装备等，这些装备无须移动作业即可自动完成各自承担的生产业务，实现了猪场生产中基础业务的无人参与及自动化作业；移动装备主要承担着猪场内的移动平台业务、清洗消毒业务、不同养殖车间之间饲料或猪只移动转群等运输业务，其中包括移动平台装备、转群装备、清洗消毒装备，这些装备利用无人车、电动滑轨等设备替代了人工运输与清洗等工作，实现无人化与自动化的移动作业；测控装备主要承担着猪场内的环境信息感知、生长信息感知、装备状态感知等业务，其中包括传感器、摄像装备、拾音装备、采集器、控制器。这些装备通过获取大量的数据，代替人工操控设备，实现猪场生产作业的自动化、精准化控制；云管控平台系统是无人猪场系统中的大脑与核心系统，首先收集、传输大量的生产作业数据与环境数据，通过云管控平台系统对这些数据进行自动处理与分析后，将结果与最新的生产指令反馈至生产线上相应的硬件系统中，从而形成一种无人化自动控制与管理的良性循环工作模式。

16.2 未来猪场生产的数字化与无人化

在非洲猪瘟和新冠疫情的冲击下，未来很多新建猪场一定会抛弃传统的养殖方式，对未来猪场做智能化的升级，而且一定是全面的信息化、数据化、智能化升级。未来猪场将具有"无人、无线、无干预、无接触"的特点，未来猪场的数字化与无人化管理，使各类数据信息互联互通、相互融合，确保生产目标始终生长在最佳的环境下，实现猪场精细化管理和科学自主智能化决策，让未来的猪场真正实现万物互联。未来猪场的生产方式按照工业化流水线的形式，依靠大量智能装备及先进的技术代替传统的人力，实现更高效益、更高品质、更低成本的生产。

1) 身份识别装备是保证未来猪场无人化、数字化运行的最基本的先决条件。身份识别系统也是在未来猪场生产系统进行自动监测、饲喂、管理等活动过程中对生产目标的身份进行核实与确认，并成为生产目标提供最佳生产方案的根本保障（见图16-1）。基于无线射频技术的电子耳标需要佩戴在生产目标的耳朵上，通过RFID读卡器读取耳标内存储的号码，以此来识别生产目标的身份。基于机器视觉与人工智能技术的猪脸身份识别装备对生产目标的面部进行自动识别以确认其身份信息，从而取代电子耳标装备，降低生产成本，推进数字化与无人化的进程。通过电子耳标的数字识别功能跟踪监控猪只出生、饲养、屠宰、销售的整个过程，有利于控制疫病、安全生产、提高猪场的数字化管理水平，也便于国家的安全监管。

图16-1 猪脸身份识别装备

2) 健康监测装备通过对猪场内猪只的图像、声音、体温的采集，全天候24h监测猪只是否出现异常行为与疾病行为（见图16-2）。与传统猪场人工巡检的方式相比，未来猪场巡检系统拥有监测时间覆盖面更广、发现疫病与异常行为更及时、投入成本更少等优势，保证了未来猪场猪只的健康发展和生产作业的顺利进行，有效地提高了猪场的经济效益。

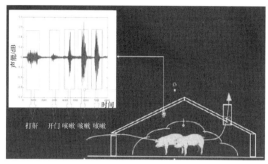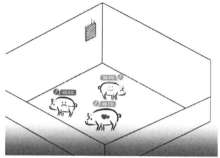

图 16-2　健康监测装备

3）生长过程监测系统采用图像处理技术，对舍内猪只生物量数据进行无接触式监测。与传统猪场人工获取猪只生物量数据的方法相比，节省了大量人工劳动成本，减少了猪只应激反应，提高了动物福利水平（见图 16-3）。除此之外，获取的生长过程数据还可以用来指导管理人员进行精准饲喂、分群等生产工作，实现机器换人的未来猪场智慧养殖方式。

图 16-3　生长过程监测系统

4）环境传感器将测量区域的环境数据转变成与之相对应的数字信号，然后将数据传输至智能测控终端，通过智能测控终端中设定的自动控制阈值，对测量区域的风机、水帘、供热等装备的运行状态进行自动调节（见图 16-4），以确保测量区域内的空气、温度、湿度等环境数据始终保持在生产作业的最佳状态。

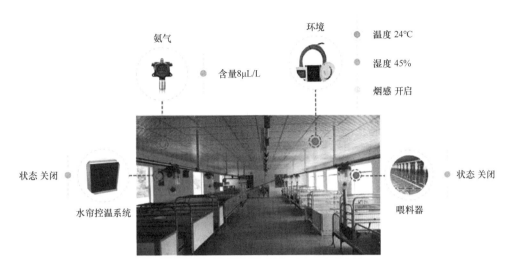

图 16-4　环境传感器

猪场环境监控的目标是确保猪场内部环境的稳定，包括室内外温度、湿度、二氧化碳和氧气浓度、光照强度、大气压力及有害气体浓度等。猪舍的温湿度对育成猪的生理和生产性能有显著影响。传统的养猪场在环境管理上存在不足，容易导致疾病和感染问题。未来猪场的监控系统将能够实现数据的采集、存储、报表生成、历史曲线绘制，并支持远程监控功能，从而提高环境管理的效率和效果。

16.3　未来猪场经营组织的专业化与社会化

未来猪场的任务是全心全意养好、管好猪，但目前在饲料生产、运营上缺乏专业的技术与人员。如果把部分本应管理猪场的时间用于生产饲料，一方面会影响猪场的经营管理，另一方面，专业上的差异会导致饲料生产也难以管好。因此，未来猪场应将饲料生产等环节交给专业化的公司去完成，走专业化经营之路。通过与一些生产水平较高、服务营销模式成熟、精细化渠道管理有力的大型专业化企业进行长期合作供应，未来猪场能够得到企业提供的专业化服务，甚至是全程式的服务。

这种专业化的模式社会分工明确，运作成本低、效率高，简化了猪场的生产与经营管理，降低了猪场生产与经营管理的难度，使社会资源配置、养猪资源配置最优化。未来猪场的专业化经营，通过深度融合大数据、云计算、物联网、人工智能等技术，旨在实现数字化与无人化，这将有效降低生产成本，尤其是间接成本，从而提高养猪的经济效益与社会效益。具体来说，这种技术融合能够实现精准饲喂、智能监控、数据驱动决策等，减少人力成本，提升动物福利，并推动环保与可持续性。通过这些技术的应用，猪场能够实现自动化喂养、环境监控、健康管理等功能，优化养殖流程，降低资源浪费，提高养殖效率和产品质量。同时，这些技术还能帮助猪场实现批次化生产全进全出，提高生产水平，降低生产成本，实现规模效益。因此，未来猪场的专业化经营不仅能够提升经济效益，而且在动物健康、环境保护、食品安全和市场响应速度等方面产生深远的积极影响，预示着养猪产业的转型升级和可持续发展。

养猪业的经营组织社会化现状是社会化服务体系仍不健全、总体服务水平较低、服务内容单一，不适应养猪业生产发展的需求。因此，建设覆盖全产业链、综合配套、便捷高效的社会化服务体系是发展未来猪场的必然要求，未来猪场的社会化服务体系需要进一步加强（见图16-5）。

图16-5 未来猪场经营组织的社会化

针对未来猪场的经营主体，其社会化组成共分为五个部分：公共服务机构、专业化组织、合作组织、龙头企业及社会其他力量。其中，社会化组成的项目中又可以具体分为基础设施服务、政策法规服务、金融保险服务、科技服务、流通服务、信息服务、市场与人才服务。

16.4 未来猪场生产加工的绿色化

近年来，国家通过采取一系列有效措施，推进绿色养猪业的发展。一方面，自2020年1月1日起，停止生产、进口促生长类药物饲料添加剂；同年7月1日起，停止生产还有促生长类药物饲料添加剂的商品饲料，指导各地全面推进药物饲料添加剂退出工作。另一方面，利用设施建设规范等文件，指导各地按照以地定畜的思路，促进种养协调发展。农业农村部联合生态环境部印发指导意见，针对粪肥还田利用渠道不畅问题，指导各地深化种养结合发展，加快推进畜禽粪污还田利用，指导开展种养结合试点，促进生猪粪污就近就地低成本还田利用。

由于非洲猪瘟与新冠疫情的影响，对我国生猪养殖企业的生物安全防控提出了更高的要求，对提升生物安全防控水平、实现绿色生态发展起到了极大的促进作用。通过树立典型、现场学习、交流等方法，改变传统的养殖理念，把养殖业从污染产业转变为绿色环保产业。通过报纸、网络、新媒体等多种方式，加大对这类产品的宣传力度，创造良好的舆论环境，推动社会认可、消费绿色生猪产品，推动未来生猪养殖业的持续健康发展。

未来猪场的发展过程中，环保将会是行业发展中遇到的最大难题，需要探索出一种"养殖—沼液—绿色农业"的循环经济模式（见图16-6），将养猪生产的粪肥全部资源化利用，做到猪场的"零排放"。

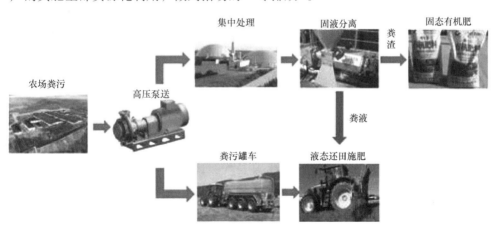

图16-6　未来猪场循环经济模式

16.5　未来猪场生产和营销的价值化与品牌化

随着收入水平的提高，大众对于猪肉的需求呈现出了多样化、分层次化的倾向，这就需要经营企业进行猪肉产品的品牌化建设，以此突出自身猪肉产品的特色和品牌定位，以便更好地满足大众的多样化和分层次化需求。随着我国养猪水平的不断提高，生猪养殖的集约化水平和规模化的程度都在不断地提高。在有限的市场中，生猪产品的市场竞争也会越来越激烈。对于猪肉经营和养猪的企业，为寻求竞争优势，就要不断地在提高自身产品品质的同时，注重和加强品牌建设，并且将自己的产品特点和优势充分地展示给消费者，再运用比较好的营销策略来实现以品牌竞争为手段的市场业绩提升。我国畜产品的品牌建设相较于一般制造业的行业来说是相对滞后的，但是在未来的行业发展中，养猪企业的品牌建设会显得越来越重要，会成为养猪企业自身发展壮大的一条必要的路径。

品牌猪在日本被称为"铭柄猪"，并不一定是不同的品种，成为猪肉品牌主要取决于肉质——长期稳定的肉质。肉质主要通过品种和特殊的养殖技巧来实现，把每头猪都当作特供猪来养，精心饲养、长期稳定，才能创造市场公认的品牌猪。图16-7所示为工厂化养猪及其品牌化。

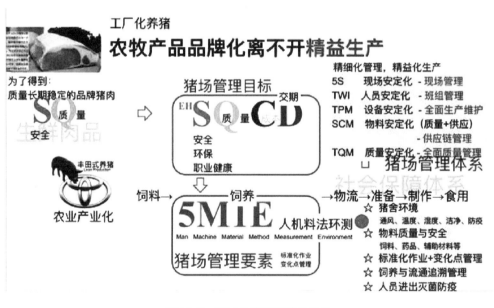

图 16-7　工厂化养猪及其品牌化

为得到质量长期稳定的品牌猪肉，工厂化养猪追求的是安全、高质量的生鲜肉品，和所有的工厂一样，猪场管理的目标是"SQCD"："S"就是工厂的安全、环保和职业健康（EHS），"Q"是质量，"C"是成本，"D"是交货期。围绕这些目标，猪场要有效管理 5M1E（Man、Machine、Material、Method、Measurement 和 Environment）六大要素，即人（作业员工）、机（设备）、料（物料）、法（工艺、作业方法）、环（环境）、测（测量系统），具体到养猪场，就是要管理好猪舍环境，包括通风、温度、湿度、洁净和防疫；确保物料质量与安全，包括饲料、药品和辅助材料等；作业要实现标准化，同时要加强变化点管理；做好饲养与流通过程的追溯管理；严格进行人员进出的灭菌防疫。

16.6　未来猪场科学技术的集约化与一体化

构建市场需求为导向、企业为主体、产学研深度融合的创新体系，首先要培育并发展壮大育种主体，推动以科学技术为基础的育种工作。通过技术研发，提升育种创新能力和效率。研制非接触式、准确自动化的性能测定技术，提升精准表型数据获取能力，将商品猪信息整合到遗传评估体系中，升级现有基因组选择技术，发展整合基因功能注释、转录组、调控元件等生物信息的基因组选择技术。通过运用最新的物联网技术和人工智能技术将养猪的出产处理、猪舍环境监控、产品溯源、专家系统整合为一套完好的系统，生产养殖者能够轻松管理猪舍，理顺出产流程，实现全过程的安全、可溯源（见图 16-8）。

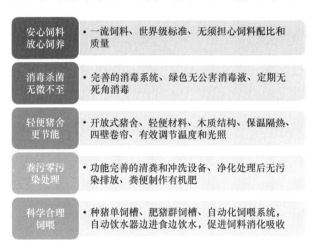

图 16-8　科学养殖模式

未来猪场的建设与经营已经是一个融合了多门学科的"高科技"行业。从猪场设计的革新，到饲料营养、疫病防控、养猪环保等技术的研发，每一步都离不开科学技术的创新：饲料的生产与使用应进行科学的配比，保证其质量；完善的消毒系统使用绿色无公害的消毒试剂；开放式猪舍建筑采用轻便材料，保温隔热、节能减排；功能完善的清粪和冲洗设备，粪便制作有机肥，达到零污染处理；自动化饲喂、饮水系统，针对不同个体情况实现科学分群与精准饲喂。科学技术的集约化与一体化将未来猪场生猪养殖的每一个环节紧密地联系起来，实现其科学化、自动化、智能化、一体化与系统化。

第 17 章

未来牛场

17.1 概述

随着人口压力、气候变化、动物蛋白和乳制品消费量需求的增加，现阶段农业技术的创新和新一代信息技术的发展，未来牛场将从传统人力为主的养殖模式向智能化、无人化、信息化养殖模式发展，传感器、机器人等智能装备、现代设施和管理系统将代替大部分人工参与牛场数字化、无人化、专业化、社会化、标准化和绿色化生产，未来牛场规模化、集约化程度将逐步提高，围绕着人工智能、区块链、云计算、大数据和5G等核心技术的未来牛场将成为未来奶牛和肉牛产业的必然趋势，大幅提高生产力水平和盈利能力，改善牛场生态和可持续性。

17.1.1 未来牛场的定义

未来牛场通过采用物联网、大数据、人工智能、5G、云计算、地理信息、可视化等新一代信息技术，在数字化、智能化、信息化传感器、机器人等智能装备的协作下，构建环境自动控制系统、自动喂料系统、自动挤奶系统、分栏管理系统、防疫清洁系统以及生产管理系统，将所有关键生产场景融入自动化、信息化元素，创建精细化、标准化、自动化的智能养殖模式，最终全天候、全空间、全过程实现牛场数字化、精细化、规模化作业，是牛场未来发展的全新生产模式。

17.1.2 未来牛场的组成与功能

未来牛场由硬件设备与软件系统的集成联动、生产者与经营者的管理决策组成，通过基础设施、测控设备、固定装备、移动装备和管理系统之间的深度交互融合，各司其职，缺一不可，各生产环节业务联动，最终实现牛场智能化管理、信息化运作、数字化养殖、绿色化加工和品牌化营销。

17.1.3 未来牛场的类型

未来牛场根据生产的产品主要分为两种类型：一种是以获取牛奶等奶产品为主要目标的奶牛养殖场，获得高品质的牛奶等乳制品并可检测牛奶乳脂率、乳蛋白率等品质指标，以及检测体细胞、菌落总数等卫生指标参数；另一种是以获取牛肉等肉产品为目标的肉牛养殖场，获得高品质的牛肉等肉产品并可以检测牛肉新鲜度、牛肉嫩度、pH 等牛肉品质指标参数。

17.2 未来牛场生产的数字化与无人化

人工智能、大数据等技术和全球化进程推动了全球农业和乳品工业的现代化。新一代电子传感器的开发，可用于收集有关动物性能及其环境的实时或近实时详细高频测量数据，是未来牛场数字化与无人化的核心驱动力。未来牛场的个体精细表型测量可以提供详细的生理状态信息，特别是体外可穿戴式设备和体内传感器的应用。随着传感器的更新换代，其体积将越来越小，从而减少牛只的厌恶性反应，这对于精准获取牛只表征数据及提升牛只福利感具有重大意义。如今，牛耳耳标携带的 GPS 定位传感器可以实时追踪牛只的位置，牛颈佩戴带有运动量分析、温湿度传感器等功能的智能项圈可以监测牛只所处环境的温湿度和运动量。未来，各种类型的先进传感器将补充或替代现有传感器，更加精准地采集牛只的心率、血压、呼吸强度、采食量、足蹄健康、乳房健康等生理健康指标（见图 17-1）。然而，新型传感器发展的目标不一定是用新的表型检测替换现有的表型检测，而是确定可以大规模收集相关信息的新来源。例如，科研人员不希望仅仅因为有了新的乳腺炎表型就停止收集与乳房健康相关的体细胞计数（SCC）记录。新的表型，即使是基于低成本、容易收集观察结果的表型，也需要多年的时间积累足够的数据，以匹配目前基于SCC、寿命和生育率数据的评估可靠性。使用新技术来补充难以获取或获取成本昂贵的现有表型数据可能更有价值，例如，用计算机视觉监测饲料摄入量代替通过体重计算摄入量。未来牛场获取的海量数据不仅用于集成到单个牛场的决策支持系统中，还将用于从国家乃至全球畜群层面广泛收集数据，以制定指导全球或区域性的政策方针。目前，由于技术、设备和成本限制，通常无法达到这一目的。未来，新的数字化技术将建立在现有监测、表型和控制系统的基础上，同时实现可视化牛只牛群数据信息，在全国乃至全球范围内收集和分析牛场牛群的数字化信息，建立、共享、管理和维护标准化数据库。

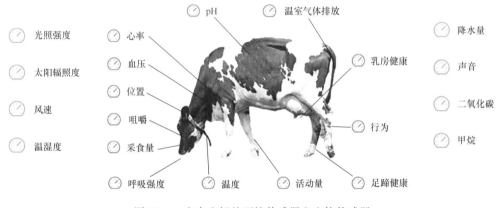

图 17-1　未来牛场的环境传感器和牛体传感器

数字化传感器、智能化设备和信息化技术之间协调运作，使未来牛场具备无人化运行模式。例如，分布式温湿度、二氧化碳、二氧化硫、氨气等传感器组成环境自动控制系统，对牛场内整体空气成分、含量和质量进行实时监测，当传感器监测到数据超标时，分节点会将数据及时自动上传管理平台，并向有关设备发出自控指令进行调节，同时将预警信息发送给场内工作人员。例如，当二氧化碳含量过高时，传感器节点上传数据，管理平台收到超标信息后控制风机等设备第一时间通风换气，并将预警信息同步至牛场人员移动设备，达到无人化监控牛舍环境，使牛场保持良好的空气环境。

报警可见光相机、热红外相机、声音传感器等数字化设备组成未来牛场的智能监控系统，对牛的饮水、进食、发情等行为进行监测、记录并上传。依靠视觉传感器的电子分拣系统，结合牛脸识别技术可实现牛只精准放牧、分栏和生产管理。智能项圈配合互联网、物联网、云计算技术和视觉传感器,组成了发情监测系统,可用于监测牛只的发情起始时间、发情周期等,及早发现发情牛只,以便确定牛只授精配种日期,避免错过配种时期而造成不必要的损失。发情期是决定牛场盈利能力的关键时期,在传统方式下,养殖人员通过肉眼观察来判断牛只是否发情,该方法的缺点在于既耗时耗力,又无法做到准确及时。而且,奶牛通常在夜间发情,为了尽可能避免漏掉牛只发情期,养殖人员甚至需要轮值观察牛只,这就大大增加了人工成本。统计显示,人工监测下的奶牛发情期错过率高达50%。在新方式下,利用计步器和视觉传感器记录牛只编号、行走、躺卧等活动量水平信息,并进行行为分析,捕捉牛只发情期。在探测到牛只发情之后,将通过预设程序通知养殖人员及时、准确地抓住时机对牛进行配种,从而提高繁殖效率和奶牛产奶率。养殖人员用计算机或手机可随时查看牛只生理周期、发情期、躺卧行为等数据,结合配备智能监控系统,实现实时掌握牛群的全局活动。

未来牛场配备的智能淋浴系统通过数字化传感器动态感知牛群位置,实现了即来即喷、即走即停的智能控制,覆盖牛场的室内休息区和室外活动区域,有效提升了生态节水效果和经济效益。数据显示,智能淋浴系统相比传统喷淋降温方式节水50%以上,同时,奶牛的进食量提升了30%,繁殖率提高了约32%,产奶量提高了30%以上。这些改进不仅促进了资源的高效利用,还提高了牛场的整体生产率和经济收益。

智能饲喂系统是未来牛场的标配,涵盖饲料搬运机器人和精准饲喂设备。饲料搬运机器人可以在饲料运输的同时,自动完成注入营养液、混合和搅拌业务。精准饲喂设备可分为三种:传送带式饲喂设备,轨道式精准饲喂设备,自走式饲喂机器人。精准饲喂设备利用计算机视觉和自动化技术,设定工作时间和路线,自动进行饲料投喂。结合智能监控系统实时监控饲料食用情况,获取牛只用料积极性和饲料利用率,从而做到智能调整饲料投放量。

自动清洁系统实现未来牛场粪污清扫、处理和杀菌消毒业务。自主清粪机器人和轨道式清粪板将是两种主要的粪污清扫方式。粪污处理业务通过渗透过滤地板、固液分离机、厌氧消化池和发酵罐,从牛场的粪便和废水中回收能源、作物营养素以及清洁水,将牛场粪污进行无害化与资源化处理。消毒机器人对粪污清理后的牛场牛舍进行进一步的消毒清洁处理,包括环境消毒、用具消毒、活体环境消毒、生产区消毒、设施消毒等,帮助营造干净良好的牛只生长环境。相比人工进行的消毒杀菌，消毒机器人的效率更高，数据显示，消毒机器人仅需 3min 即可完成 $100m^2$ 空间的全面消毒。消毒机器人和人类日常生活使用的扫地机器人类似，可对消毒路线进行规划，设置好消毒路线后按照既定路线喷洒消毒液。

未来牛场的自动挤奶系统通过挤奶机器人精准探知乳头位置并完成挤奶，取代目前的劳动密集型机器挤奶，可以有效降低劳动力成本，提高奶牛幸福指数，同时可提高奶牛的挤奶频率，减少挤奶环节之间乳房中细菌的生长时间。同时，配置乳体细胞计数、乳脂率、体积等传感器，对牛奶成分（脂肪、蛋白质、乳糖、牛奶尿素氮和体细胞计数）进行频繁的取样和活动监测，以确定与发情、跛足或疾病发生相关的奶牛行为变化，判断奶产品质量和牛只健康状况，必要时及时调整牛只管理方式，使用数据评估当前管理实践，同时也便于牛奶品质分级、冷藏、加工。对于许多与牛奶成分和奶牛生理状态相关的性状，来自牛奶样品的技术分析［如中红外光谱（MIR）］可用于开发许多不同表型的预测因子，如脂肪、蛋白质、乳糖等。MIR 的吸引力在于，它可以成为一种针对某些个体奶牛难以测量且高成本的表型记录的低成本获取方式，如甲烷的产生和代谢特征。挤奶完成后，挤奶杯组自动归位，并及时做消毒处理，同时清洁喷头对牛乳头以及牛蹄清洁、冲洗、消毒，减少交叉感染风险。对于规模较大的奶牛场可配备挤奶厅，挤奶厅可分为鱼骨式、并列式、转盘式、挤奶、消毒、按摩高度集成和自动化，显著提高挤奶效率。数字化传感器和无人化智能系统将取代牛场的大部分人工劳动，并加强奶牛场的可持续实践。

17.3　未来牛场经营管理的专业化与社会化

未来牛场将向经营管理的专业化和社会化方向发展，经营者和生产者专业化推动未来牛场发展专业化，达到特定生产经营目标，遵照新的准则及规范成立社会性组织，实现牛场可持续高效生产。所谓专业化，是指未来牛场经营者和生产者将是掌握特定专业技术和管理技能的专业人员，在这种发展运营模式下，未来牛场根据地理位置、自然资源优势、市场需求以及政策导向等因素进行针对性建设，避免混合经营带来不必要的资金投入及运营成本。所谓社会化，是指未来牛场与各行业的商业企业密切合作，生产出满足市场需求的消费产品，实现牛场的产业化生产规模及健全的市场运行机制。

在未来牛场，牛群将被视为一个观察、生产单位，作为一个"超级有机体"。"超级有机体"通常指一个社会性动物群体，如蜜蜂、蚂蚁和白蚁等昆虫群体，群体成员之间分工协作，就如同一个有机体的各种器官，将整个牛群视为一个超级有机体将有助于提高牛群生产力，改善牛只健康和福祉。牛只的饮食行为、阉割年龄、断奶时间和饲养期是决定产品质量和数量的重要因素，对美国和加拿大肉牛的研究表明，延长饲养期会影响牛肉的肉质，因此，未来牛场将根据牛只基因组信息、摄食表现和生长阶段实现牛只个性化精准管理。此外，遗传改良技术将成为常规群体管理的一部分，将更强调牛的编码基因组和相关的非编码表观基因组，以及牛场的微生物群落基因组，确定牛只个体的遗传特征，并根据个体特征进行精确管理，降低生产成本，提高未来牛场的经济效益。

饲料企业、育种公司、物流公司、乳制品公司等与未来牛场深度合作，商业化农业公司、技术公司等服务于未来牛场，产品生产、加工、流通、销售、消费的各个环节实现专业化、商业化、社会化，共同形成完整的市场机制。例如，随着农场不断扩大规模，不同年龄和生产阶段牛只的住房和管理将实现更大的横向一体化。由住宅设计公司为不同规模、资源优势、地理位置等牛场专业量身定制的牛舍住宅系统是社会化的一个重要体现，这种牛场将允许牛只完成更多自然行为的表达，保证牛群健康生长，延长寿命，提高牛群生活幸福感，促进牛场盈利能力最大化，牛场经营者和住宅设计公司合作共赢，进一步推动市场、社会可持续发展。乳制品的专有生产线将由可以获得非公共领域基因组信息的商业企业开发，这些生产线拥有知识产权保护，通过专业化生产独特产品如治疗性乳制品，既满足特定市场需求，又为牛场及合作商带来丰厚利润。未来牛场社会化还体现在牛场生产经营者的社会地位和待遇。例如，荷兰的乳制品加工行业制定的"可持续乳链"计划，旨在使乳制品从业者拥有公平的收入，尊重动物的健康和福利，并受到社会的认可和赞赏。

政府的地位和作用同样不可忽视，未来牛场的发展方向离不开政府政策引导和支持。例如，由于较长投资周期和高风险，具备专业技术的私营化育种公司可能不愿投资农场育种，在这种情况下，为了朝着未来牛场专业化和社会化目标迈进，政府需要制定方针政策，为私营公司提供设施或财政支持。此外，政府可通过赋予牛场经营者相关权利，为牛场经营者提供技术保障和市场信息服务，推动未来牛场专业化和社会化发展。

17.4 未来牛场生产加工的标准化与绿色化

未来牛场从生产到产品加工实施一系列的运营标准,包括福利标准、设备设施标准、饲料标准、投喂标准、管理标准、产品加工标准、数据采集与传输标准等。生产加工的标准化实施将提高牛场的产品质量、生产力和可持续性,满足消费者对绿色、健康、有机食品的需求,降低消费者的消费成本。

未来牛场的标准化设施将被优化设计和建造,采用特殊复合材料制作,以满足特定需求,改善牛群生长健康和福利。例如,牛群活动地面采用可渗透地板类型,并提供缓冲和舒适的表面。牛舍区域使用堆肥铺垫材料的地板,将具有吸收氨氮的能力。小道将采用层压板建造,底层混凝土与碳材料加固覆盖的层压板,既具备底层强度和耐久性,又能够提供聚合物表面柔性。牛只的躺卧行为与反刍行为密切相关,增加卧床用品如深沙等,提高福利丰富性,并允许牛只表达更多自然行为。

未来牛场所投喂饲料的质量、消化率和利用率将进一步得到提高,相较于目前流行的发酵全混合日粮(TMR),未来牛场饲料具备更高营养价值,并减少作物和饲料的化学投入,如化肥、杀虫剂和添加剂,从而降低成本。计算牛只个体对饲料的利用率,个性化定制饲料摄入量,投入高消化率和利用率饲料,提高牛奶和肉类生产率,降低单位牛奶或牛肉产生的甲烷等温室气体排放。据统计,新西兰奶牛场直接燃料和用电产生的二氧化碳排放量占二氧化碳排放总量的2%以下,而牛群肠内甲烷排放量则占温室气体总排放量的70%左右。提高牛场生产力,改进生产管理实践,进一步减少碳足迹是未来牛场可持续生产的必然措施。

目前,全世界有多种不同的方法统计牛奶和牛奶固体的产量,这使得系统比较变得困难。未来牛场采用一种全球配方或区域内的公认标准,根据牛奶中脂肪、蛋白质和乳糖浓度的差异进行调整,并考虑到体积和矿物质之间的高相关性,以便比较各种乳品生产加工系统。牛只屠宰、牛肉加工、分级和包装将使用智能化、自动化设备,遵循良好生产规范标准。例如,按照行业分级标准,依靠机器视觉、传感器等自动评判肉色、脂肪色、肋眼硬度、蛋白质含量和成熟度,从而进行智能牛肉分级。

牛场产生及获取的数据具有协议标准,明确数据拥有权、访问权和出售权,否则这将在数据进行使用时引发问题,并且数据采集和传输系统也必须符合有关标准。例如，要求对数据的使用和更改，如基于基因型的系谱校正，必须由授权方批准。如果不清楚数据所有权和改动权，那么这些数据就无法顺利地整合到基因改良或遗传增益中。此外，建立数据共享标准，即便是商业机密，通过公认标准措施也可避免数据封锁阻碍未来牛场的发展进程。这些丰富数据将用于基因改良、设备优化和技术创新，同样具备极大的商业价值和社会价值。未来牛场产业链如合作商等，也将实施技术标准和数据标准，技术分析可进行相互比较和独立验证，避免同一份样本数据分析结果呈现多样性。产品信息可追溯标准将确保消费者可以获取从农场到餐桌的产品跟踪信息，使用出生识别号、基因信息、管理信息、屠宰信息或乳制品加工信息保障可追溯性，可以追溯个体牛的生长历史。

17.5 未来牛场产品营销的价值化与品牌化

未来牛场生产的产品将不再局限于乳制品和牛肉，小牛犊、配种牛、活牛、精液等也是重要附加产品，这些产品能够满足各类群体日益增长的营养需求、治疗需求、保健需求、精神需求等多功能需求，追求特定生产目标的牛场在长期的经营及发展下，推动地方经济，带动产业结构优化，逐渐具有品牌影响力，形成品牌化效应。

全球乳制品消费趋势是在较低牛奶体积内增加脂肪、乳糖和蛋白质的产量，未来牛场的生产将更加重视乳固体产量而不是单纯的乳产量。乳糖是牛乳中的主要固体，其在牛奶中的合成和浓度主要受牛乳健康和奶牛能量平衡代谢的影响。传统牛场的单组分支付系统以牛奶的体积为基础，而与牛奶的质量和成分无关，未来牛场的多组分支付系统采用多元形式，将脂肪、蛋白质和乳糖的成分产量纳入价值公式。小牛犊、配种牛、活牛、精液也作为牛场的产品，比如韩牛育种计划每年选择20只经过验证的公牛，将它们的优质精液分布在整个行业，经过选择的年度遗传增益和遗传性能非常成功，这也将提高牛场经济效益并促进行业实现产业化发展。

牛场的福利措施是影响产品数量和质量的重要指标，强调福利、健康是未来牛场宣传产品价值化和形成品牌化的手段之一。死亡率和发病率可被视为动物农业行业动物福利标准的指标。温度变化被认为是热状态的可靠指标，喘气评分被认为是测量体温、评估牛热应激的可行替代方法，提供了对牛呼吸动力学的视觉评估。牛只身体涂层清洁度作为躺卧时间的代理指标，可进而评估福利指数。这些价值因素包括但不限于动物因素（如遗传、性情和健康）及人为因素，即生产人员与动物的交互影响，包括生产、管理和运输人员的态度、技能和决策，如饮食、营养、资源供应、怀孕管理，增加自然行为的表达，减少压力应激，这将间接影响牛群的健康、发病率、产量和质量。动物的行为举止或肢体语言提供有关其身心状态的重要信息。目前，定性行为评估（QBA）是一种用于识别行为表达中细微差异的技术，未来牛场将整合并优化评估方式，作为动物福利的综合衡量标准，进而改善牛群社会群体的整体积极情感和心理状态，提升产品品质和价值。

产品可追溯性确保了产品生产、管理、加工、流通和销售的透明度，使用身份识别标签，并进行脱氧核糖核酸（DNA）身份检测，以防止来源的错误标记，各个环节严格把控，保障消费者可以追踪食品原产地的能力，让消费者对产品的健康、绿色和品质充满信心。随着消费水平的提高，消费者会为可追溯优质产品支付溢价，因此，产品可追溯性是未来牛场价值化和品牌化的基本保障。未来牛场在使用相关科学技术以提升产品价值的宣传上将更加有力，但强调有关特定技术价值的科学技术论据在面对公众抵制时可能无效。例如，消费者对重组牛生长激素的负面看法，导致美国牛奶加工者无法使用重组牛生长激素。这就意味着未来牛场的产品营销手段需要谨慎，避免公众恐慌和抵制。

未来牛场掌握遗传改良、基因组选择、杂交育种、试管授精等科学技术，科学化提高产品产量和品质，可生产特色产品、发展特色产业。遗传改良将强调牛的编码基因组和相关的非编码表观基因组，以及牛只和农场的微生物基因组。表观遗传管理将侧重于牛只个体领域，抗逆性基因将被鉴定定位，通过基因编辑，在品种内和品种间移动。例如，通过常规育种培育的荷斯坦牛系基因组中携带一个耐热基因（slick 基因），该系的奶牛表现出更好的耐热性，通过基因编辑技术可以快速地将此基因转移到其他牛系或品种。基因组选择将应用到免疫、抗病、生殖等相关领域，将增加诸如口蹄疫和地方病（如钩端螺旋体病、牛传染性鼻气管炎和牛病毒性腹泻）等主要传染性外来疾病的抵抗力。乳制品中的特定产品将通过基因组选择有效开发，以适应特定人群的乳制品需求。通过管理农场微环境中的微生物种群，以及通过监测和管理表观遗传性能，将更加有益于牛群和牛场的生产实践。微生物组的管理将取决于对微生物组如何在健康动物中建立和维持的理解，专有的微生物产品将用于治疗并取代一些抗菌产品，微生物添加剂将被用于土壤、作物和灌溉水中，以改善土壤健康，提高作物产量，保护水质，种子将被微生物覆盖，以提高土壤肥力和产量，而不增加化学输入。在住房和挤奶设施中，微生物混合物将提高床上用品的质量和牛场的自然生物多样性。杂交育种将继续在世界范围内的商业乳牛群中使用，但由于基于基因组选择导致了品种内的特殊品系，杂交育种可能会减少，但杂交的杂种优势仍不会消失。此外，细胞培养技术将把遗传交配的决定权从牛场现场转移到试管授精实验室，极大地增加乳制品遗传工业生产的产品类型。

第 18 章

未来鸡场

18.1 概述

18.1.1 未来鸡场的定义

未来鸡场是一种全天候、全过程、全方位的智能养殖模式,包括数字化与无人化的生产管理、专业化与社会化的经营组织、标准化与绿色化的产品加工、价值化与品牌化的生产营销,以及集约化与一体化的技术应用。通过结合物联网、大数据、人工智能、云计算和5G等先进信息技术,未来鸡场将实现环境监控、精准饲喂、鸡蛋收集、智能繁育和自动清洁等环节的智能管理,进而实现高产、优质、高效、生态、安全的禽蛋生产。

18.1.2 未来鸡场的组成与功能

未来鸡场由生产系统、经营和管理系统、产业支撑系统三部分组成,如图18-1所示。这三个系统相互关联、协调运作,共同完成未来鸡场的生产、经营和社会化服务等任务。

生产系统包括鸡场基础设施、智能装备、饲喂控制、蛋肉收获和巡检机器

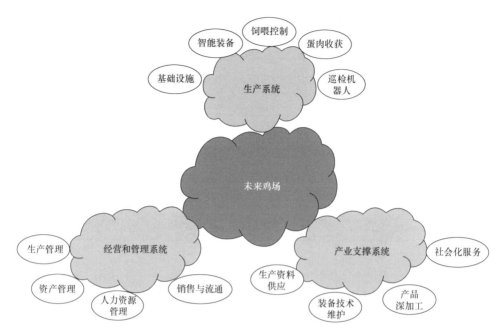

图 18-1 未来鸡场的组成

人等,是未来鸡场生产运行的基础。通过数字化和无人化的生产管理,该系统利用智能数据处理和现代化装备的控制,实现鸡仔的孵化、蛋(肉)鸡的饲养、鸡蛋的收集、鸡舍环境的监测和控制,以及鸡蛋和肉鸡的产品加工等鸡场全部的生产作业过程。该系统的功能是将投入的生产资源转化为具有一定商品价值属性的蛋肉产品。

经营和管理系统是对生产经营活动计划和决策的系统统称。该系统充分利用饲料、设备等生产要素,通过优化经营和管理方法,最大限度地挖掘鸡场的生产潜力,从而降低生产成本。未来鸡场的经营方向是专业化和综合性养殖,在培育和繁殖优良个体品种的同时,为市场提供优质蛋肉产品。生产管理包括制定周密的产蛋计划、孵化计划、育雏计划、饲料计划等。未来鸡场融合企业现代化和智能化管理模式,形成专业化和多元化经营体系,可以进一步提高养殖的经济效益。

产业支撑系统是未来鸡场有效运行的保障,包括生产资料供应、装备技术维护、产品深加工和社会化服务等产前和产后的相关产业。该系统是集生物技术、信息技术、产品深加工、社会服务为一体的综合型产业体系。在未来鸡场的新型产业支撑系统中,每项任务都有专业化的分工,共同支撑起这个复杂的系统,保障未来鸡场高效运行。

18.2 未来鸡场生产的数字化与无人化

未来鸡场要实现生产加工的远程监控、智能决策和自主作业。通过充分应用物联网技术，利用传感器、摄像机等数字采集设备采集鸡舍的环境信息和蛋（肉）鸡的生长状态，未来鸡场实现了养殖场所内个体体重、产蛋、摄食、饮水和环境温湿度等方面信息的感知。智能化远程管理借助传感器和动物生长模型实现精准决策，保证了养殖场所内环境适宜、饲喂适量等精细化管理。自主作业机器人在接受作业控制指令后，通过智能数据处理和现代化装备的控制，实现了鸡仔的孵化、蛋（肉）鸡的饲养、鸡蛋的收集、鸡舍环境的监测和控制，以及鸡蛋和肉鸡的产品加工等鸡场全部的生产作业过程。未来鸡场生产的数字化与无人化主要包括智能测控系统、精准饲喂系统、鸡蛋收集系统、鸡仔孵化系统、清粪消毒处理系统。

（1）智能测控系统　未来鸡场智能测控系统通过物联网、无线通信、自动化控制等技术，实现了环境信息感知、传输与处理、设备自动控制等功能，如图 18-2 所示。智能测控系统主要包括环境测控、生产信息测控和生长状态测控。

图 18-2　智能测控系统

环境测控通过安装的温湿度传感器、空气质量传感器和光照传感器等设备感知周围环境信息。云管控平台根据鸡舍内传感器检测的空气温湿度、光照及二氧化碳等环境参数，计算出最佳控制策略。环境自动控制系统根据策略方案对鸡舍内的控制设备发送控制信号。设备自动控制系统控制各种作业设备，以调整鸡场内的环境参数。自动控制系统通过控制器与控制设备相连，控制器不仅能够传递感知到的信息，而且能够指挥各执行装备，自动对鼓风机、暖气和日光灯等设备进行控制。

生产信息测控将对鸡场内的投喂过程、设备运行状态、水电消耗情况、粪便处理和蛋肉产品信息等进行实时监测。控制器将通过无线网络将控制信号传递给作业设备和机器人。鸡场作业自动控制将包括饲料自动供给、鸡仔孵化自动控温、鸡蛋自动收集和粪便自动处理等。此外，将采用智能水表、智能电表等对生产过程中的用水量与耗能量进行实时自动计量。同时，使用具有自动计量的饲喂设备对生产过程中的饲料消耗进行实时自动计量。在鸡蛋收集过程中，采用带有质量传感器的传送带对鸡蛋进行喷码，并记录鸡蛋的质量和数量。自主作业机器人（如喂料机器人、清粪车和捡蛋机器人等）在接收到控制命令后，将分别按照控制信息执行任务。

生长状态测控是实现未来鸡场精准饲喂的关键，它通过自动识别技术实现个体识别和行为分析。生长状态测控将利用载有摄像机和声音传感器的移动装备或固定装备对鸡只进行实时监测，并分析数据得出鸡只的尺寸、质量、健康状态、行为数据。例如，图像监测数据经过人工智能识别，能够自动将病鸡与正常鸡区分开；3D深度摄像系统将能同时估计多只肉鸡的质量。同时，这些数据将通过网络自动上传至云平台系统进行处理与分析，以实时掌握每个生产目标的进度与状态，并对未来的饲养方案做出规划与调整。

（2）精准饲喂系统　　随着未来物联网技术的不断发展，自动化、智能化和信息化的饲喂方式将受到鸡场养殖者的青睐。与传统的饲喂方式相比，未来鸡场养殖将结合机器视觉和动物生长模型来推测个体的食欲、投喂时间和投喂量等，实现鸡只的精准饲喂。饲喂的数字化与无人化将主要通过无人车运送饲料和自动饲喂机器实现，如图18-3所示。

无人运输车的主要任务将是完成鸡场内饲料和蛋（肉）鸡产品的运输。无人运输车将根据传感系统感知鸡场道路环境并自动规划行车路线，控制车辆到达预定目标地点并自动将饲料添加到饲喂的食槽内。无人运输车将利用人工智能技术、5G、自动控制技术和机器人视觉等技术感知车辆的位置、道路和障碍物等信息，实时调整车辆的速度和转向，以确保可靠、安全地在道路上行驶。另外，自动化鸡场饲料转运系统还将设有轨道，喂料车可在轨道上输送饲料。

自动饲喂机器是实现精准饲喂的核心。该系统将采用个体识别技术识别鸡只编号，并通过摄像机估算鸡只的生物量、食欲和健康状态等。随后，云平台将依据采集的以上数据对不同个体计算出对应的饲喂配方、饲喂量等，并发送

图 18-3　精准饲喂系统

给饲喂机器人。饲喂机器人在接收到指令后将按照饲料配方信息完成饲料配备，并通过所对应的出料口实现饲料精准定点投放。同时，喂料过程中将记录投喂量、投喂时间、投料配方、鸡只编号等信息，并及时上传至云平台。通过对所有饲喂过程产生的大数据进行分析，可以掌握鸡只生长规律等深层知识。

（3）鸡蛋收集系统　蛋鸡笼养系统中实现自动化的鸡蛋收集和分拣是生产过程中的必要环节。鸡蛋通过自动滚落到传送带上，完成称重和喷码操作。随后，传送带将鸡蛋传送到分级车间，进行破损和污渍的检测。在此过程中，"破损检测系统"通过摄像机扫描鸡蛋，实时检测鸡蛋的破损。同时，"污渍检测系统"会对鸡蛋进行鉴别，将有污渍的鸡蛋分拣出来进行清洗。除此之外，还要进行隐纹检测，确保没有隐纹裂口，最后进行紫外线杀菌操作。经过一系列检测、清洗、分级、杀菌等操作后，优质安全的鸡蛋会通过打包机器进行包装。鸡蛋收集系统不仅节约了大量劳动力成本，而且避免了人与鸡蛋的接触，减少了细菌污染，从而提高了产品质量，如图 18-4 所示。

图 18-4　鸡蛋收集系统

(4) 鸡蛋孵化系统　鸡蛋孵化系统利用自动控制技术实现孵化箱的自动控温和控湿（见图18-5），具有噪声小、经济效益高和安全可靠的特点。孵化初期，分拣机器人采用机器视觉技术在灯光下挑拣不能孵化的蛋，提高了孵化率。孵化室内通过恒温暖片和暖光灯保持内部温度的精准，为鸡蛋的孵化提供所需环境，并减少孵化时间。另外，孵化室内的翻蛋链条通过机械装置定时翻转鸡蛋，有效解决了人工翻蛋效率低、出错率高的问题，极大地解放了劳动力。孵化室内定时自动清洁和消毒，减少了雏鸡感染疾病的风险。

图18-5　鸡蛋孵化系统

(5) 清粪消毒处理系统　机器人和人工智能技术在农业中的应用越来越广泛，尤其是自主导航机器人在家禽生产中具有发展潜力，如图18-6所示。自动

图18-6　自动清洁机器人

清洁机器人能够在无人值守的情况下为家禽场进行清洁消毒。该机器人通过机器视觉准确识别鸡场内需要定点清洁和消毒的位置,避免了大规模清洁和消毒造成的资源浪费。家禽清洁机器人能够全天候对鸡场进行及时处理,提高了场地内的环境质量。自动清洁机器人能够准确定位需要清洁的地点,提高消毒效率,降低鸡只死亡率,减少抗生素的使用,提高动物福利。

18.3 未来鸡场经营组织的专业化与社会化

随着农场家庭、农民合作社、农业龙头企业和社会化服务组织等新型农业经营主体的不断发展,未来农场的经营模式将更趋多元化,主要包括"农场+合作社""农场+公司"等多种经营模式,如图18-7所示。未来鸡场经营是"互联网+农业"的深度融合,农场通过互联网实现了与客户、消费者之间的直接对接。未来的家禽养殖企业将通过承包、租赁、购买等方式,建设具有一定规模、功能齐备的养殖基地,并利用市场、技术、管理等优势和社会化服务,组织新农民从事养殖生产,形成有组织、有规模、有专业分工的社会化生产经营模式,共同构建"经济共享、风险共担、合作共赢"的农场命运共同体。具有专业技术的公司将为农场主提供资金、管理和技术支持,实现先富带动后富,打造中国特色的脱贫致富模式,助力乡村振兴。

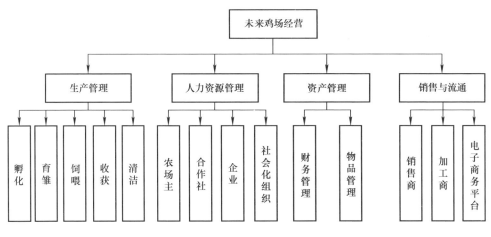

图18-7 未来鸡场经营

规模化与标准化养殖是未来鸡场专业化生产的前提。未来经营公司将采取专业化、规范化的运作和全方位的管理服务理念,以科学技术为支撑,推动家禽养殖向智能化、专业化和现代化发展。同时，未来经营组织将进一步提升管理理念、拓宽销售渠道、注重科技创新培养、提高生产经营融资水平，从而达到家禽业的高效和高产。养殖公司专业的养殖方式将促进由传统散养向规模化养殖的转变，提高养殖过程中资源的利用率和转化率，从而增加公司和农场主的利润。公司将为生产养殖提供育苗、饲料、养殖技术、疫苗和产品销售等一体化服务，推动我国家禽业养殖的现代化、产业化、规模化发展。

农场主作为掌握现代养殖科学技术和管理方式的新型职业农民，将能够胜任科学化与集约化养殖任务。新型职业农民将具备高水平的专业技能，各司其职，主要分为技术型和管理型。未来鸡场对农场主提出了更高的要求，需要他们能够适应新技术的不断发展，了解日益丰富的农业应用，并具备较强的家禽养殖业务能力。

针对家禽经营组织在生产过程中可能出现的资金不足、技术匮乏和管理经验不足等问题，未来农业新型经营组织将以家庭农场、合作公司为主体，提高生产经营水平的专业化和社会化程度。社会服务组织将定点帮扶农场主，不断提高创新服务能力，推动新产品、新技术和新管理模式的应用。

龙头企业等经营组织将搭建家禽养殖服务平台，拓宽生产经营领域，推动家禽产前、产中、产后相互连接的运行管理机制，以促进家禽养殖的可持续化发展。经营组织需要结合当地气候环境和市场需求，因地制宜地探索出实际的规模养殖、加工储藏和产品销售等方案。同时，社会服务组织将构建家禽养殖沟通桥梁，紧密联系各种规模的农场主，形成区域化和社会化的沟通交流机制。

18.4　未来鸡场生产加工的标准化与绿色化

标准化和绿色化的生产加工对扩大养殖规模和提升家禽产品质量至关重要。为克服传统养殖规模小、效率低、产品质量参差不齐等问题，未来鸡场应致力于提高产品质量和经济效益。随着消费者对绿色蛋肉产品需求的日益增长，标准化生产和绿色化加工将成为未来鸡场产品销售竞争的关键。为实现这一目标，未来鸡场的生产加工应建立标准化体系，重点关注绿色无公害生产方式的构建。管理者需要综合考虑育种方式、饲喂方案和产品加工等多个环节。

在育种方面，未来鸡场应专注于繁育优质个体，提升家禽产品质量。通过应用遗传学规律和生物技术，结合国内外优良品种，进行新品种的大规模培育和推广。同时，充分利用优良品种的遗传特性，提高肉鸡和蛋鸡的品质，控制疾病，确保鸡只健康，从而培育出肉质优良、产蛋率高的品种。

饲喂和饲料的标准化与绿色化是养殖过程中的关键环节，特别是在药物使用和饲料药物残留方面。养殖者应制定标准化、绿色化的饲料配方，严格禁止使用化学药物。此外，精准投喂是减少饲料浪费、保障家禽健康生长的关键。随着机器视觉和人工智能等技术在农业领域的应用，智能化生产系统结合养殖规律和动物生长模型，将形成科学、自动化的投喂方案。

在产品加工环节，未来鸡场应满足市场对绿色消费的需求，不断改进加工工艺，生产各类优质蛋肉产品。在加工过程中，应关注消费者对低糖、低脂、低胆固醇、高蛋白质的需求，确保产品符合营养膳食标准。此外，未来鸡场的产品应符合国际出口检疫安全和相关技术标准，并实施产品绿色安全追溯系统。

18.5 未来鸡场生产和营销的价值化与品牌化

未来鸡场生产和营销的价值化与品牌化，是与消费者建立共同价值观、提高产品销售的有效手段。随着鸡场品种和生产加工的差异化，经营组织需要走价值化与品牌化的发展道路，以提升产品价值和利润。随着家禽行业产品日益丰富多样，品牌化的鸡场能够满足消费者对更高质量产品的需求，同时提升经营者的生产利润。

未来鸡场应实现产品的多样化和差异化，以进一步满足市场消费升级的需求。随着家禽产品消费结构的变化，不同消费群体对产品的需求各异。因此，品牌化企业需要扩大深加工产品的范围，生产更多种类的鸡肉产品以满足市场需求。未来的鸡肉品牌将更加丰富多样，不同品种和养殖方式将带来鸡肉产品的口感差异。具有品牌价值的产品将更受高需求消费者的青睐。同时，成功的品牌能够向消费者讲述品牌背后的故事，从而吸引更多投资并扩大销售市场。

绿色产品是未来市场的发展趋势，对于价值化与品牌化的产品，其安全性也更加可靠。家禽公司的品牌文化与产品质量相结合，使消费者更青睐于具有独特品牌的蛋肉等加工品。未来鸡场生产和加工的数字化与无人化为鸡场的价值和品牌发展奠定了基础。规模化与集约化的养殖方式有助于降低生产成本，提高生产与加工的标准体系和产品安全性。

品牌公司更加注重产品质量安全，在生产和加工过程中具备完整的检疫、清洗和消毒流程，让消费者更加安心。这种对质量的严格把控不仅提高了消费者的信任度，也为品牌的可持续发展打下了坚实基础。

18.6 未来鸡场科学技术的集约化与一体化

智能传感器、自动化技术和数据驱动的云平台将在家禽饲养环境、家禽福利、精准饲养和传染病快速检测等方面发挥重要作用。家禽养殖场的环境是生产的关键因素，通过物联网和5G技术进行监测和控制将变得更加普遍。环境监测涵盖温度、风速、通风量、湿度，以及二氧化碳和氨气等气体浓度的监控。未来鸡场的饲喂过程将借助传感器和机器视觉技术实现精准化，这些技术不仅能够优化鸡只的生长和饲料转化率，还能保持鸡只的最佳体重，从而提升饲喂效率。

此外，通过数字成像、声学分析、红外热成像和拉曼光谱等非侵入式新技术，未来鸡场将能够有效诊断大规模鸡群的福利状况。利用可穿戴传感器和生物传感器，未来鸡场还可快速检测和诊断传染病，从而降低鸡群感染疾病的风险。

生物技术在家禽生产中的应用将越发广泛，旨在提供更好的营养、提高生产潜力和改善健康状况。未来鸡场的家禽遗传和育种将通过基因技术选择与环境适应和经济效益相关的优质性状，包括蛋产量、生长速度、存活率、抗病性、饲料效率及蛋肉品质等。转基因技术将用于改良持续遗传的性状，如抗逆性、抗病能力、免疫能力和营养转化效率等。随着生物技术的不断发展，基于基因技术的检测和筛选能力将显著提高，从而加快家禽疾病的诊断速度，满足定期检疫的要求，控制疾病传播。

未来鸡场将广泛应用可再生能源和可持续能源技术，以实现节能减排。太阳能被视为最具潜力的可再生能源之一，可用于家禽养殖场的采暖、通风、空调和照明等，以满足典型养殖场的供暖需求。生物质能（如鸡粪）能够转化为甲烷气体作为燃料。此外，地热能利用地下土壤作为热源，为家禽养殖提供空间供暖。照明和加热技术不仅能促进肉仔鸡的生长和蛋肉的生产，也为禽舍提供主要的内部热量来源。

未来鸡场的集约化养殖模式有助于减轻生产过程对环境的影响，推进可持续发展。传感器、人工智能和5G技术的应用能够实现对禽舍、水源和饲料的精准管理，并监控动物福利。机器视觉技术能够准确量化鸡只的饥饿程度和体重，并结合动物生长模型进行投喂控制决策，从而使饲料转化效率最大化，减少能源消耗和温室气体排放。此外，区块链技术将为未来鸡场提供产品追溯系统，确保产品可追溯至动物饲养和肉类生产加工的全过程，保障生产加工产品的绿色和可靠性。

第 19 章

未来渔场

19.1 概述

现代信息技术与渔业产业的融合发展是渔场现代化发展的必然趋势，也是促进渔场科学发展的重要手段。未来渔场作为无人渔场的延伸，以未来信息网络技术为基础，借助高级人工智能、渔业智能机械装备等技术手段，通过互联化、智能化的方式，实现对渔场生产、管理、经营、流通、服务等领域的智能决策和管理控制。未来渔场反映了渔业信息化发展到一定阶段的生产管理方式特征。加快推进未来渔场建设，有利于推动渔业供给侧结构性改革，加速渔业产业转型升级，对于规划我国渔场发展方向具有十分重要的战略意义。面对全球经济形势和我国渔业发展态势，渔场需要转变方式、调整结构、促进转型，这是当前及今后渔业产业发展面临的关键问题。如何加快未来渔场建设，利用崭新信息技术手段应对国际化竞争，为渔场智能化发展提供有效的信息支持，促进渔场现代化全面发展，是我国面临的紧迫课题。由于未来渔场发展目前没有成功的经验模式可以借鉴，本章试图从未来渔场生产的数字化与无人化、未来渔场经营组织的专业化与社会化、未来渔场生产加工的标准化与绿色化、未来渔场生产和营销的价值化与品牌化、未来渔场科学技术的集约化与一体化五个维度,对未来渔场的生产、加工、流通、营销、科技集成等不同领域进行详细解析,以期为我国未来渔场的建设提供参考。

19.2 未来渔场生产的数字化与无人化

渔场生态系统结构功能与调控机理、环境生态容纳量与养殖容量、生境生态要素与设施设备互作机制等基础研究,为加快推进未来渔场建设提供理论支持。池塘养殖精准管控、高效起捕、筏式养殖轻简化植苗采收、苗种计数分选、病死水产品无害化处理等新装备的研发,以及深远海大型智能化养殖、深水抗风浪网箱养殖、工厂化养殖、集装箱式养殖、池塘工程化循环水养殖等成套设施装备的技术完善,为大力发展未来渔场提供技术保障。

未来渔场的生产应是无人化,即在人工不进入渔场的情况下,利用物联网、大数据、人工智能、5G/6G、云计算、机器人等新一代信息技术,对渔场设施、装备、机械等进行远程控制、全程自动控制或机器人自主控制,完成所有农场生产、管理作业的一种全天候、全过程、全空间的无人化生产的养殖模式。未来渔场生产的数字化与无人化主要贯穿四大业务板块,即水质精准测控系统、饵料精准饲喂系统、智能巡检系统和自动收获系统,各个系统之间通过统一的云管控平台相互协作和科学决策。

池塘养殖、陆基工厂循环水(含鱼菜共生)养殖、深海网箱养殖以及海洋牧场是目前四种主流的养殖模式,如图19-1所示。未来渔场是这四种养殖模式高度发展的产物,按照养殖方式的不同,个性定制,采用机器换人,目标是实现水产养殖生产的数字化与无人化。

1)池塘养殖型未来渔场通过复合传感器在线获取当前养殖水域的水质信息,或者结合岸基部署的气象站采集的气象信息,以多源数据融合的方式对关键水质进行预测、预警。空中无人机对大水面池塘进行巡塘,通过观测养殖对象的浅层活动状态评估养殖风险。仿生鱼用于观测深层养殖动物的生长状况、摄食情况、疾病诊断。无人船按照指定的行径路线投饵或者施药调节水质。无人车运输饲料和生产补给。自动增氧和自动投饵系统分别负责溶解氧的智能调控和饵料的智能投放。成鱼采用自动捕捞网具进行收获,最终通过吸鱼泵和分鱼器完成成鱼的品质分级。

2)陆基工厂型未来渔场主要实现的是鱼类循环立体养殖模式,通过集成环

第 19 章 未来渔场

a) 池塘养殖

b) 陆基工厂循环水养殖

c) 深海网箱养殖

d) 海洋牧场

图 19-1 四种主流的养殖模式

境工程、土木建筑、现代生物、电子信息等学科领域的先进技术,以去除养殖水体中的残饵粪便、氨氮、亚硝酸盐等有害污染物,净化环境为目的。利用物理过滤、生物过滤、去除二氧化碳、消毒、增氧、调温等处理手段,将净化后的水体重新输入养殖池。其中,增氧、调温、投饵等精细化的工作依赖于全要素、全过程、全天候的智能化模型和智能装备。未来渔场将融合养殖生物学特征和循环水处理系统运行特征,结合不同的水质条件数据,依靠大数据分析技术,提供最适合的鱼类养殖密度、最佳饲喂方式、不同养殖阶段的高效管理策略。未来渔场集成良种良法配套技术,对水产苗种的选择、生产,以及成鱼养殖、收获、销售包装等流程进行全方位的无人化管理。

3) 深海网箱养殖是一种典型的立体化水产养殖模式,依据网箱类型分为浮沉式和固定式两种形式。深海网箱型未来渔场充分运用人工智能、机器人、新材料、气动、防腐蚀、防污损、抗紫外线等高新技术,即使在非常恶劣的海况下,也能保持网箱结构系统及其所养殖的鱼类安然无恙。深海网箱配有自动投饵设备、洗网机器人、自动起网系统、吸鱼泵、自动分级收鱼、育苗自动计数、死鱼自动收集、应急补光增氧控制装置等自动化设施,并采用疫苗注射进行防疫。深海网箱型未来渔场作为一个系统工程，借助计算机模拟分析，结合海水水质、洋流、气象等监测数据，可实现养殖策略的高效配置。通过融入环保理念，最大限度地减少网箱养殖对环境的污染和影响。深海网箱型未来渔场通过机器视觉、声呐技术获取鱼群游泳、摄食、生物量信息，结合先进的深度学习模型，科学决策驳船投饵系统的投饵方式。未来渔场所需的饵料、能源等物资，将由无人船从岸基仓库运送到深海网箱养殖区域。深海网箱型未来渔场对未来拓展养殖海域、减轻环境压力、保护调节海洋养殖品种结构、促进科学深海养殖具有重要的意义。

4）海洋牧场是基于海洋生态学原理，利用现代工程技术，在一定海域内营造健康的生态系统，科学养护和管理生物资源而形成的人工渔场。海洋牧场是应对近海渔业资源严重衰退的手段之一；可有效控制海域氮磷含量，防止赤潮等生态灾害的发生；可对水质和底质起到有效的调控和修复作用。海洋牧场是海洋农业向工程化、机械化、智能化、信息化迈进的必然产物。未来海洋牧场兼具环境保护、资源养护、休闲渔业和科普教育等功能，增殖物种在5种以上，营养级结构层次达到3级以上，牧场内主要生物资源实现自然补充，拥有原种场，具有完善的环境保障与生态安全监测预警系统，具备海产品精深加工能力，拥有海产品全产业链的质量安全追溯体系。未来海洋牧场将配有鱼类行为驯化设备，通过架设海底潜标、海面监测站的方式实时获取海水水质和水文信息；通过水下机器人、仿生鱼、声呐等视音频采集装置动态获取鱼群的活动状态，监测海草床、海藻、海礁的周边信息，所有的数据最终通过无线传输网络上传到岸基数据中心服务器，并进行水质评估、水质预警、生物识别、行为分析、生物量估计。

19.3 未来渔场经营组织的专业化与社会化

目前，我国有数百万的养殖农户在没有组织和联合的情况下，各自为战，面临激烈的市场竞争。水产养殖生产单位规模小而分散，导致劳动生产率难以提升，市场信息不对称造成生产决策的盲目性，无序竞争使得价格急剧下降。此外，急功近利的掠夺性生产导致资源极大浪费和环境严重破坏，甚至可能生产出有毒有害产品，发展前景令人担忧。现代渔业面临诸多挑战，如发展方式粗放、设施装备落后、资源日益衰竭、水域污染严重、效益持续下滑、质量安全隐患等，这些挑战严重制约了农村经济的可持续发展。为了加快转变渔业发展方式，必须调整优化产业结构，推动渔业转型升级。运用科技进步，发展生态、高效型绿色水产养殖，保护与修复水域生态环境，提升渔业综合效益，改善农村水域环境，是促进农民增收和水网地区农村实施乡村振兴战略的有效途径。

未来渔场应是有组织、专业分工明确、规模化的经营和社会化生产，这是产业化的核心标志，将为我国水产养殖业的发展提供诸多有利条件。未来渔场建设应遵循"一流设施、一流技术、一流管理"的规划理念。未来的水产养殖企业应通过承包、租赁、购买等方式，获得连片且价格合理的宜渔土地，开发出规模适中、功能齐全的养殖基地。利用市场、技术、管理等优势和社会化服务，组织新农民从事养殖生产，形成有组织、有规模、专业分工明确的社会化生产经营模式。企业和农户这两个经营主体，通过养殖基地这一生产载体，以各自的利益为结合点，分工合作，扬长避短，通过合理配置相关资源和分配利润，实现规模经营和社会化生产。未来渔场将突破所有制、行业和地域的限制，促进人才、资金的合理流动，实现资源的合理开发利用和互利互惠。

规模化和标准化养殖是未来渔场产业化生产的基础。随着城镇化的快速发展，从事渔场生产的青壮年劳动力大量流失。农村土地允许流转后，不再从事水产养殖的农民可将土地流转给他人养鱼，这将大大减少土地抛荒现象，提高土地利用率。土地流转解决了原承包土地规模小的问题，通过土地流转机制的建立，土地可向种养大户集中流转，打破了一家一户分散经营的小农经济格局，从而实现成片规模化经营，推动现代渔业的发展。未来渔场将实现全生产环节的机械化、智能化。只有建设高标准、规模化的未来渔场，才能满足智能渔业装备的应用条件，最终实现渔场生产率的最大化。在未来渔场选址上，应充分考虑地质水文条件、交通状况、运输条件等因素；在未来渔场布局上，应明确渔业机械作业的空间结构和基础设施的配套要求。

未来渔场应在绿色养殖的关键环节充分发挥社会化服务水平。应推动水产养殖机械化作业专业服务队伍的建设，提供清淤、收获、分级、废弃物处理、池塘改造等环节的社会化作业服务。同时，发展订单式作业、生产托管、承包服务等社会化服务新模式和新业态，加快推进各类经营主体以多种形式融合发展。发挥规模经营主体的示范引领和带动作用，按照"全程机械化＋综合渔事服务"的要求，建立"龙头企业＋养殖合作社＋养殖户"的水产养殖生产经营模式。集中建设水产养殖尾水综合处理、养殖废弃物集中收集无害化处理及资源化利用等设施，促进清淤、收获、初加工等机械装备的共享共用，构建全程机械化水产养殖生态小区，推动水产养殖向标准化、规模化、绿色化方向发展。

休闲渔业作为现代渔业的重要组成部分，对渔业经济的贡献显著，是渔业经济结构调节的重要环节。作为未来渔场经营组织内容的拓展，休闲渔业具有内容丰富、多产业融合的优势。未来渔场中的休闲渔业将秉持外联发展理念，与旅游、交通等外部产业联动，实现与渔业其他产业的融合发展。这种休闲渔业不仅能保护和调节渔业资源，还具有一定的经济服务功能，能够向社会提供与渔业相关的产品和服务，延长渔业经济的价值链，与旅游业结合可增加经济价值。此外，休闲渔业的社会服务功能还体现在促进人们的精神文明建设、优化投资环境等方面。

19.4　未来渔场生产加工的标准化与绿色化

未来渔场在生产水产品过程中应严格遵守相关标准规定，注重食品安全与卫生。全面建立"五项制度"（即生产日志制度、科学用药制度、水产品加工原料监控制度、水域环境监控制度和产品标签制度），以严格把控产品质量和卫生。绿色养殖科技创新是实现绿色化与标准化生产的首要任务。

首先，要加强水产良种繁育研究，开展渔业生物种质资源保护和种质资源库建设，完善水产良种繁育体系，研发先进的良种繁育技术，培育水产养殖优良品种，提高养殖良种覆盖率。其次，加强重要水产病害防控理论技术研究，加快水产用疫苗和高效无害药物的研发，推广水产疫苗和安全用药技术；同时，研发适用于大宗养殖品种的配合饲料，替代幼杂鱼饵料，以保护幼鱼资源和水域环境。

此外，还应加强绿色生态健康养殖技术研究，开展池塘工业化养殖、陆基工厂化循环水养殖、深远海养殖、盐碱水养殖以及渔农综合种养等绿色养殖方式和技术研发，以解决养殖生产中的关键技术问题；同时，开展水产养殖与环境保护的研究，重点研究养殖容量和养殖环境影响，为绿色发展提供科学依据。

水产品加工技术是未来渔场水产品质量与安全的重要保障，直接关系到产品附加值和水产品加工企业的效益。未来渔场中，水产品加工将呈现低值水产品综合开发速度加快、优质水产品精深加工品位提高、合成水产食品崭露头角，以及保健美容水产食品备受青睐的特点。超高压技术、低温粉碎技术、液熏技术、酶技术、辐照技术、发酵技术、超临界萃取技术和微胶囊技术等日趋成熟，将成为主流的水产品加工方式。

未来渔场应加强水产品质量安全控制及管理，水产品加工过程应严格遵循卫生标准操作程序（SSOP）、良好操作规范（GMP）、危害分析与关键控制点（HACCP）及食品安全管理体系（ISO 22000）。通过这些措施，水产品加工中出现的化学污染、微生物超标、添加剂使用不合理和异物掺杂等问题将得到彻底解决。

未来渔场的冷链物流应建立健全通用性和强制性的行业标准，依靠新装备和新技术的应用降本增效。在"最先一公里"中，应加强产地预冷措施；在"最后一公里"中，应设立能够进行流通加工和配送服务的冷链物流中心；在"中间 N 公里"的冷链物流中，则应全面使用冷藏车和冷藏监控设备，利用载货汽车卫星定位系统、远程控制平台和车载计算机等冷链辅助设备，大幅提升冷链的运输效率。

水产品冷链物流应严格遵循"3T"（时间、温度、耐藏性）和"3M"（管理制度、管理流程、管理责任）原则，通过精准控制温度、耐藏性、贮藏和流通时间来保证农产品的最终质量，采用科学管理措施、经济有效的保鲜方法和保险工具，最大限度地保障易腐产品的品质。未来，自动分拣、智能云仓、无人机送货、新能源汽车和无人导引搬运车等将被广泛应用于冷链物流操作过程中。同时，未来渔场的冷链物流还将与GPS、物联网、5G、大数据等先进信息技术深度融合，严格按照行业标准要求配备车辆定位跟踪及全程温度自动监测、记录和控制系统，实现冷链物流的智能化。

19.5　未来渔场生产和营销的价值化与品牌化

品牌建设是优化渔业结构的有效途径，是全面提升渔业发展水平的重要手段，也是实现渔场增收的重要举措。未来渔场的品牌创建和营销体系将基于顾客价值的产品、服务及信誉。品牌战略和营销战略将围绕这三者进行构建，强调品牌建设对营销体系服务的重要性。

在互联网时代，水产养殖商、水产品加工商和销售商将逐步转变为服务商，面临横向一体化的营销潮流。"大而全、多而强"可能不再是水产企业战略发展的重心。在产品战略方面，采用"小而美、小而强"的大单品营销，可能是赢得市场和消费者青睐的重要途径。对于未来的水产巨头，营销的关键在于为消费者提供真正需要的商品,避免选择困扰。这要求人们以全新的观念审视产品生产和消费者之间的关系,将传统营销转变为聚焦局部市场、以消费社群为驱动的精准营销。对于水产中小企业而言,营销的未来在于选择足够小的细分市场,构建锐利的产品化营销生态圈。

未来渔场构建消费市场的战略方向将包括四个方面:从提供选择到提供需求、从产品信任到品牌忠诚、从建设渠道到整合渠道,以及从顾客价值到企业价值。未来渔场的企业战略必须直接瞄准消费者需求,找准消费体验的痛点,识别市场空白的盲点,并打击对手的弱点。在水产市场,产品信任是建立客户群和消费群的核心基础。安全、健康、便捷、服务周全、具备品质口碑和信誉度的产品将一直是吸引消费者重复购买的核心因素。水产业的产品信任包括机制信任、文化信任、技术信任,以及家庭或圈子信任。文化信任通过产品文化和企业文化的积累,与消费社群的文化偏好产生共鸣,从而形成产品认知、产品认同和产品信任。技术信任则体现在产品生产、销售和食用过程中技术保障的可靠性。家庭或圈子信任是在网络世界中与个人群体或社区形成的独特信任关系。

从产品信任到品牌忠诚的营销推广路径,为更多的渔场企业提供了机遇。未来渔场将出现更多同质化产品和品牌,货源渠道将更加开放。未来渔场应汇聚企业的资源、技术、产品、品牌和信誉的优势,整合渠道,连接广泛的横向消费社群。渠道重构的关键在于实现产品的成本和质量优势,这将成为未来大众消费时代最大的销售动力。未来渔场所处的时代必将重新定义水产业的资源、技术、市场和团队。只有重新定义产品、品牌、渠道、价格和推广模式,才能构建跨越行业的竞争优势。

19.6 未来渔场科学技术的集约化与一体化

传统渔场在生产、加工和市场营销等方面相对独立,科学技术集约化程度较低。传统渔场的水域面积小且分布不规范,渔场的生产和收获主要依赖人工和经验,缺乏先进的水产养殖技术指导。水产品加工深度不足,资源浪费严重,同时缺乏先进的加工设备支持。在市场营销方面,缺乏前瞻性的市场意识,养殖水产品的供应与消费人群的需求之间存在信息不对称,导致出现产品价格波动和滞销现象。

随着物联网、大数据、传感器、边缘计算、人工智能、云计算、区块链和机器人等新一代技术与农业技术的深度融合，未来的水产养殖方式将迎来数字智能革命。这一革命将基于大规模集中连片设施的工程池塘、陆基工厂化循环水系统和海洋网箱。水产养殖全过程中的所有智能装备将相互关联，通过边缘计算模块或远端云平台实现智能分析决策和近场精确控制。

智能渔业机械装备和移动机器人将逐步取代传统渔场在生产、加工、运输和仓储等日常工作中的劳动力。水产养殖环境测控、饲喂控制、鱼行为分析、鱼病诊断、渔场生物量统计等主要业务板块将由养殖生产智能决策模型统一接管。未来渔场将利用数据提升效率和促进创新，结合区块链与物联网技术，改善资源的可持续性并承担环境责任。

区块链防伪溯源将采用"一物一码"的二维码技术，对种苗、生产、养殖、加工、流通等环节进行产品识别，并记录各环节的信息，实现水产品"从池塘到餐桌"全过程的追溯管理。通过水产品质量追溯系统平台，可以实现"信息可查询、来源可追溯、去向可跟踪、责任可追究"，为消费者提供更高的安全保障和信任基础。

第 20 章

我国未来农场发展战略

20.1 战略目标

20.1.1 数量

随着数字技术的发展、数字技术设施建设的不断完善、农户综合素养的提升、政府政策支持力度的加大，未来农场，包括粮食生产、高标准蔬菜绿色生产、水产养殖、畜禽养殖示范农场等在内的示范性、专业化农场的规模将逐步扩大，数量将不断增加。未来农场的生产经营能力在得到巩固提升的同时，示范带动效应也将显著提升，从而推动更多未来农场的出现。

20.1.2 质量

未来农场会始终坚持创新、协调、绿色、开放、共享的新发展理念，生产的规模化与专业化、生产的数字化与无人化、加工的标准化与绿色化、营销的价值化与品牌化、经营组织的社会化与产业化、科学技术的集约化与一体化水平不断提升。在关注盈利能力、规模、生产效益的同时，也会更加关注员工的素质和技能、可持续发展、社会责任等方面。未来农场将在确保国家粮食安全和重要农产品有效供给的前提下，通过自身发展不断增强农产品的国际竞争力，推动我国农业更好地融入全球化农业体系，推动构建共创、共建、共享的农业高质量发展格局。

20.1.3 效益

未来农场作为集成了现代物联网、大数据、区块链、基因精准技术、生态技术、食品安全等现代思维与高科技手段，具有国际竞争力的农业产业新模式，在提升农业生产效益、促进农村经济多元化发展的同时，也将极大提高农民收入与生活水平。未来农场将通过优化资源配置、推广农业新技术、提升农民技能等方式，以更高的投入产出比实现更高的效益，提升农业生产效益；未来农场除了传统作物生产，还将通过休闲农业、观光农业、农业电商等方式多渠道提升经济效益，促进农村经济多元化发展；未来农场通过农业生产力提升、农场经济多元化发展等方式全面提升农民收入与生活水平。

20.2 战略行动

20.2.1 加强科技攻关

展望未来，我国将有望成为全球未来农场领域的创新中心。通过超前布局前沿科技和颠覆性技术，未来农场将不仅是高科技农业的象征，更将成为全球可持续农业的范本。数字化、智能化和绿色化的深度融合将推动农业从"经验驱动"走向"数据驱动"和"智能决策"，从而带来前所未有的生产模式变革。

（1）突破颠覆性核心技术　在未来，农业物联网将演进为超高精度的智能监测网络，能够实时获取土壤、空气、作物，甚至微生物的详细信息。通过量子计算、下一代人工智能和生物信息学，未来农场不仅能够对每一株作物进行个性化管理，还能够预测病虫害、气候变化的影响，并通过自动化机器人体系进行快速响应。随着这些技术的不断进化，未来农场的生产率将实现指数级提升，同时大大减少对自然资源的消耗。

（2）全球标准引领与生态共建　在未来，我国将成为全球农业物联网、大数据、人工智能技术标准的主导者和贡献者。我国将引领全球农业标准的制定，推动农业数据的全球共享与合作，确保农业技术在全球范围内的无缝对接。通过与其他国家的合作，我国将建立全球农业生态数据共享平台，整合全球农业资源，实现全球化的智能农场网络。这个平台不仅将推动全球农业的共同发展，还将为应对全球粮食安全和气候变化挑战提供关键解决方案。

（3）农业机器人与智能设备普及　到2050年，农业机器人和智能设备将在全球农场中普遍应用。无论是大规模的农业机械，还是微型的无人机、无人车，这些设备将通过人工智能算法和机器学习技术，完全实现自主化的田间作业。机器人将能够根据土壤、气候和作物的状况，自主决策并完成播种、施肥、收割等一系列复杂任务。同时，借助未来的区块链技术，每一台农业设备都将具有独立的"农业身份"，实现全程可追溯、实时监控，确保食品安全和可持续性。

20.2.2　开展试验示范

（1）全景式试验与未来农场体系构建　展望未来，全球范围内的未来农场将形成互联互通的智能农业体系。各地的未来农场示范项目将推动农业生产方式的深刻变革，形成全新农场生态系统。信息技术的普及应用不仅限于数据集成，未来农场将通过智能生产系统实现自我优化和自我管理。各地的示范项目不再是孤立的，而是作为全球农业智能网络中的一个节点，通过数据的共享与互通，共同推动全球农业生产率和可持续性的提高。

（2）农业智慧化经验积累与全球推广　未来，我国将积累大规模智慧农业和未来农场的应用经验，通过农业大数据平台和人工智能系统进行全球推广。各地试验示范的累积将构建起成熟的未来农场模式，并在全球范围内推广应用，这不仅有助于提升我国在全球农业领域的技术地位，还将为世界农业智能化、生态化提供可持续发展的解决方案。通过未来农场的建设，我国将为全球粮食供应链安全做出重大贡献。

（3）地方政府、企业和科研机构的协同合作　在未来的30年中，未来农场的发展将依托更深度的协同合作。地方政府、企业和科研机构将在国家政策和全球农业战略的引导下，共同推动农业智能化的发展。智能农场将从单一的试点示范逐步演变为全国范围的规模化应用，全球领先的农业科技公司和科研院所将与地方农场紧密合作，形成全球农场发展网络。

（4）绿色农场与生态智能化　未来农场不仅将推动农业生产率的提升，还将在绿色环保和可持续发展领域发挥核心作用。通过可再生能源技术、碳捕捉与储存技术的应用，未来农场将实现"零碳排放"目标，成为可持续农业的先锋。通过精准灌溉、智能施肥和无公害病虫害控制技术，未来农场将能够大幅减少农业生产对自然环境的破坏，为全球生态系统的保护和恢复做出积极贡献。

这些战略行动不仅关乎未来我国农场的现代化发展，更将为全球农业的可持续性和生态平衡奠定坚实基础。到2050年，我国的未来农场将有望成为世界农业现代化的标杆，为应对全球气候变化、粮食危机、资源短缺等挑战提供前瞻性解决方案，推动人类社会走向一个更绿色、更智能的农业未来。

20.2.3 加快推广应用

当前，我国正积极应对农业数字革命的浪潮，加速农业数字经济的蓬勃发展。预计到2025年、2035年和2050年，农业数字经济的规模将分别达到1.26万亿元、7.8万亿元和24万亿元，彰显了其巨大的增长潜力和对农业现代化的重要推动作用。如今，我国农业正依托互联网的快速发展，从小农经济1.0时代迈向高度智能化4.0时代。然而，要发展未来农场，仍须协调社会各方力量，大力推广应用最新的科研成果。

针对当前未来农场仍处于探索阶段，农业物联网等产业的商业模式尚不成熟的问题，应积极鼓励科研院所、高等院校、电信运营商、信息技术企业等社会力量深度参与农业物联网、农业农村大数据等关键项目的建设。通过创建政府主导、政企联动、市场运作、合作共赢的未来农场发展模式，可以更好地整合资源，形成合力。

在具体实施上，应按照需求牵引、技术驱动、因地制宜、突出实效的原则，在大田生产、设施园艺、畜禽水产养殖等多个领域开展规模化应用。通过完善农业物联网应用产业技术链，可以加快未来农场的推广应用步伐，实现从单一中心向多中心发展，由单一主体创造价值向多样化主体共同创造价值的转变。要实现未来农场的宏伟目标，需要全社会的共同努力和持续创新。通过推广应用最新的科研成果，不断完善农业物联网等关键技术，可以推动农业向更加智能化、高效化、可持续化的方向发展，为人类社会提供更加丰富、安全、环保的农产品和服务。

20.2.4 强化政策支持

在强化政策支持方面，政府应建立科技创新体系，加强人才培养和激励，加大资金投入力度，推进"放管服"改革，以及支持和培育未来农场产业化主体，以推动未来农场的快速发展和广泛应用。

政府应致力于建立未来农场科技创新体系，将支撑未来农场发展的科技攻关项目纳入国家重大专项和重点研发计划的支持范畴，并设立现代农业产业技术体系数字农业农村科技创新团队。通过协同科研机构、高校、企业等各方力量，共同培养领域内的科技领军人才、工程师和高水平管理团队，为未来农场的发展提供坚实的人才支撑。政府应加强业务培训，开展未来农场领域的人才下乡活动，普及生产经营管理服务相关知识，提升"三农"干部、新型农业经营主体及高素质农民的数字技术应用和管理水平。同时，建立科学的人才评价激励制度，充分激发人才的积极性和主动性，为未来农场的发展注入源源不断的活力。

在资金投入方面，政府应加大未来农场发展的支持力度，探索多元化的投入机制。通过政府购买服务、政府与社会资本合作、贷款贴息等方式，吸引社会力量广泛参与未来农场建设。同时，优先安排未来农场重大基础设施建设项目用地，并对符合条件的未来农场专用设备和农业物联网设备给予相应的补贴，降低企业运营成本。此外，政府还应持续推进农业农村领域的"放管服"改革，优化管理服务流程，简化审批手续，降低企业负担，为未来农场的发展营造良好的外部环境。同时，积极支持和培育壮大未来农场产业化主体，推动未来农场产业化、规模化发展。

20.3 战略布局

20.3.1 东部地区

整体上，未来农场和数字乡村发展水平"东部较高、中部次之、西部较低"的分布格局依然明显。县域层面，代表县域数字发展水平的百强县呈现"一强多元"的区域分布格局，全国接近一半省份至少有一个县入围百强县。未来农场的建设需要尊重明显东西差距的分布规律和区域数字鸿沟的现实，继续完善数字基础设施建设。党的二十届三中全会提出"完善农业经营体系"，目前农业经营体系仍然面临小农户分散化、粗放式、兼业型生产方式的弊端，新型农业经营体系发展质量不高，引领带动能力不强。2024年中央一号文件提到"优化

第 20 章 我国未来农场发展战略

农业科技创新战略布局",未来应该提升农机装备研发的应用水平,以科技和装备支撑未来农场的建设稳步增强。

为此,乡村振兴战略实施以来,一批标志性的重大工程启动实施。高标准农田建设、农业科技创新、国家现代农业产业园建设、东北黑土地保护性耕作、农产品仓储保鲜冷链物流设施建设等一批基础性、长远性的工程项目加快实施,进一步夯实了未来农场发展的物质基础。按照实施乡村振兴战略的要求,到 2035 年,乡村振兴取得决定性进展,基本实现农业农村现代化。到 2050 年,乡村全面振兴,农业强、农村美、农民富的目标全面实现。政府先后出台了《数字乡村发展战略纲要》和《数字农业农村发展规划(2019—2025 年)》等政策文件,推进数字技术在农业农村应用,以数字技术与农业农村经济深度融合为主攻方向。

东部沿海地区在保障国家粮食安全、推动乡村产业提档升级、实施乡村建设行动、加快县域内城乡融合发展、加强和改进乡村治理等方面,发挥了引领示范作用,带动全国乡村振兴战略深入实施。2020 年以来,东部沿海有关省份与农业农村部共同落实推进乡村振兴合作框架协议,选择 120 多个县(市、区)率先开展基本实现农业农村现代化试点工作,初步构建了有效的工作推进机制,建立了有力的政策支持体系,探索了可行的实现路径,取得了明显成效。浙江省全域推进美丽乡村、美丽城镇、美丽县域建设,打造了美丽宜居乡村"升级版"。广东省支持创建 160 个省级、55 个市级现代农业产业园,带动农民大幅增收。江苏省大力实施特色田园乡村创建行动,累计建成 324 个田园乡村。山东省选择 30 个县、300 个镇、3000 个村实施乡村振兴"十百千"工程,打造乡村振兴齐鲁样板。福建省强化乡村振兴战略实绩考核,对实绩突出的村镇实行奖补,发挥考核指挥棒作用。

未来,要强化省级统筹、压实县级责任、加强部省联动。在东部沿海地区扎实搞好率先基本实现农业农村现代化百县试点,探索推广一批未来农场典型经验模式,如北京密云的极星农业科技园、银黄拜耳耕远农场及山东寿光的蔬菜大棚等。荷兰农业以高值外向型现代农业为特征,对我国东南沿海地区的农业发展有较好的借鉴价值。2023 年 4 月,习近平总书记在广东考察时指出:"解决好吃饭问题、保障粮食安全,要树立大食物观,既向陆地要食物,也向海洋要食物,耕海牧渔,建设海上牧场、'蓝色粮仓'。"早在 2017 年中央农村工作会议,习近平总书记就曾指出:"老百姓的食物需求更加多样化了,这就要求我们转变观念,树立大农业观、大食物观,向耕地草原森林海洋、向植物动物微生物要热量、要蛋白，全方位多途径开发食物资源。"在上述背景下，2024 年国务院办公厅发布《国务院办公厅关于践行大食物观构建多元化食物供给体系的意见》。总的来说，东部沿海地区有丰富的海洋资源，应该积极利用未来农场发展设施农业，积极发展特色农业和农产品加工业，提升农业产业化水平。

20.3.2 中部地区

我国中部地区的河南、安徽、江西、湖北、湖南、山西六省，交通发达、产业门类齐全、生产要素密集、生态特色鲜明，在全国区域发展格局中有举足轻重的地位。农业在这六省中的分量很重，中部地区肩负了保障国家口粮绝对安全的重任。确保国家粮食安全，推动农业农村现代化，中部地区蓄积着巨大的发展潜能。

推动农业高质量发展，筑牢国家粮食安全"压舱石"。未来，中部地区应结合自身优势，在粮食生产功能区、重要农产品生产保护区、国家粮食产业安全带探索一批未来农场运营模式，建成一批大田种植、设施园艺、水产养殖、畜禽养殖等创新示范场。将成熟的模式在中部地区示范推广，充分发挥示范带动作用，不断促进产业提质增效和农民增收致富。

日本农业地少人多，75% 的国土面积属于山地丘陵，该国与我国中部地区的人均土地经营规模类似，对我国中部地区有较大的参考价值。我国耕地逐年减少，"粮经争地"现象明显。未来土地利用方式为良田种粮、林果上山、蔬菜进棚。粮食作物作为土地密集型作物逐渐向土地资源丰富的地区聚集。地形平坦的地区，适合大规模机械化种植。与南方地形多样、耕地破碎、农田面积小且分散的情况相比，北方平坦的土地条件更有利于农业机械化操作和现代农业技术的推广。这不仅提高了劳动生产率，也降低了农业生产成本，促进了北方地区粮食作物的大规模种植。未来要在中部地区发展未来农场和推广数字技术，应充分考虑中部地区的资源环境、要素禀赋和推广农业现代技术的阻碍。

20.3.3 西部地区和东北地区

基础设施建设是区域发展的首要物质条件，乡村振兴首先是乡村基础设施的振兴。西部地区和东北地区发展不平衡不充分，表面上看是经济、社会、文化各方面发展的相对滞后，但首要原因还是基础设施的严重不足，尤其体现在广大农村发展的"硬件不硬"。西部地区未来可以依托其丰富的自然资源和清洁能源，继续建设算力中心，为未来农场提供强大的大数据处理和分析能力。根据"东数西算"工程，西部地区正在加快建设数据中心和算力枢纽节点，如贵州、内蒙古、甘肃、宁夏等地，未来，这些地区的数据中心建设能为农业提供强大的数据支持和智能决策服务。此外，以色列农业以节水高效现代农业为特征，对于我国严重缺水的西北地区发展现代农业有较好的借鉴意义。日本、荷兰、以色列都已完成了现代农业农村转型，对我国发展未来农场的长效体制机制也有参考价值。

西部地区和东北地区加快实施乡村振兴战略，以未来农场示范带动农业高质量发展，要坚持把体制机制的创新、推进一二三产业融合、促进城乡要素流动摆在极其重要的位置。在未来农场中，重点是把农业的生产、储存、加工、运输和销售各个环节相互贯通，作为一项基础工作来抓，创新农产品流通方式和流通业态，加快建设冷链物流体系，发展农村电子商务，促进产销对接，推动农村各产业融通发展，推进农业与旅游、农耕体验和健康养生等深度融合，最终促进农业竞争力明显提高，农民收入持续增加，农村活力显著增强。

西部地区有丰富的草地资源，东北地区有丰富的林地资源。构建多元化食物供给体系有利于提高我国食物供给保障水平，发挥草原、森林等国土资源在食物供给中的占比，统筹规划空间利用。目前，西部地区和东北地区主要存在农林牧结构不合理、资源利用不充分的问题。森林食物产业小而散，处在"小种植、小养殖、小采集"阶段，经营方式单一，有的区域管理落后、缺乏市场意识。森林食物生产功能有待激发，资源管理政策还未落实。草原农牧耦合格局尚未完全形成，畜禽养殖空间、养殖规模与资源禀赋不匹配。未来，西部地区和东北地区的未来农场应当更加注重资源利用、农牧循环上的技术进步及效率提升。

未来，应当采取更具包容性和公平性的区域发展策略。加大对数字乡村和未来农场发展滞后地区（特别是西部地区和东北地区）和脱贫摘帽县的政策支持力度和社会帮扶力度。鼓励引导东西协作项目，搭建未来农场先进地区和滞后地区的交流协作关系，促进数据、人才资源、资金与技术等要素跨区域、跨城乡流动，扩大东部地区的辐射带动效应，促进区域均衡发展。

20.4 未来展望

20.4.1 农场生产规模化、专业化

当前，我国部分地区已经出现了以专业化、规模化、智能化为特征的未来

农场雏形,初步实现了农产品的绿色、高产、优质、高效生产。未来,以提高劳动生产率、土地生产率、资源利用率为目标,以家庭农场、农民合作社、农业企业等从事农业生产和服务的新型农业经营主体为核心的规模化、专业化、智能化的智慧农业设施和新型农场模式将逐步扩大,集农产品生产、管理、仓储、加工、运输于一体的无人化现代农业全产业链将不断完善;农产品生产正在迈向优质化、高产化、绿色化,国家粮食安全底线更加巩固,并能更好地满足市场对绿色、安全、优质农产品的需求,农业农村将得到高水平、可持续发展。

20.4.2　农场生产全面数字化、智能化

当前,无人农机、农业机器人、智能养殖工厂等数字智能化农业生产装备不断出现,农场生产的数字化、智能化水平不断提高。随着人工智能技术和信息通信技术的不断发展,自主决策的农业大脑、自动执行的农业机械和农场环境将全面替代人类劳动。未来农场采用远程控制技术,通过对设施、装备、机械等的远程控制,实现农场生产、决策、管理的全过程无人化作业。在高度数字智能化的农场生产管理场景中,农业生产的各个环节、工序都由农业大脑自动决策、由机器人自主完成,整个生产管理过程中不需要人类以任何方式参与。

20.4.3　农产品加工标准化、绿色化

农业绿色发展是农业发展观的一场深刻革命。近年来,绿色发展理念逐步深入人心,农业绿色发展加快推进,绿色优质农产品供给能力不断提升。未来,资源节约型、环境友好型农业标准全面完善,提质导向的农业绿色标准体系基本健全。农产品加工标准化程度全面提高,原料从采集、储存、运输到加工过程的每一个环节,都将有严格的质量标准和技术规范。在生产领域,建立农产品产地环境、投入品质量安全、农兽药残留、农产品质量安全评价与检测标准体系;在加工领域,制定农产品加工质量控制、绿色包装等标准;在流通领域,制定农产品安全贮存、鲜活农产品冷链运输以及物流信息管理等标准。通过绿色农资经营网络,有机肥、新型生态肥料、低毒生物农药等绿色投入品供给能力将极为充分。新型农业经营主体实现知识化、专业化,完全具备进行严格标准化、绿色化生产加工的能力。农业专业化服务组织将相当完善,新型社会化服务模式将建立健全,农产品加工业者获取绿色生产技术、装备和信息服务将

十分便捷。

20.4.4　农产品营销价值化、品牌化

市场在资源配置中的决定性作用将充分发挥，要素、市场、主体将全面激活，优良品种、优秀品质、优等品牌高度聚合。质量兴农、绿色兴农、品牌强农战略充分实施，高品质、有口碑的农业"金字招牌"不断涌现。未来的农产品营销将不仅仅关注产品的价格，而是通过提升产品的附加值来获取更高的市场回报。通过优化种植方式、改良品种和应用科学的加工技术，农产品可以被赋予更高的健康价值和文化内涵。农产品品牌化成为提升市场竞争力的重要手段。发挥地方特色，打造具有地域特征的农业品牌。通过有机认证、绿色认证等质量认证体系，农产品可以获得更高的市场认可度，不断提高品牌价值。未来的农产品营销将越来越多地依赖互联网和数字平台，农户可以直接面向消费者进行在线销售，减少中间环节，提升利润空间。通过电子商务平台、社交媒体和直播带货等新兴渠道，农产品可以迅速触达广泛的消费群体，实现线上线下融合的全渠道销售模式。

参 考 文 献

[1] 柴立泗. 浅析乡镇农机推广机构的建设与管理 [J]. 农业科学, 2019, 2 (6): 60-61.

[2] 鲍卫国. 浅论农业生态环境保护与农业可持续发展 [J]. 生态环境与保护, 2020, 3 (4): 30.

[3] 中华人民共和国农业农村部. 新型农业经营主体保持良好发展势头 [R/OL]. (2023-12-19) [2024-11-23]. https://www.gov.cn/lianbo/bumen/202312/content_6921803.htm.

[4] 中华人民共和国农业农村部. 农业农村部关于印发《新型农业经营主体和服务主体高质量发展规划 (2020—2022 年)》的通知 [R/OL]. (2020-04-23) [2024-11-23]. http://www.moa.gov.cn/nybgb/2020/202003/202004/t20200423_6342187.htm.

[5] 中华人民共和国农业农村部发展规划司. 农业现代化辉煌五年系列宣传之二十: 家庭农场加快培育 [R/OL]. (2021-06-15) [2024-11-23]. http://www.ghs.moa.gov.cn/ghgl/202106/t20210615_6369594.htm.

[6] 中华人民共和国农业农村部. 农业农村部办公厅关于印发《推进生态农场建设的指导意见》的通知 [R/OL]. (2022-02-09) [2024-11-23]. http://www.moa.gov.cn/govpublic/KJJYS/202202/t20220209_6388306.htm.

[7] 徐子轩, 胡怀敏. 发达国家经验对我国特色农产品品牌建设的启示 [J]. 安徽农业科学, 2021, 49 (3): 251-253.

[8] 王雪, 陈翔海. 发达国家粮食加工产业发展状况与经验启示 [J]. 现代商贸工业, 2021, 42 (9): 1-3.

[9] 陈娉婷, 罗治情, 官波, 等. 国内外农产品追溯体系发展现状与启示 [J]. 湖北农业科学, 2020, 59 (20): 15-20.

[10] 高天. 农业专业化在农业农村高质量发展中的作用 [J]. 中国经济报告, 2019 (6): 12-13.

[11] 常学东. 数字化农业技术在农场经济发展中的应用分析 [J]. 乡村科技, 2019 (24): 46-47.

[12] 张莉, 吴蕾, 陈祎琼, 等. 中国农产品质量安全可追溯体系建设现状及展望 [J]. 农业展望, 2019, 15 (7): 71-74, 95.

[13] 本刊综合. 日本富田农场: 一个年销售额过 9 亿日元的综合体 [J]. 中国合作经济, 2019 (7): 41-45.

[14] 田伟, 肖融, 谢丹. 国外农场适度规模机理的经验研究 [J]. 农业技术经济, 2016 (5): 122-128.

[15] 谢苗诺夫 A, 郑镜东. 科学技术进步是农业生产集约化的基础 [J]. 农业经济, 1987

（6）：38-41.

[16] 牛荷． "未来农场"未来可期［J］．农经，2018（8）：40-43.

[17] 彭世广．大国小农的农业现代化之路——基于国际经验的视角［J］．农业经济，2021（2）：9-11.

[18] 慕静，东海芳，刘莉．电商驱动农产品品牌价值创造的机制——基于京东生鲜的扎根理论分析［J］．中国流通经济，2021，35（1）：36-46.

[19] 孙立军．基于"家庭农场＋农民专业合作社"的现代农业产业化研究［J］．甘肃农业，2020（11）：66-69.

[20] 郜亮亮，杜志雄．教育水准、代际关系与家庭农场演进的多重因素［J］．改革，2016（9）：48-58.

[21] 徐亮．我国家庭农场发展的政策支持与立法保护研究［J］．农业经济，2020（12）：6-8.

[22] 李贝贝，刘焱，栗亚飞，等．休闲农业发展趋势及新模式探讨——以金湖水漾嘉年华为例［J］．现代园艺，2021，44（3）：69-71，73.

[23] 李道亮，李震．无人农场系统分析与发展展望［J］．农业机械学报，2020，51（7）：1-12.

[24] 李道亮．系统布局无人农场推进我国现代农业发展［J］．人民论坛·学术前沿，2020（24）：56-61.

[25] 吕玉华．农场经济发展中数字化农业技术的应用探讨［J］．中国农村科技，2022（2）：60-61.

[26] 侯润泽，卞晓晓，原子旋，等．基于FPGA的智能农场系统设计［J］．物联网技术，2024，14（1）：87-89.

[27] 杨雨玥．面向无人农场的物联网云平台系统设计与实现［D］．北京：北京交通大学，2023.

[28] 廖清垚．机器学习在无人农场中的应用现状与展望［J］．科学与财富，2022，14（33）：115-117.

[29] ZHANG N, WANG M, WANG N. Precision agriculture—a worldwide overview［J］. Computers and Electronics in Agriculture, 2002, 36（2/3）: 113-132.

[30] WU W. The research on the incentive mechanism on the professional managers in the proxy-agency hotels［C］//SHI XB, LUO M, BI J. IEEE 2010 International Conference on Internet Technology and Applications. Shenyang: Journal of shenyang institute of aeronautical engineering, 2010: 1-5.

[31] 联合国粮食及农业组织．推广生态农业 实现可持续发展目标：联合国粮食及农业组织第二届生态农业国际研讨会纪实［M］．北京：中国农业出版社，2021.

[32] 娄曼．新质生产力驱动下数字农业发展趋势研究［J］．南方农机，2024，55（14）：110-112.

[33] 贾康. 新质生产力的概念、内涵与体系：以"创新"促"质变"[J]. 东北财经大学学报，2024（4）：19-26.

[34] 马潇野，郑仕勇，吴俊. 农村物流与电商协同发展对新质生产力的影响及空间溢出效应[J]. 商业经济研究，2024（12）：21-25.

[35] 李嘉凌. 乡村振兴背景下新质生产力赋能农业高质量发展研究[J]. 甘肃农业，2024（6）：21-25.

[36] 庞洪伟，杨瑶，巩艳红. 数字普惠金融、新质生产力与城乡融合发展[J]. 统计与决策，2024，40（19）：24-30.

[37] 俞柯丞. 新质生产力赋能农业劳动生产率的问题及对策[J]. 山西农经，2024（20）：150-152.

[38] 赵祺祺. 新质生产力赋能宜居宜业和美乡村建设的创新路径研究[J]. 山西农经，2024（20）：153-155，167.

[39] 张梦琦，王明. 金融科技赋能农业新质生产力研究[J]. 上海供销合作经济，2024（5）：28-29.

[40] BLACKMORE S, APOSTOLIDI K, FOUNTAS S. FutureFarm：Addressing the needs of the European farm of the future：Findings of the first two years [J]. Cheng Du：IFAC Proceedings，2010，43（26）：1-17.

[41] BRITT J H, CUSHMAN R A, DECHOW C D, et al. Invited review：Learning from the future-A vision for dairy farms and cows in 2067 [J]. Journal of Dairy Science，2018，101（5）：3722-3741.

[42] 蔡根女. 农业企业经营管理学[M]. 北京：高等教育出版社. 2014.

[43] 中华人民共和国农业农村部. 中国农村土地制度改革[R/OL]. （2018-12-28）[2024-11-23]. http：//www.moa.gov.cn/ztzl/xczx/rsgt/201812/t20181228_6165784.htm.

[44] 韩俊岩，张擎，汪博. 家庭农场经营有道[M]. 北京：中国农业科学技术出版社，2019.

[45] 蒋新宁，沈波，肖立刚. 企业经营管理学概论[M]. 南京：东南大学出版社，2018.

[46] 刘玉军，杨鹏，李谨. 家庭农场经营管理[M]. 北京：中国农业科学技术出版社，2018.

[47] OLSON K D. Economics of farm management in a global setting [M]. Hoboken：John Wiley&Sons，2011.

[48] KAY R D, EDWARDS W M, DUFFY P A. Farm management [M]. New York：McGraw-Hill，2016.

[49] PARAFOROS D S, VASSILIADIS V, KORTENBRUCK D, et al. A Farm Management Information System Using Future Internet Technologies [J/OL]. IFAC，2016，49：324-329.

[50] ROBERTON S D, LOBSEY C R, BENNETT J M. A Bayesian approach toward the use of qualitative information to inform on-farm decision making: The example of soil compaction [J/OL]. Geoderma, 2021, 382: 1-14.

[51] 谭斯引. 基于NET的农产品决策支持系统设计与实现 [J]. 山东农业大学学报（自然科学版）, 2016, 47 (4): 591-594.

[52] ZHU M, HUANG H, CUI J, et al. Regionalization-based spatial layout of agricultural green development model in Jiangxi Province [J]. ACTA AGRICULTURAE UNIVERSITATIS JIANGXIENSIS, 2024, 46 (1), 251-262.

[53] 赵丹玉, 崔建军. 中国农业农村高质量发展的时空特征、区域差异及影响因素 [J]. 华中农业大学学报（社会科学版）, 2024 (3): 10-25.

[54] 丁香香. 中国与加拿大农业现代化发展的差异性分析 [J]. 世界农业, 2019 (5): 39-44.

[55] 安肖. 美国农场面面观 [J]. 世界农业, 2023 (6): 136-137.

[56] SCHERER L A, VERBURG P H, SCHULP C J E. Opportunities for sustainable intensification in European agriculture [J]. Global Environmental Change, 2018 (48): 43-55.

[57] 朱康睿, 宋成校. 智慧农业发展的国际经验及启示 [J]. 世界农业, 2024 (3): 43-53.

[58] 郑建华. 智慧农业信息服务发展的国际经验与启示 [J]. 中国农业科技导报, 2022, 24 (6): 9-18.

[59] 方艺润. 以色列现代农业创新发展及对中国的启示 [J]. 农业展望, 2023, 19 (12): 34-37.

[60] 韩小婷. 以色列现代农业科技创新领域及创新经验 [J]. 农业工程技术, 2022 (7): 4-6.

[61] 陈雨, 陈晖涛. 日本数字乡村建设实践及其对中国的启示 [J]. 世界农业, 2023 (12): 66-74.

[62] 郭若雷. 韩国农业信息化对中国的借鉴作用 [J]. 农村经济与科技, 2017, 28 (24): 174.

[63] 胡鹤鸣, 王应宽, 李明, 等. 日本以农协为主推进智慧农业发展经验及对中国的启示 [J]. 农业工程学报, 2024, 40 (8): 299-309.

[64] 张玲梅, 王金河. 以色列农产品质量管理的经验及启示 [J]. 南京农业, 2021, 15 (20): 160-163.

[65] 刘景景, 熊学振, 吴天龙, 等. 农业农村数字技术应用的国际镜鉴及践行指向 [J]. 世界农业, 2024 (5): 5-12.

[66] 朱康睿, 宋成校. 智慧农业发展的国际经验及启示 [J]. 世界农业, 2024 (3): 43-53.

[67] 孙璐, 冯国军, 刘大军, 等. 以日本为对比谈中国智慧农业发展之路 [J]. 现代农业研究, 2021, 27 (12): 139-140.

[68] 周建国, 皮迎春. 借鉴发达国家发展经验 实现我国农业生产标准化 [J]. 吉林农业,

2011（11）：48-49.

［69］刘德阳，宋淑亚，张静林. 洛阳市地理标志农产品追溯体系建设和发展现状［J］. 农产品加工，2021（3）：93-95.

［70］伍振. 聚焦2013年中央一号文件［J］. 国土资源导刊，2013（2）：32-34.

［71］李家洋. 为农业插上科技的翅膀［J］. 休闲农业与美丽乡村，2015（5）：9.

［72］李效宇. 美国农场经营特点及其对中国集约化经营的启示［J］. 经营者，2015（11）：50-51.

［73］苏永伟. 农业机械化发展：美国经验与启示［J］. 农村经济与科技，2015，26（3）：131-133.

［74］乡村科技，三农资讯. 农业农村部等6部门联合印发规划"十四五"农业绿色发展有了路线图［J］. 2021，12（28）：1.

［75］李莉，李民赞，刘刚，等. 中国大田作物智慧种植目标、关键技术与区域模式［J］. 智慧农业（中英文），2022，4（4）：26-34.

［76］苏浅. 发达国家的农业标准化经验［J］. 观察与思考，2010（7）：12-16.

［77］林兰. 泸州市农业标准化建设状况的调查与思考［D］. 成都：西南交通大学，2024.

［78］史豪. 农业标准化理论与实践研究［D］. 武汉：华中农业大学，2024.

［79］严余远. 农业标准化与农业现代化［J］. 农业现代化研究，1983（4）：4.

［80］王婉君. 农业标准的差距对我国农产品出口的影响及对策［J］. 知识经济，2009（10）：103-104.

［81］邹文武. 农产品品牌化时代来临思考［J］. 品牌，2011（3）：54-56.

［82］许晓冬，王硕. "互联网+智慧农业"助力辽宁省实现乡村振兴发展策略研究［J］. 现代农业，2023，48（3）：19-22.

［83］任秀峰. 标准化是现代农业的必由之路——美国加拿大农业生产标准化考察报告［J］. 中国农业综合开发，2006（6）：54-55.

［84］周国民，丘耘，樊景超，等. 数字果园研究进展与发展方向［J］. 中国农业信息，2018，30（1）：7.

［85］农业部种植业司. 农业部蔬菜标准园创建规范［J］. 中国蔬菜，2010（19）：1-2.

［86］徐子英. 林果病虫害绿色防控技术探讨［J］. 农业开发与装备，2021（1）：207-208.

［87］热依汗古力·热合曼. 林果病虫害绿色防控技术研究［J］. 新农民，2020（20）：62.

［88］王海霞，宋淑田，丁培芹. 林果病虫害绿色防控技术探讨［J］. 农业开发与装备，2022（8）：128-130.

［89］曹小兵，王海龙，赵静雯，等. 聚焦城市物联网架构下多功能智能杆建设与示范［J］. 中国照明电器，2020（5）：22-25.

［90］中国农民合作社. 农业农村部启动实施农业品牌精品培育计划［J］. 种子科技，2022，

40（12）：7.

[91] 刘东琴，杨震，邹超，等．陕西省现代化果园生产技术应用概述［J］．农业技术与装备，2022（9）：70-72.

[92] 吴文斌，史云，段玉林，等．天空地遥感大数据赋能果园生产精准管理［J］．中国农业信息，2019，31（4）：1-9.

[93] 张伟刚，张丽欣，张力栓．对果业社会化服务形式与内容的思考［J］．西北园艺（综合），2022（3）：41-45.

[94] 张桃林．加快培养适应乡村振兴的高素质农民队伍［J］．农村工作通信，2019（22）：10-11.

[95] 郭润宇，寇敏婕，赵景峰．欠发达地区农业产业化发展问题及对策探析［J］．理论导刊，2014（8）：85-87.

[96] 福州市市场监管局课题组．日本农业商业模式借鉴：我国食用农产品溯源的实现路径［J］．中国市场监管研究，2020（6）：55-58.

[97] 佚名．日本农业：敬畏自然超前思维死磕单品［J］．新型城镇化，2022（1）：44-49.

[98] 佚名．国外的农业社会化服务是怎么做的［J］．营销界（农资与市场），2019（1）：57-61.

[99] 侯振全，薛平．荷兰设施园艺产业机械化智能化考察纪实［J］．当代农机，2019（1）：56-57.

[100] 王丽平，孙石，蔡长青．温室蔬菜大棚环境参数监控系统硬件驱动设计［J］．计算机光盘软件与应用，2014，17（21）：278，280.

[101] 高玲，夏利利，刘勇．设施智能农业装备发展现状及特点［J］．安徽农业科学，2014，42（16）：5334-5335.

[102] 姚於康．国外设施农业智能化发展现状、基本经验及其借鉴［J］．江苏农业科学，2011（1）：3-5.

[103] 姚於康．发达国家设施农业智能化发展现状、趋向和启示［J］．世界农业，2010（10）：68-71.

[104] 曲文涛，范思梁，吴存瑞．我国设施农业发展存在的问题及对策［J］．农业科技与装备，2010（6）：151-152.

[105] 高寿利．我国设施园艺区域发展模式研究［D］．北京：北京林业大学，2010.

[106] 李志．荷兰现代设施农业［J］．农村实用工程技术（温室园艺），2003（9）：14-16.

[107] 申茂向，何革华，张平．荷兰设施农业的考察与中国工厂化农业建设的思考［J］．农业工程学报，2000（5）：1-7.

[108] 毛晓雅，祖爽．现代设施农业如何走得稳［J］．农业工程技术，2023，43（24）：7-12.

[109] 张彦军，刘利永，李道亮，等．无人农场的代际演进动力及路径研究［J］．山东农业科学，2020，52（8）：160-166.